图解富力

克而瑞（中国）信息技术有限公司　编著

北　京

图书在版编目（CIP）数据

图解富力/克而瑞(中国)信息技术有限公司编著. —北京：

中国经济出版社，2010.9

(克而瑞地产名企图解手册系列丛书)

ISBN 978-7-5017-9546-8

Ⅰ.图… Ⅱ.克… Ⅲ.房地产业—企业管理—经验—中国

Ⅳ.F299.233.3

中国版本图书馆CIP数据核字（2009）第173013号

责任编辑 张 卉

责任印制 石星岳

封面设计 克而瑞（中国）信息技术有限公司

出版发行 中国经济出版社

印 刷 者 北京金华印刷有限公司

经 销 者 各地新华书店

开 本 190mm×250mm 1/16

印 张 18.75

字 数 355千字

版 次 2010年9月第1版

印 次 2010年9月第1次

书 号 ISBN 978-7-5017-9546-8/F · 8388

定 价 68.00元

中国经济出版社 **网址** www.economyph.com **社址** 北京市西城区百万庄北街3号 **邮编** 100037

本版图书如存在印装质量问题，请与本社发行中心联系调换（联系电话：010-68319116）

编委会

“双老板制”的成本撒手锏

富力是一家特别的房地产企业，因为这个企业一直是两个老板，一个是李思廉，一个是张力。更有趣的是，这两个老板一直没有“红过脸”，他们像拉扯自己的孩子一样，硬是把一个小企业拉扯成了大企业、品牌知名企业，而且还准备拉扯成价值型企业。

李思廉和张力都是富力的“家长”，他们的管理方法也是家长式的、集权式的。很多事情，都要由这两位老板才能拍板，这是广东民营企业的典型管理方法。与万科的职业经理管理模式相比，这种管理方法似乎更有“地产江湖”的味道。

然而，家长式集权制的管理模式，并不意味着就是落后的、无效的，恰恰相反，在企业发展的某些阶段，这种管理模式反而会产生更高的效率——从富力在非常短的发展时间内跨入中国房地产百亿军团的显著业绩来看，富力的管理模式是非常有效的，这也许为职业经理人管理企业提供了可以学习借鉴的模式。

当然，支撑富力高效率飞速发展的重要原因还在于其科学的赢利模式和超强的成本控制能力。富力的赢利模式是怎么样的呢？简单形象地说，富力的赢利模式就是“肥水不流外人田”——李思廉和张力的战略指导思想是尽可能地控制房地产整个产业链中的各个利润环节，比如规划设计、建筑施工和物业管理等，从而增加项目的开发利润。也正是这种一体化运营的模式，使得富力的开发运营成本也得到了非常有效的控制——大多数产业链环节中的利润都抓在了自己手中，成本自然就降下来了。

在分析富力的赢利模式和成本控制能力后，会很自然地发现一个非常关键的因素也是不得不重视的因素，那就是土地储备方式。可以说，富力之所以成本控制得非常好，除了赢利模式科学外，很重要的是因为其前瞻性极强的、积极的土地储备方式。因为对土地的价值有深度的认识，富力非常注重将企业利润转化为土地储备。配合旧城改造和造新城的机会，富力总是捷足先登，获取大量廉价的土地资源。事实证明，其积极获取的大部分土地资源都在后来获得了非常可观的增值。就拿富力在海南的2万亩土地储备来说，如果富力不进行开发，仅仅是把当年获取的土地资源倒卖出去，也已经可以赚上几十亿。

无论怎么看富力，其赢利模式和成本控制能力都是无法被忽视的。正是科学的赢利模式和超强的成本控制能力使富力节节高升，向更大更远的目标前行。

富力

超强成本控制能力是建立在其一体化运营模式下的，也是积极并且善于进行土地储备的结果。

富力成本控制能力突出的三个表现

有效控制房地产产业链条中的关键环节

以快速开发和销售获取利润最大化和成本最低化

积极并善于利用城市改造和发展机会进行土地储备

富力

很早就介入到海南的旅游地产开发中，而且以极其低调的姿态运作多年，其在海南2万亩的项目储备无疑为其开拓了另一片新天地。

富力在海南的战略布局

1. 提前介入并且大量进行土地储备
2. 借势国际旅游岛规划加速项目开发
3. 不断寻求海南旅游地产项目的创新与突破

富力

产品形成了住宅、商业多元化并举的局面，商业地产已经成为富力产品线中的权重品种。

富力地产商业物业的五种业态

酒店　物流中心　购物中心　底层商铺　写字楼

目录 CONTENTS

第一章 赢利模式：一体化地产运营

第二章 发展战略：多元化、低成本高速扩张

第三章 成本控制：全产业链模式

第一节 六大策略实现成本控制

第二节 成本控制具有两大特色

第四章 产品战略：以客户为导向，加大经营性开发

第一节 产品体系的特点、战略及营销

第二节 经营性开发的权重、布局及运营模式

目录

CONTENTS

第五章 企业文化与品牌：富而思进，力创新高

第六章 旅游地产开发：提前布局海南

附录 房地产即用流程与图表（节选）

第一章

赢利模式：一体化地产运营

"管理看万科，成本看富力。"富力地产一直以其卓越的成本控制能力成为行业的翘楚。

富力地产在不断扩大企业实体的同时，形成了一条完整的产业链。通过对现有资源的整合，对地产产业链的运营制定出了一套严格的程序，选址、购地、策划、设计、工程、销售、售后服务都有相应的实体完成，真正实现了一体化的地产运营。

对于富力良好的赢利能力，富力董事长李思廉曾在上海住交会上有过明确表示，"成本控制得好是富力最大的竞争优势。"

富力地产的成本优势，很大程度上源于其一体化的地产运营模式。

一体化运营模式下的六大发展方向和五大步

ONE
第一节

本节观点

一体化的地产运营模式使得富力地产能有效地进行成本控制及全程监控，达到质量过硬、价格合理。在此基础上，富力地产开发的每一个项目都深受市场欢迎，住宅项目预售率高达90%以上。

富力地产业务涉及房地产开发的整个产业链，形成了一体化经营模式，有利于加速周转和降低成本。

富力地产的一体化运营模式具有两大重要作用：

图1.1　富力地产一体化运营获得了高效率

1.加速周转

一体化经营对周转速度的提升体现在两方面，一是缩短工程建设周期，二是实现快速销售。

①缩短建设周期。由于开发业务的各个环节在公司内部就可以得到顺畅

沟通，项目建设周期被有效缩短。公司项目从开工到预售约需10个月，从开工至竣工结算约需16～18个月，明显超过行业平均水平。

②实现快速销售。公司自身负责其产品的销售推广，能够积累相当数量的客户资料，而通过对数据的分析，能够更清晰地判断消费者偏好和需求变化，使公司产品设计更符合市场需求，并制定科学的价格，从而实现快速销售。

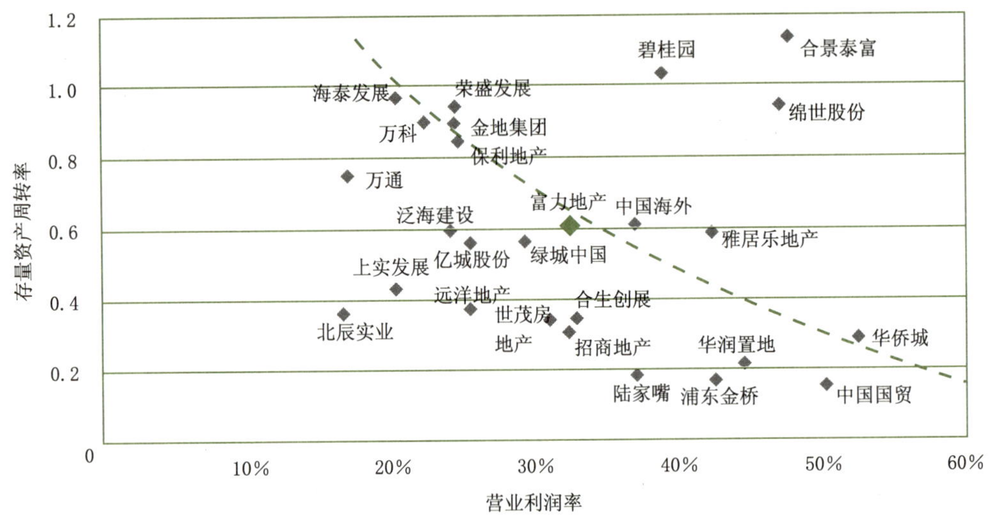

图1.2 一体化运营使富力一度成为运营效率相当高的房企（2007年）

2.降低成本

通过多年开发，公司形成了不同产品系列，包括富力城、富力桃园和富力湾等品牌。因此，在取得新项目时，各部门可以将原有项目的规划设计和运作流程进行快速复制，有利于公司节约建设成本和控制期间费用。富力在同类公司中的期间费用是最低的，并呈下降趋势。

做“一体化地产运营商”是富力早在2005年就提出来的企业口号，通过十多年地产开发的深刻体会，前瞻未来全球地产运营趋势，富力不断整合自身实力，在高速稳健的发展中迈进中国地产运营的新纪元。

一 一体化运营模式下的六大发展方向

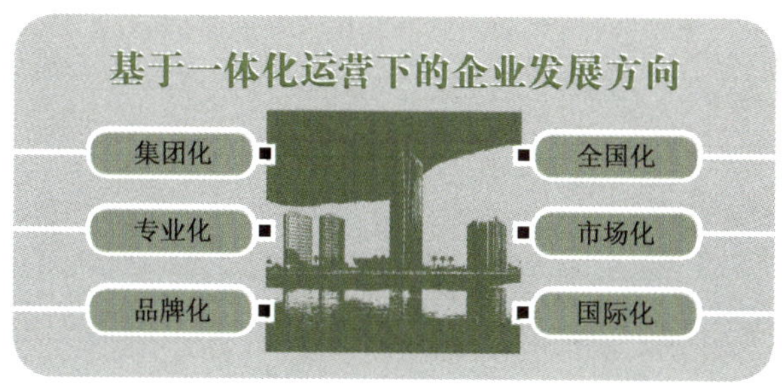

图1.3 富力地产的六大发展方向

1.一体化运营模式下的集团化方向

富力凭借十多年地产开发经验，组建了一支高素质、高效率的执行队伍，从项目的开发、设计建设到销售，每个环节的专业化程度和规模化程度在业内都是佼佼者。随着企业规模的逐渐扩大，富力还将继续完善相关各个子公司和部门的协调发展，力求最大化地降低经营成本，成为具有行业顶级素养的专业地产集团。

表1.1 富力地产集团架构

广州富力地产股份有限公司
广州天力建筑工程有限公司
广州市住宅建筑设计院有限公司
广东恒量建设工程有限公司
广州天富建设工程监理有限公司
广州天力物业发展有限公司
广州富力美好置业发展有限公司
广州富力装饰工程有限公司
广州富力国际空港综合物流园有限公司
广州富力百货商贸有限公司
重庆富力城房地产开发有限公司

续表

海南富力房地产开发有限公司
惠州富力房地产开发有限公司
上海富力房地产开发有限公司
佛山富力房地产开发有限公司
富力地产（香港）有限公司
北京富力城房地产开发有限公司
天津富力城房地产开发有限公司
太原富力城房地产开发有限公司
西安富力房地产开发有限公司
沈阳亿隆房地产开发有限公司
北京恒富物业管理有限公司

超级链接

富力地产集团董事会关键成员

富力董事会以负责和有效的态度，做出完全领导和监控集团的业务，令集团可以获取最高的利润和股东权益及价值。董事会负责集团业务营运上所需要的各项策略的制定，包括股息派发及风险管理等政策，及内部业务和管理方面的监控，并且对实际程序和措施的采纳均负有全面责任。

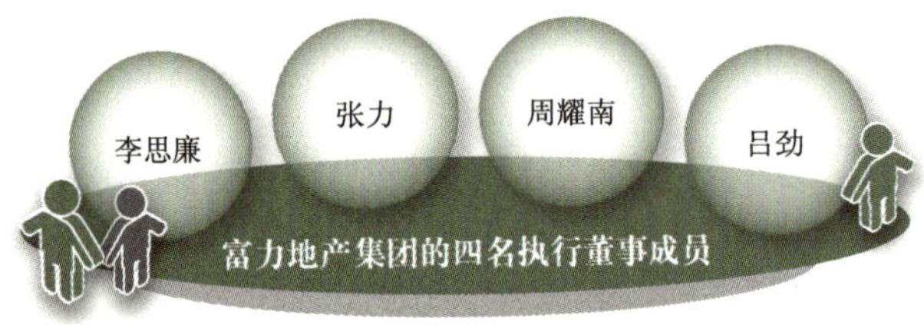

图1.4　富力地产集团的四名执行董事成员

董事会现有九名成员。包括四名执行董事，分别为李思廉先生、张力先生、周耀南先生及吕劲先生；两名非执行董事，分别为李海伦女士及张琳女士；三名独立非执行董事，分别为戴逢先生、黄开文先生及黎明先生。

2.一体化运营模式下的专业化方向

与其他地产企业四面出击不同，富力走的不是大而全的路子，而是大而精。摒弃华而不实的多元化发展，将企业的力量与资金集中起来，专心致志、一心一意做好地产开发这个主业，并通过不断提升自己的专业水平，成为行业内的扛旗者，成为一个具有国际视野和专业优势的现代企业。

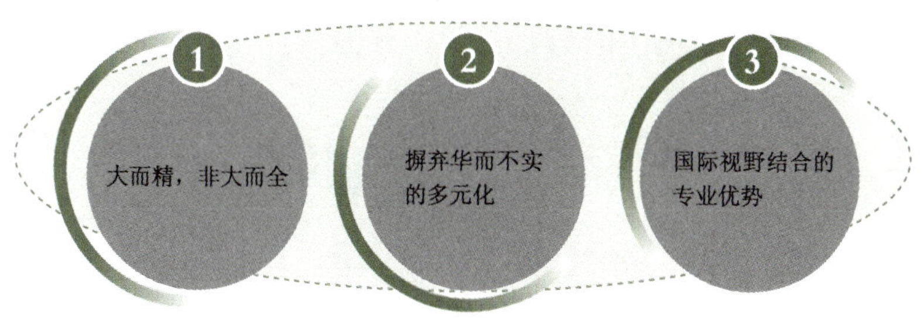

图1.5　富力专业化方向的三个特征

3.一体化运营模式下的品牌化方向

品牌的宣传需要整合，这样才能确保品牌信息和品牌形象的有效传达。富力正逐步加强品牌建设和推广的力度，将分散在产品中的品牌优势集中起来，使其成为一个个性鲜明、风格统一，极具个性和内涵的知名企业。

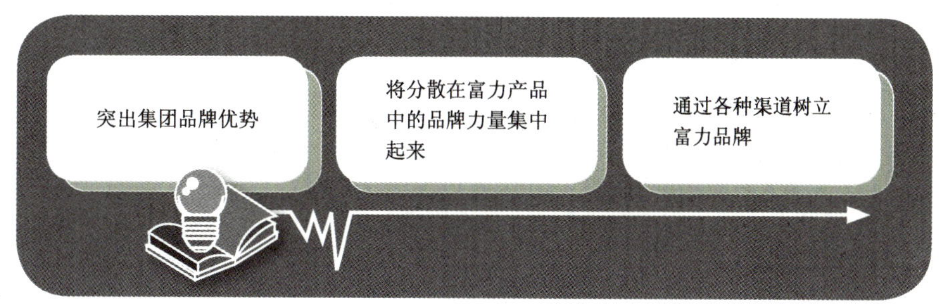

图1.6　富力品牌化运营思路

4.一体化运营模式下的全国化方向

随着富力地产走出广州，南拓北进，全国一盘棋已经成为富力今后的发展战略。在立足广州的同时，富力会继续培养并完善全国各地的分公司，并从企业发展规划上，将全国市场作为一个完整的主体进行研究。

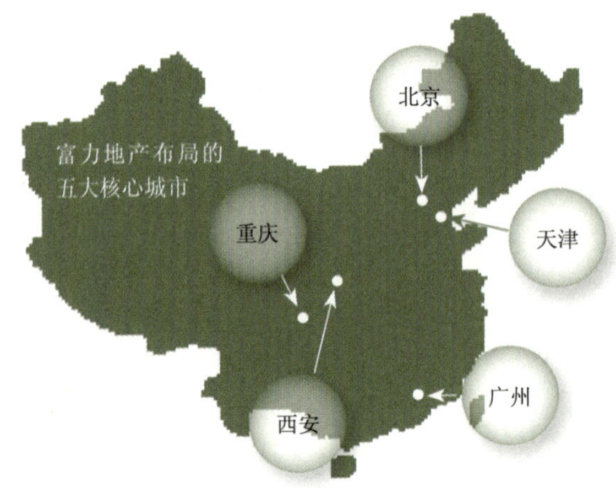

图1.7　富力地产全国化战略布局的五大核心城市示意图

5.一体化运营模式下的市场化方向

从2004年开始，富力已经逐步开始介入商业地产。随着富力产品线的不断丰富和完善，富力将会在一个集商用、住宅、租赁等一体化的大市场中建立自己的领导地位。

富力的运营，尤其是产品线的运营已经完全走向市场化。富力的产品规划不是凭空想出来的，而是基于市场需求的。

富力在市场化的方向中，非常强调市场调研，并且敏锐地将产品开发与住宅市场趋势相结合，走出了一条具有富力特色的市场化之路。

6.一体化运营模式下的国际化方向

国际化的第一步就是资本化。富力地产在资金控制方面一向为业内人士及银行界所称道。随着富力地产股份有限公司于2005年7月14日在香港上市，富力国际化的道路将更加开阔。

超级链接

富力地产发展历程

从第一个项目破土动工到2009年年底富力已拥有约70个物业项目，约2000万平方米现有土地储备以及约400万平方米的在建面积。作为中国房地产界的领跑者，独特的眼光、准确的决策、良好的资金运作能力、稳扎稳打的工作态度使富力地产成立后十几年来一直保持高速而稳健的发展。

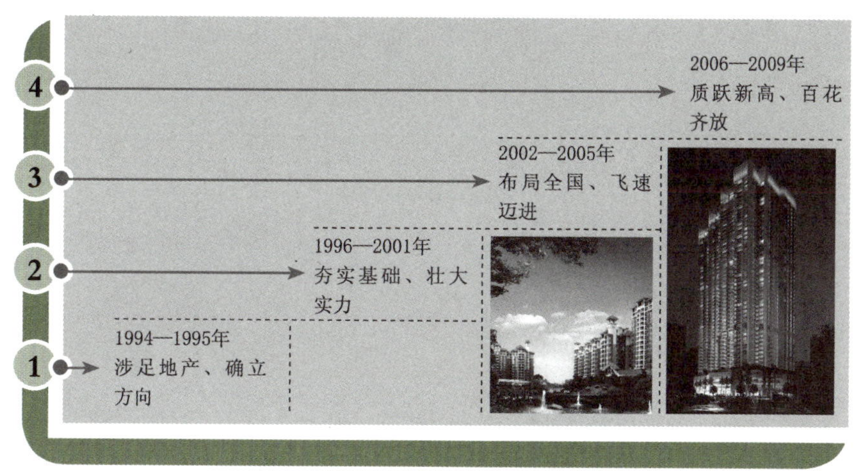

图1.8　富力地产的发展历程

（1）1994—1995年，涉足地产、确立方向

20世纪90年代初，富力正式涉足房地产开发。良好的销售及收益让集团看到了未来的发展方向，1995年完成了富力新居项目，其热烈的市场反应更坚定了公司今后的发展方向：搬迁老城工厂，建设宜居社区。

（2）1996—2001年，夯实基础、壮大实力

广州市中八路富力广场项目是富力地产发展史上的转折点，它不但奠定了富力地产在广州的地位，还创造了地产开发史上最快的征地、建设、销售纪录。1998年，富力地产进入了迅猛发展的快车道，年内动工了盈泽苑、富力半岛花园、富力环市四苑三个楼盘。2000—2001年，一举开发了天朗明居、富力千禧花园、富力阳光美居、顺意花园等多个楼盘。这一系列楼盘的成功开发，使富力连续三年成为广州市房地产销售冠军，为集团迈向新的高峰奠定了坚实的基础。

（3）2002—2005年，布局全国、飞速迈进

2002年3月，富力地产以32亿元投得中国有史以来最大的公开招标地块项目——北京富力城，从而开始了向全国迈进的步伐。2003年，北京富力城开盘首战告捷，仅当年就创下了18亿元的骄人销售佳绩。然后，富力地产在广州拿下珠江新城8个地块，全力进入商用地产领域，并在天津推出天津富力城，进一步向北方市场渗透。天津富力城位于天津市西北部南开区，总占地面积21万多平方米，具有极佳的项目建设和投资效益前景。

超级链接

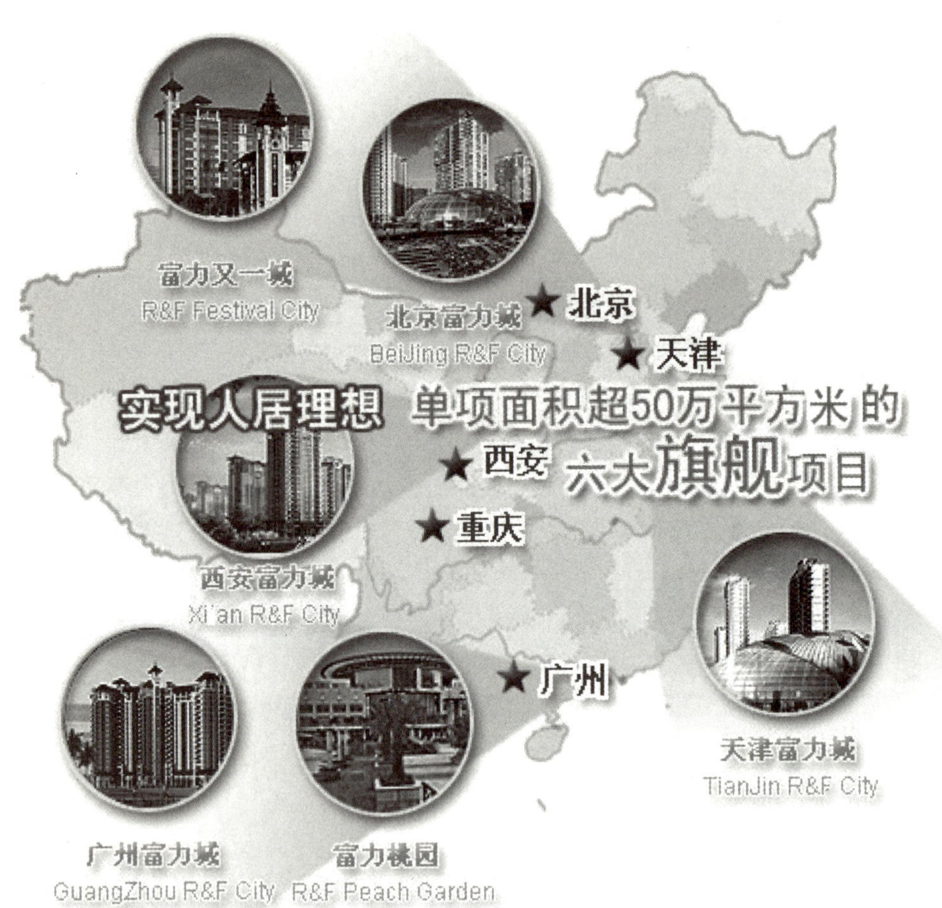

图1.9 富力全国布局的主要项目示意图

（4）2006—2009年，质跃新高、百花齐放

富力至2005年7月14日在香港联交所主板上市，为首家被纳入恒生中国企业指数的内地房地产企业，并荣获市值最高公司之一。2006年，富力地产已成功布局广州、北京、天津、西安、重庆五大核心城市，已经具备强大的房地产项目的开发、建造以及执行能力，形成以住宅地产为主，商业地产为辅的大型地产运营企业。2007年，位于广州CBD中心珠江新城的55层富力中心及两家国际顶级酒店正式启用。永不停歇的创新脚步，注入富力人无穷的动力，强大的融资能力和一体化运营管理模式为富力提供了坚实的后盾和科学的管理，而布局全国、人居与商业并进则为富力指引了前进的方向，使富力向着下一个成长的巅峰进发。

管理反思

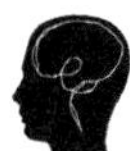

富力地产的五个“发力”

1.系统发力

与习惯的思路不一样，富力并没有搞专业分工，而是整合了上下游产业链，每一个项目从前期、中期到后期，都由自己来操作，可谓“肥水不流外人田”，李思廉把它称为“系统集成”模式。

经过十多年的打造，各个环节、各路资源已磨合到位，从而成为了富力的核心竞争力。

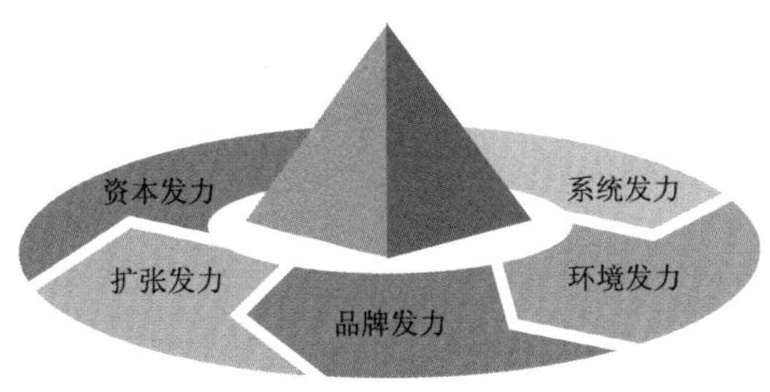

图1.10　富力地产的五个“发力”

2.环境发力

在广州，合生的户型、富力的环境，是被公认了的行业标杆。

广州富力半岛花园，提出“创广州第一生活环境”“以实力称雄、以环境取胜”。正是环境的优势，富力半岛花园连续三年成为“广州销量冠军楼盘”。

富力入京，第一个项目——富力城便提出打造大面积水景园林的设想，该设想一度受到不少专家的质疑。为此，富力城专门成立了园林公司，并在北京顺义北务建立了300亩园林苗圃基地。富力城提出“建一个社区，造一座公园”，第一年度便以18亿元位居京城销售探花。所有疑问不攻自破。

3.品牌发力

在业界，富力及其老板一直给人“闷声发大财”的印象，富力的品牌形象与其实力明显不对等。但是，2004年开始，富力突然一反常态，全面启动品牌工程，并新设公共事务部全力推动。

2004年，以“完美沟通，满意生活”和“十年积累，今日安居”为主题的年度品牌推广，大力投入“客户服务中心”“富力会员俱乐部”，大力推广“360度真情服务”。

富力集团公共事务总经理陆毅则把富力定义为“三个代表”式的城市开发商：代表最广大的市民居住利益，代表最广泛的居住文化，代表城市先进的生产力。

■■ 管理反思

图1.11 富力地产的“三个代表”

4.扩张发力

在短短的十多年间，富力的足迹已经遍布神州大地。

从一个区域开发商向全国开发商蜕变，从住宅开发商向一个综合地产运营商跨越，并进军商业地产，富力开始了多元化发展战略。

5.资本发力

自2003年央行121文件开始，房地产信贷政策紧缩，同时，国内资本市场不成熟，拓展海外融资是内地房地产企业相当长时间的“路径依赖”。

20亿港元的海外融资到位，2005年7月14日，富力在香港成功上市。

富力顶着宏观调控的压力，恰好搭上这班车。资本，成为了富力二次起飞的助推器。

二 一体化运营模式下的五大步

富力地产在不断扩大企业实体的同时，形成了一条完整的产业链。而占领产业链是控制成本、确保速度的一个重要因素。

在一体化运营模式指引下，“规划与时俱进，紧扣城市化建设”成为富力多年来的拓展模式，成功的发展策略使富力的每一个项目都成为城市发展的坐标。

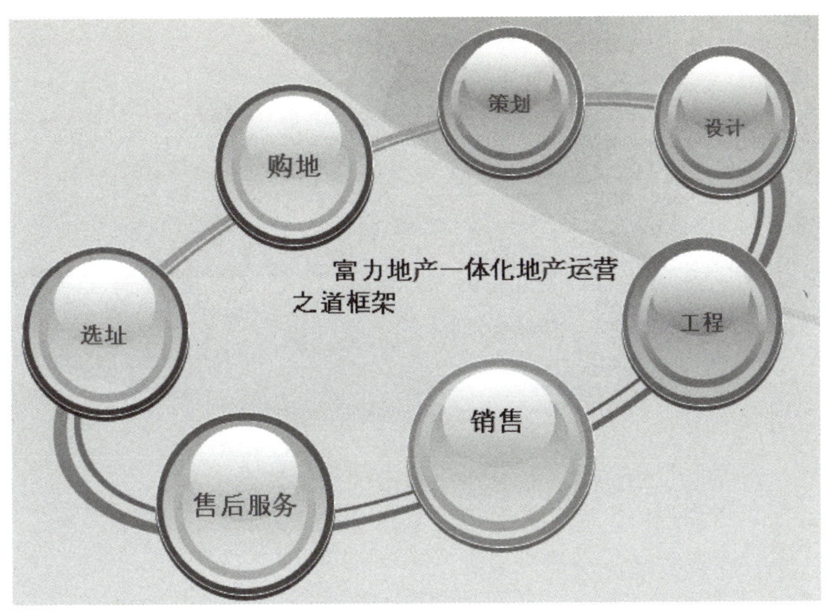

图1.12　富力地产一体化地产运营的框架

1.购地：一体化运营的第一步

富力一向注重企业的持续发展，而具备充足的土地储备则是发展的关键。一体化运营模式中眼光独到的开发队伍负责选址、购地工作。富力在购入土地之前均会作出一系列可行性研究，每年都会根据资金情况储备足够3～5年用的土地，并保证每年有足够的项目运作。

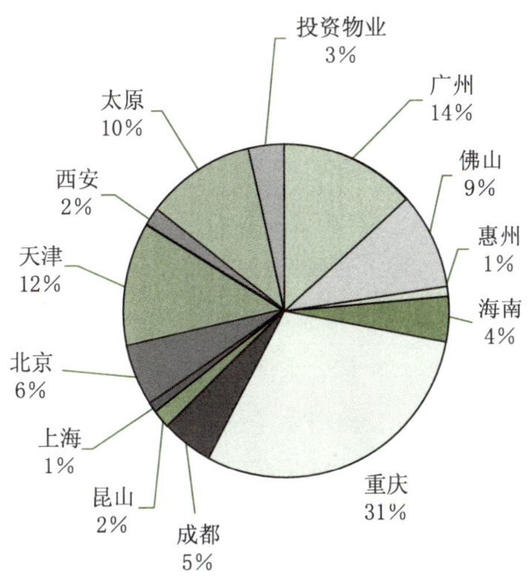

图1.13　富力地产土地储备（可售面积）的地域分布

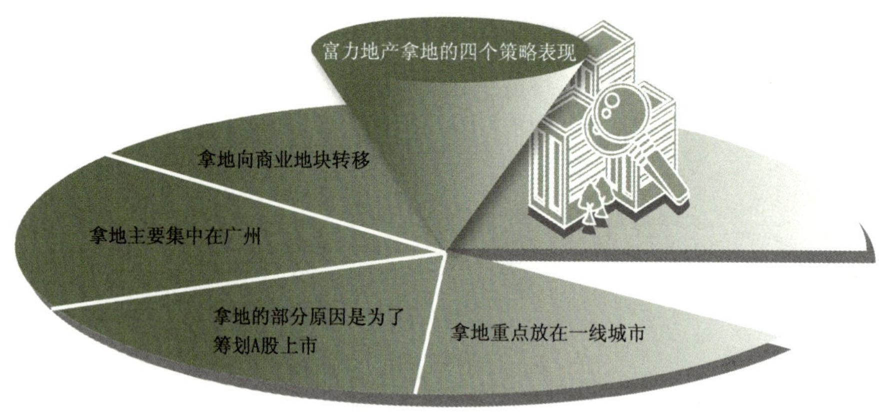

图1.14 富力地产拿地的四个策略表现

（1）拿地重点放在一线城市

富力的独树一帜，来自于其自身深远的战略谋划。在其他开发商尚未动手之时，富力就已经明确了一线城市是公司未来发展重点这一思路。

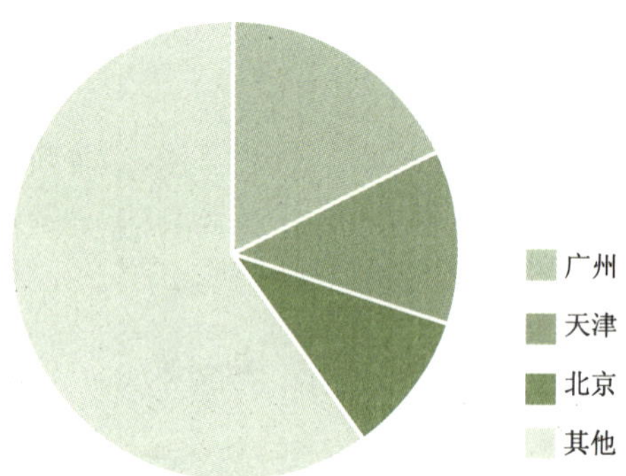

图1.15 富力地产一线城市土地储备情况

2009年5月，富力地产以10.22亿元拍下备受关注的北京广渠门外10号地。5天后，富力地产再次在广州出手，以7.5亿元拿下广州从化市温泉镇的温泉村地块。

根据富力地产未来的土地储备计划，北京、天津、上海和重庆等地将是公司下一步的拿地重点。当然，即便富力很希望在这些城市获取土地，但出手还是会非常理性的。

一线城市具有回暖速度快、需求量旺盛、风险低、更容易获得金融贷款支持等优势。相对二、三线城市，一线城市尤其是城市核心区域的土地资源更稀缺，房价的增值空间也更大。因此，富力的拿地策略是明智的。

（2）拿地是为了积极筹划回归A股

2009年市场回暖仅半年，宏观调控的声音又再次响起。2009年7月中旬，银监会再次重申要严格执行二套房贷政策，一些银行已经开始收紧二套房贷的优惠。北京和上海等地也先后出台政策，不许开发商“捂盘”惜售，并且大量开闸放地，以增加供应量。

在这样的市场预期下，开发商如何应对？经历过2008年市场困境的富力地产，已经能从容应对未来宏观经济层面的这种变化。公司上下达成一致意见：放慢开发节奏，保持稳健的发展速度。

与此同时，富力还一直在为回归A股而积极奔走。一旦能够成功上市，富力的融资通道将更为畅通，应对宏观调控的能力也能进一步得到提高。

回归A股将标志着富力进入一个全新的发展阶段，正式成为从资金运营转为资本运营的高效集成企业。由于富力已经是H股上市公司，上市以来严格遵守香港联交所的各项监管条例，已经形成了规范的公司治理结构和内部控制制度，在公司管治及信息披露等方面拥有丰富的经验，富力申请回归A股将有很大可能成功。

管理反思

富力地产为何要回归A股？

对于内房股而言，由H股回归A股，首先可以使自己多一个融资平台，多一个竞争法宝。此外，当前A股和H股市场具有一定的联动效应和互补效应，在其中一个市场出现较大波动影响资本运作的情况下，另外一个市场可以起到平衡和稳定作用，能在一定程度上对冲房地产企业的融资风险；另一方面，经过香港资本市场洗礼的房地产企业，治理结构都已经较为完善，在A股上市比较容易形成品牌效应，资本市场上的良好表现可以有效提升公司价值。

从现有环境看，回归A股后的内房股可以获得更多资金。复地集团董事长范伟曾明确表示，选择回归A股的一个原因就是看重A股可以获得更多集资。从目前情况来看，A股的估值显然高于H股，所以富力董事会提起回归A股的建议。

众所周知，A股市场IPO市盈率会远高于香港。内地房地产企业通常获得超过18倍以上的市盈率，而在香港一般不超过15倍；此外，A股市场的融资成本也远低于H股市场，后者的承销费用约为融资额的3.5%～5%，而A股仅为1.5%～3%。

超级链接

表1.2 富力地产大事记

时间	事件
2005年7月14日	富力地产于香港联合交易所主板上市（股票编码：2777）
2005年11月20日	富力地产董事长李思廉作为广东省慈善会唯一推荐代表，荣获国家民政部和中华慈善总会颁布的“中华慈善奖”
2006年5月12日	富力地产成为内地房地产首家恒生指数股
2008年	富力地产荣膺“中国驰名商标”称号
2008年	富力地产携手凯悦、万豪、洲际等世界知名酒店管理集团，成功打造了广州富力君悦大酒店、广州丽思·卡尔顿酒店、北京富力万丽酒店，这标志富力地产成为国内综合实力最强的品牌地产开发企业之一
2009年	荣获香港《经济一周》杂志评选的“杰出内房股2009”
2005—2009年	富力地产在由国家统计局颁布的“中国房地产与建筑业500强”活动中连续5年蝉联“全国综合实力第一”

（3）拿地主要集中在广州

据不完全统计，2009年富力地产在全国共拿了6块土地，总规划建筑面积约为125万平方米。2009年获取的土地主要集中在广州，其中有4块位于广州，剩下的2块分别位于北京和太原。

2009年的富力地产拿地较少，是因为富力有一定的土地储备。2009年下半年开始，全国土地市场进入了疯狂抢地的局面。面对这样的现状，富力并没有加入天价拿地的行列。

富力地产对土地的需求是保持理性合理的土地储备，一方面要满足公司持续发展的需要，满足投资者对上市公司良好土地储备的需要；另一方面不参加天价地的争夺，也不拿地后囤起来坐享土地增值。

（4）拿地向商业地块转移

如果对富力地产近年来入账的土地详加留意，便会发现，在其新增的土地储备中，商业用地的份额已越来越大。显然，富力地产的战略转移正在进行。

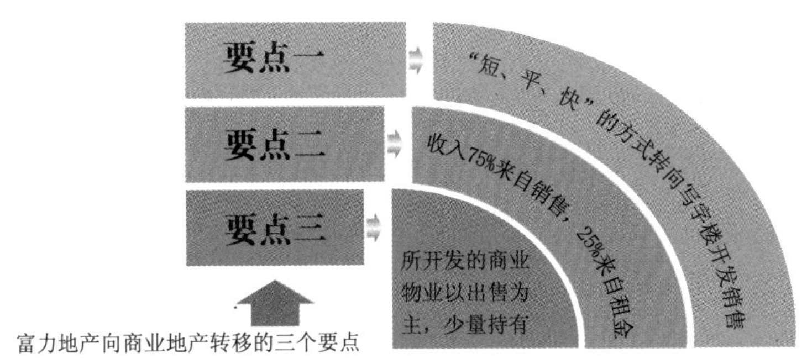

图1.16　富力地产向商业地产转移的三个要点

一个明显迹象是，2003年之后，富力地产开始从以往“短、平、快”的住宅销售转向写字楼的开发与销售。

对于富力地产增持商业用地的用意，李思廉表示，他为富力地产所作的三年规划是，在营业收入中，75%来自楼盘销售，25%将来自租金收入。他同时强调，这是在富力地产上市之后制定的三年策略。

从富力地产已建、在建的商业项目看，大部分仍以出售为主。位于北京的富力双子星大厦便以整幢出售的方式卖给大摩。

富力地产在珠江新城所拥有的12个地块中，8个将用于销售，4个用于自己持有收租。业内人士则认为，商业项目以销售为主的营运模式，表明资金回笼仍是该公司的主要动力。

（5）富力地产土地储备分布

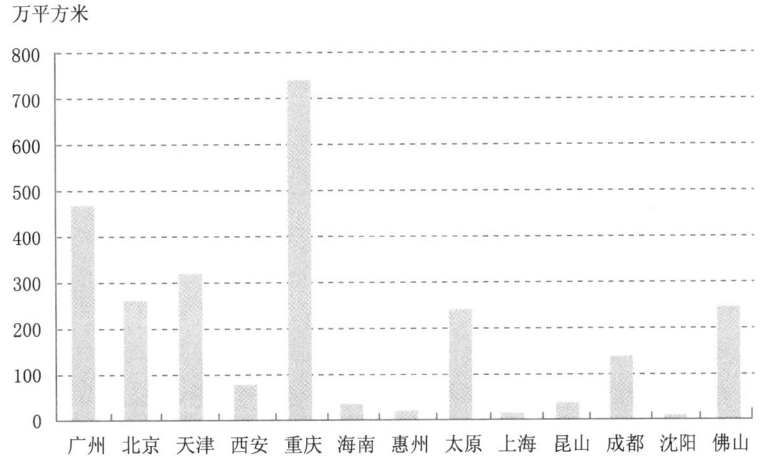

图1.17　富力地产截至2008年的土地储备城市分布

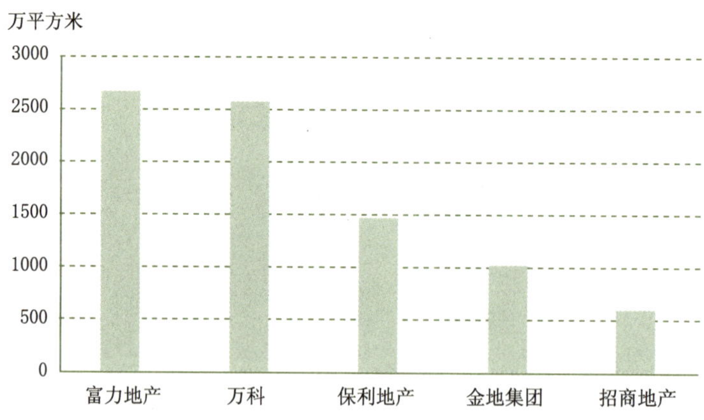

图1.18　富力地产土地储备量与同期其他开发商的对比

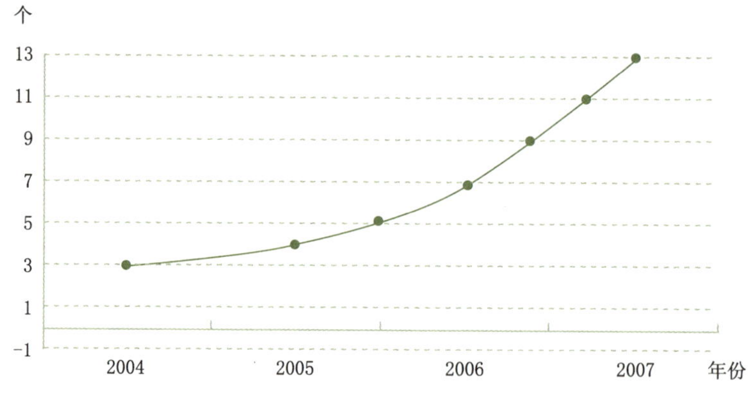

图1.19　2004—2007年富力地产土地储备分布城市数量趋势

管理反思

富力业务流程追求“高效、低成本”

在富力的管理系统里，公司业务部门的决策是以销售策划中心为重心的。从项目的选址、设计、施工一直到后期的销售都要参考销售策划中心的意见。这是富力多年以来总结的经验。在此基础上，财务中心和审计部门对于各个项目的资金使用情况都会不断地进行审核、检查。如此才可能达到低成本运营、利润最大化以及为上市公司服务的目的。

富力的业务流程主要分四个阶段，即：决策拿地、规划设计、项目施工、销售服务。

管理反思

在上述四个阶段中，决策拿地和规划设计阶段的增值幅度最大。为了保证公司战略的实现，富力在这两个阶段投入了巨大的精力。

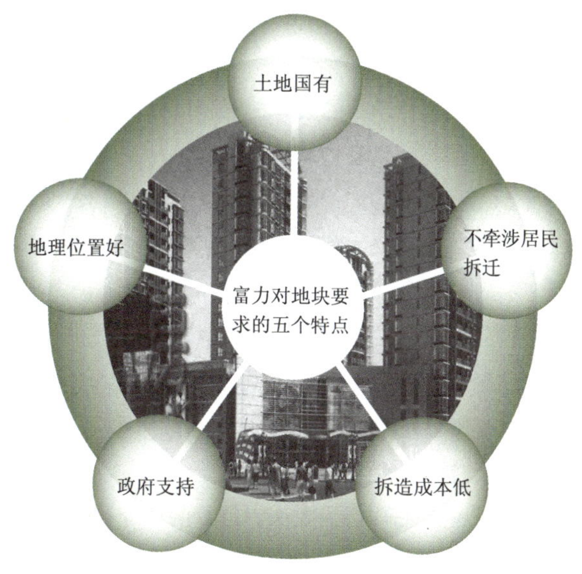

图1.20　富力对地块要求的五个特点

在决策拿地阶段，富力所拿的土地大部分都是“旧厂污染扰民搬迁”项目，这样的土地有以下几个特点：土地国有，不牵涉民居拆迁，拆迁成本低，取得土地之后拆迁容易，可以赢得前期宝贵的时间，政府支持，地理位置好。这样的土地可以使前期开发做到短、平、快，为项目的快速运转创造良好的条件。值得强调的一点是公司凭借过硬的内部管理，建设高层项目从七通一平、环境营造直至交楼，时间最多不超过18个月，多层项目不超过12个月。这样的建设速度保证了项目早开盘，实现了资金的快速回笼。

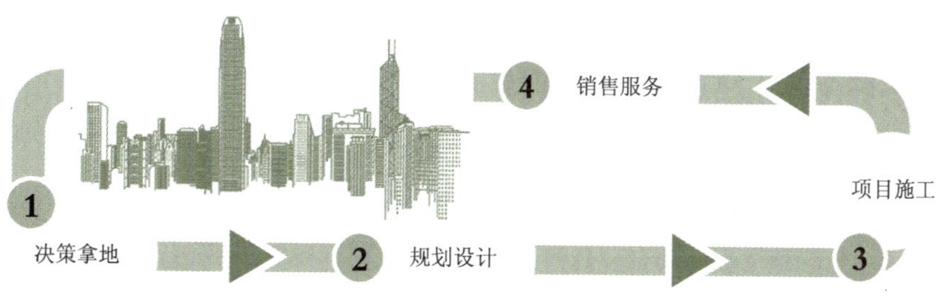

图1.21　富力地产业务流程的四个关键阶段

2.策划与设计：一体化运营的第二步

富力拥有甲级资质的设计团队，其中一级注册建筑师和一级注册结构师数十人，专业配备齐全，设备先进，在积极拓展业务的同时不断提升设计水平，创作出包括大型居住区、五星级酒店、高级写字楼等综合型高品质的作品，致力于创造新时代一流的建筑与环境艺术。通过内部进行大部分项目设计及室内设计工作，富力能够更有效控制成本，并确保产品的质量。

（1）规划设计阶段根据具体情况积极创新

在规划设计阶段，相关部门根据项目的具体情况和目标客户的特点进行产品创新，给客户提供真正意义上的性价比最高的宜居住宅。以富力城为例，在设计上做大型的落地飘窗，空气对流好，采光充沛，在产品差异化上提供给目标客户的产品是精装修产品，在提供给客户入住便利的同时（购买富力的住宅不用二次装修），在一定意义上保证客户购买的是中等价位的住宅而获取的是高价位住宅的品质。

楼盘定价则根据价位区分不同的住户，使相同文化和收入水平的住户集中居住在一个区域内，互不干扰。环境营造上力图营造绿色宜居社区，聘请的设计师全部为海外著名的设计院的著名设计师，并考虑到了商业街、附属中学等便民配套。

（2）规划设计也是以销售策划为中心

公司业务部门的决策以销售策划中心为龙头，项目的选址、设计、施工一直到后期的销售都要参考销售策划中心的意见，一切以销售为中心。在决策拿地环节考虑到日后的销售，选址、定位都考虑到周边的环境及目标客户群。在设计环节，销售策划中心根据对城市以及对目标客户的研究结果给出参考意见，一方面聘请国际重量级的著名设计院所对项目的环境、建筑进行设计，另一方面在户型、内装修设计方面注重人性化，设计环节注重设计质量，将住宅设计成真正的宜居之所，以达到满足目标客户的需求。

3.工程施工：一体化运营的第三步

在富力地产“质量是企业的生命，没有质量就没有效益”的企业精神指引下，技术力量雄厚的工程部始终把工程质量放在第一位，同时建立科学管理架构，确保责任到人。在确保质量的前提下还注重控制施工进度及施工安全。

4.销售策划：一体化运营的第四步

富力拥有超过100人的训练有素的职业销售策划队伍，自行培训及调配忠诚，以专业的队伍为客户服务。借此富力能够有效地控制销售及市场推广成本，专业快速的操盘速度确保了富力销售业绩每年不断上升。

管理反思

销售策划关键是策略制胜

房地产项目推广就是利用各种媒介手段，使目标客户对物业形成良好的主观软价值认同，逐步从欣赏到信任最后实现购买。这期间需要传播大量的信息，从多方位、多角度包围目标客户，帮助他们去除种种顾虑并下决心购买。

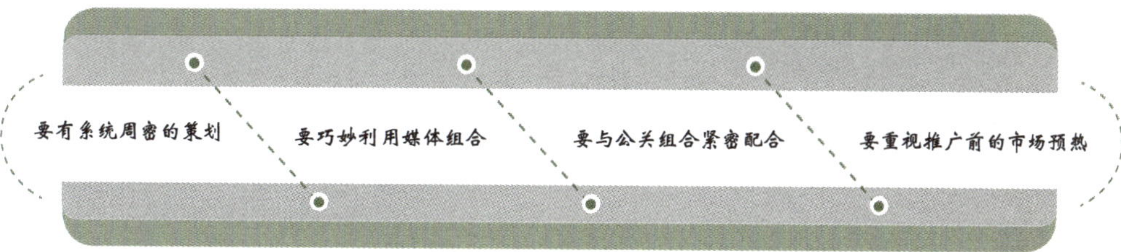

图1.22　销售策划的四大策略

当然，在客户越来越理性的今天，推广内容不可能是天马行空，要让客户产生信任感，更多地需要以产品硬件作为基础，这里包括开发商的品牌实力、住房的工程质量以及后期的物业管理等。

项目的宣传、推广要有系统周密的策划，利用巧妙的媒体组合、公关组合紧密配合，连续不断、有计划、有节奏、一气呵成地推出项目的形象、气势，以达到最佳的效果。能否采取较为合适的推广手段也将直接影响到产品的销路。并且，推广手段也要根据目标客户群的特性而定，了解客户是什么背景、爱看什么报纸、爱跟什么人交往、经常来往于什么地方等。客户群不同，推广媒介和手法就不同。

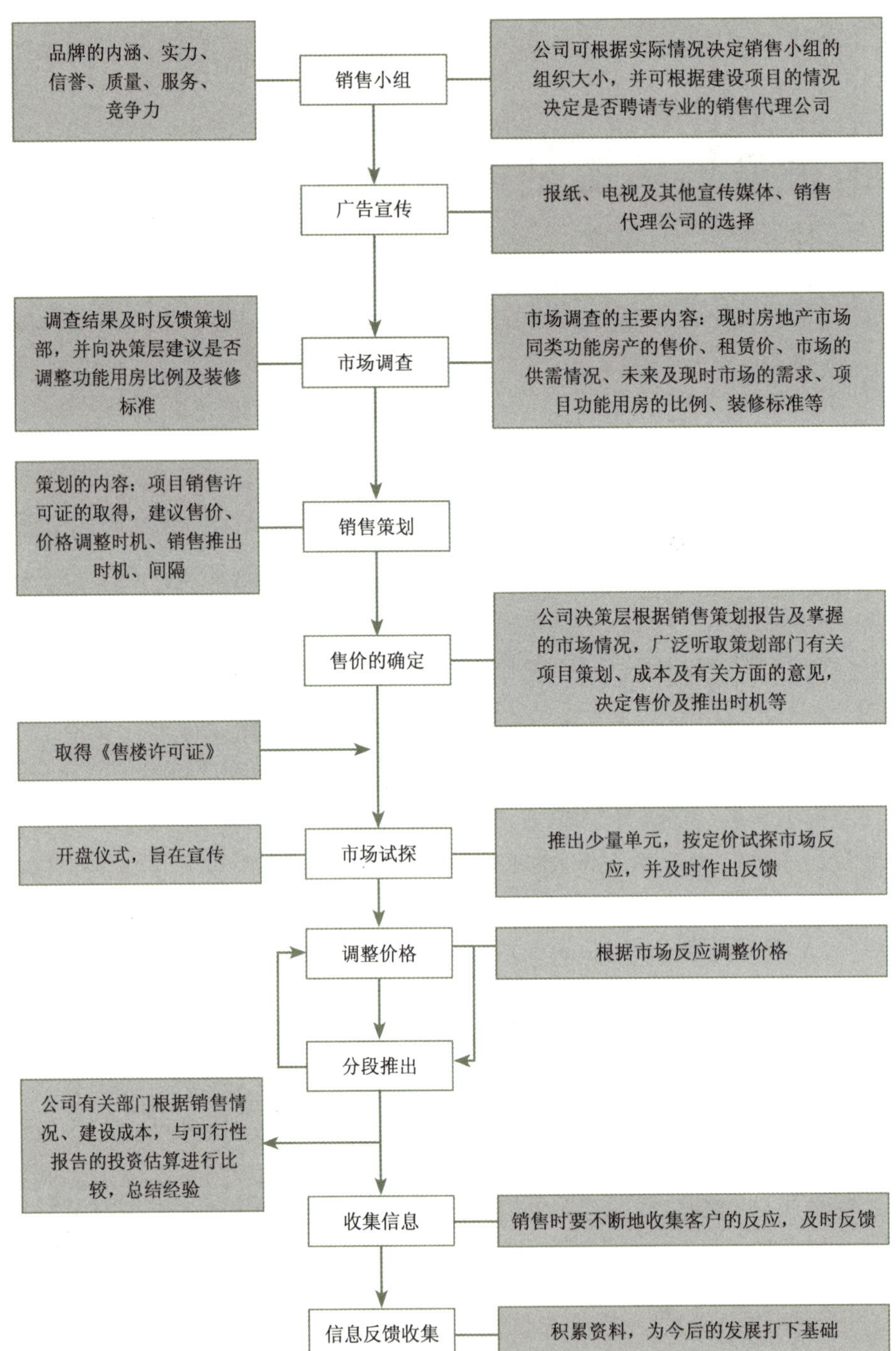

图1.23　房地产营销的完整流程

5.物业管理（售后服务）：一体化运营的第五步

为了进一步提升楼盘的含金量，富力在物业管理方面也投入了大量精力，积极进行社区文化的建设和培育。拥有一级管理资质的团队为客户提供了优质的售后服务，确保富力品牌忠诚度逐年上升。

富力开发的楼盘，在设计和规划阶段就已着眼于小区的智能化要求，部分高档楼盘设置电子巡更系统，保证对楼宇的巡查效果；设立小区家庭防盗报警系统，包括楼宇对讲系统和居室报警及紧急呼叫系统，让住户足不出户就能实施报警和呼叫，从而提高防盗技能。另外，还积极配合政府有关部门，逐步实施包括水、电、气、热水在内的远程抄表系统等。

管理反思

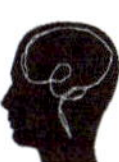

物业管理中的智能化趋势

在户型、环境、外立面、小区配套、交通等因素纷纷走上前台后，智能化管理自然成为各大楼盘物业管理新的竞争因素。同时，在社会信息化进程日益发展的今天，人们对自己住宅的关注也已不仅仅局限于居室面积、周边环境、交通等方面，而是把更多的兴趣和注意力放在与外界沟通、信息服务、安全防范、物业管理等方面。正是适应这种社会需求，“智能小区”应运而生。

智能化带来的最大变化之一，就是对现有物管系统的挑战。过去那种“一个看门老头加一个扫地老太婆”的物业管理模式面临着严重的生存危机。因为智能建筑融合了现代计算机技术、通信技术、信息技术，以其高效、节能、安全、健康、舒适、便捷、个性化强的优势，而备受管理者和使用者的推崇。

房地产企业全产业链模式面面观

观点1：保障房建设适合于拥有全产业链的房企

保障性住房未来将成为我国住宅市场的重要组成部分，年市场规模有望超过1万亿元。在一线城市，保障房用地早已不再受开发商冷落，地价呈上升态势，进一步压缩了保障性住房本就不高的利润率。在这种背景下，有建筑业务、覆盖产业链上下游的房地产公司的优势更加明显。

观点2：中国建筑有全产业链优势

中国建筑在上市前受到多家券商看好，一个重要原因就是公司产业链覆盖房地产业上下游，被认为在保障性住房市场有明显优势。

中金公司的研究报告将中国建筑描述为“最具潜力的政府保障性住房建造商”。中金认为，保障性住房的地价很低，主要成本为建安成本。中国建筑旗下的中建地产拥有建筑工程承包、设计勘察以及基础设施投资建设一体化的业务链条，对房屋建筑整个流程的成本控制能力优于同业。

观点3：万科重周转率，碧桂园重利润率

碧桂园“平过自己起屋！”（便宜过自己建房子）的口号，许多人记忆犹新。碧桂园与一般开发商不同，把几乎所有的房地产开发环节均纳入公司业务，通过内部组织实现成本的最小化。碧桂园2006年和2007年的销售净利润率分别达到21.06%和23.70%，与这种模式有很大关系。

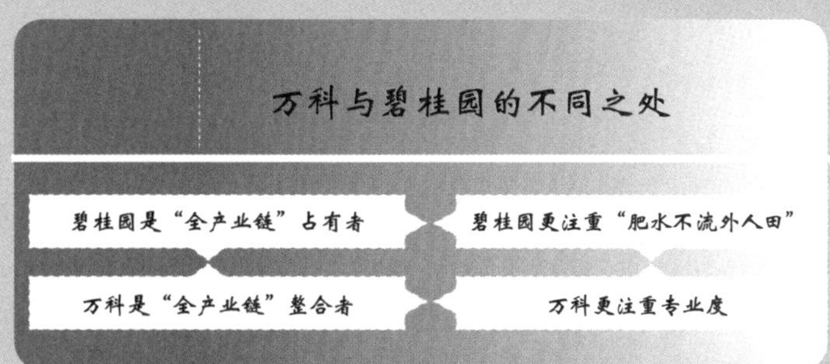

图1.24　万科与碧桂园的不同之处

万科的路子与碧桂园正好相反，立志于做“产业链整合者”，不涉足建筑业务自不待言，还将能外包的业务尽可能地外包出去。没有碧桂园的全产业链，再加上更追求周转率而不是利润率，即使在房地产最火暴的2007年，万科的净利润率也只是14.97%。

在地价高位运行的态势下，产业链完整的房地产公司可以通过控制建安成本来部分对冲高地价，具备一定的成本优势。当然这不等于“万科模式”没有市场。产业链完整的公司要付出更高的内部组织成本，万科等“产业链整合者”要付出更高的外部交易成本，各有各自的目标和对应的生存模式和长处，无法一下判断孰优孰劣。

以碧桂园为例，公司业务主要在三、四线城市展开，虽然地价便宜，但当地居民的购买能力确实无法和一、二线城市居民相比，公司必须通过控制几乎所有的开发环节来控制建安成本，来实现“大量生产物美价廉住宅产品”的目标，打造房地产界的“沃尔玛”。

而万科的远景目标是以高周转率为目标的“住宅产业化”，这需要很强的整合上游建筑企业与材料供应商的能力，光靠自身打拼并不现实。

TWO

第二节 稳健和创新：一体化运营模式的科学理念

——本节观点

十几年，并不是一段很长的时间，而销售额过百亿则是房地产行业中的一个不成文的“门槛”，过了这个门槛，就会被认为是地产业的领跑者。对于富力来说，成为这样的领跑者仅仅用了12年的时间。

凭借十几年的建造，富力在“富而思进，力创新高”的企业精神指引下，打造了一支“富有战斗力，富有创新力，富有凝聚力，富有生命力”的精英团队。2006年，一系列国家调控政策的加强，让大多数地产商感受到了久违的寒意。面对日益严峻的宏观形势，富力在专业化的基础上走向精细化，并且在商务地产开发领域创造了新高度，在规划、设计、开发、施工建造、销售等各方面协调、衔接得当。多年来，富力的运作呈现了良性循环，从而缔造了百亿辉煌。

一 土地储备成为稳健与创新中的关键

地产业的发展，土地是根本。随着富力走出广州，南拓北进，全国一盘棋已经成为富力今后的发展战略。业内评价，富力之所以在调控下取得迅速发展，得益于其在珠三角和华北地区的战略布局，而巨大的土地储备也成为其未来决战的制胜法宝。

管理反思

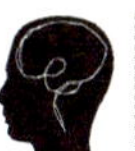

卓越公司的八大特质

在竞争激烈的市场经济中，恐怕没有一个企业不希望自己的公司是卓越的。在企业的发展史中，有很多企业曾经取得了卓越业绩，善于观察者往往关注着这些卓越企业的特质，通过他们锐利的目光和深邃的思想看出卓越企业不同于其他企业的地方。彼得斯就是这样一个观察者。他和沃特曼通过对BM、德州仪器、惠普、强生、3M、DEC、P&G、麦当劳、达纳、艾默生电气等43家美国最成功企业的观察，提出了卓越公司的八大特质：崇尚行动、贴近顾客、自主创新、以人为本、价值驱动、坚守本业、精兵简政、宽严并济。

可见，富力强调的稳健与创新与彼得斯总结出来的八大特质有异曲同工之妙。

富力之所以有底气南征北战、六地布局，一个很重要的原因是有充足的资金来源。除了快速拿地、快速推盘、快速回笼资金的优势之外，富力很重要的一个转折点是上市。2005年7月14日富力在香港上市，上市时每股10.8港元。此后，富力一口气买下了价值数十亿元的土地，进行大规模的土地储备。2007年十一黄金周前后，富力两周内买入的地块面积超过整个上半年，合计建筑面积超过356万平方米，总值超过101亿元。截至2007年年底，富力在全国的土地储备超过3300万平方米。

2009年，富力共新增7个土地储备项目，总建筑面积277.45万平方米，较2008年全年上涨244.2%。但相比2007年的新增土地量，企业拿地策略明显已谨慎许多，避免重复2007年的企业战略失误。

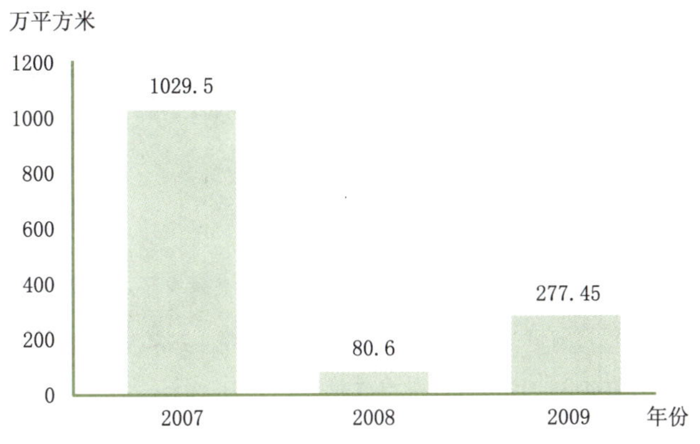

图1.25 富力2007—2009年新增项目总量

表1.3 2009年富力新增的土地储备

城市	宗地名称	属性	成交时间	占地面积（万平方米）	建筑面积（万平方米）	总价（亿元）	平均楼板价（元/平方米）
广州	广州从化温泉镇	住宅	2009.05	80	52	7.5	1442
北京	朝阳区广渠门10号居住用地	商住	2009.05	4.25	7.25	10.22	14097
广州	西湾路	住宅	2009.10	7.16	9.34	1.77	1895
太原	太原市挂牌公告2009年18期LG-0922地块	商住	2009.10	19.58	39.17	1.76	449
广州	天河区珠江新城B1-3地块	商办	2009.11	0.763	9.15	10.1	11038
广州	富力海珠城项目土地	商办	2009.11	1.88	14.54	4	2751
广州	广州市亚运城项目用地	综合	2009.12	89.74*	146*	85*	5822

资料来源：CRIC。

注：*为权益数

2009年富力地产的战略重心仍旧保持在原有的优势城市。作为企业基地的广州，占富力2009年新增土地项目数的60%，广州和太原的新增土地储备占到了全年的43.8%和54.5%。尤其是2009年10月拿下太原富力城项目后，表明太原可能是继广州、北京和天津之后，富力又一深耕的城市。而在2009年12月备受瞩目的广州亚运村项目中，富力与雅居乐、碧桂园联合竞标，成为了以255亿元拿下428万平方米建筑面积的超级“地王”，进一步巩固了富力在广州市场的强势地位。从整体上看，华南和华北市场依然是富力的重点发展区域。

管理反思

美国Pulte Homes公司的土地储备四大控制策略

在美国，土地的供应是越来越受到限制，可供建房的土地越来越少了，土地资源的获得受到了极大的限制。对于一个房屋建筑商而言，没有比土地更重要的资源了，这也是为什么Pulte Homes认为可以控制大片土地的能力可以作为一个重要的竞争性优势。

管理反思

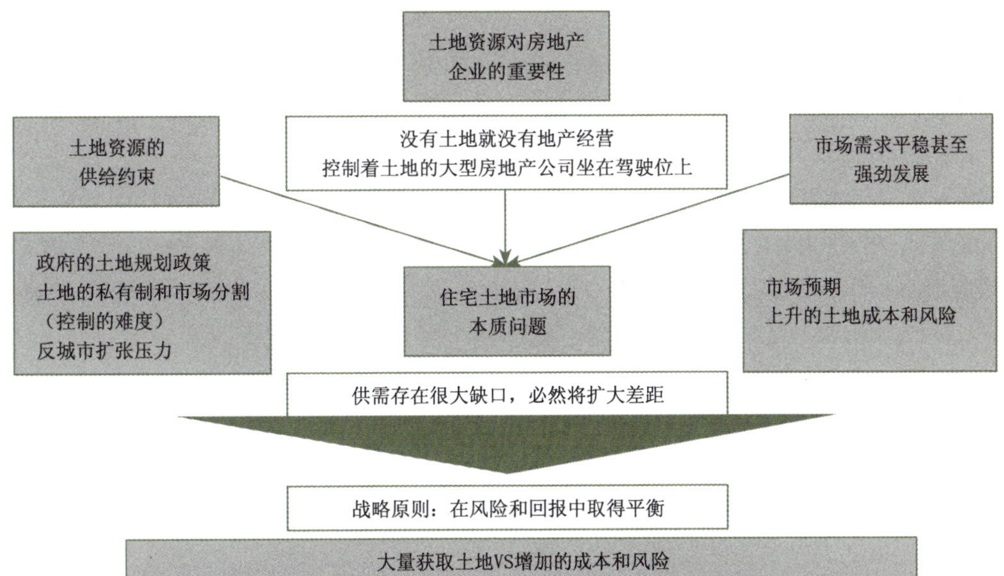

图1.26　Pulte Homes公司的土地战略选择

控制策略1：保持强劲土地获取的理性

土地是房地产企业经营之本，没有土地就没有房地产经营。

第一，土地是价值不断增长的稀缺资源，可利用的土地获得授权的难度越来越大；

第二，土地是房地产行业中并购重组的最大驱动力；

第三，边际利润的实现来自于土地授权的获得。

另外，土地保证将来房屋销售的连贯性和可持续性，增加经营的灵活性，或者用来建造或者直接转手。

控制策略2：土地获取应与成本、风险取得平衡

第一，上升的土地成本：在高密度地区土地获取变贵，虽然土地开发更加有效率，但是使历史成本变高；

第二，销售价格持缓或下滑带来利润压力：无法指望价格会按照预期的模式增长，重新商定期权协议导致的价格变化；

第三，重估土地资产的需要：对于多元化的土地储备评估成本尤其高，即便市场疲软，土地的价值依然会由于稀缺性而保持很高。

管理反思

控制策略3：面对土地供给约束，采取相应的土地战略

第一，在优秀的地段获得尽可能多的土地：对满足近期（一两年内）的需求的土地采取拥有方式，对满足更长期（三五年以后）需求的土地采取控制手段；

第二，与市政管理当局协调好关系以使公司更好地获得土地授权分配；

第三，建设卓越的住房产品和社区，以确保未来的土地授权分配，建立与地方社区的长期相互信赖关系。

控制策略4：整体上做到在风险和回报中寻找平衡

供给约束是影响土地战略的一个重要的因素，但更重要的、更具有决定意义的因素来自于供需缺口的扩大。需求远大于供给，并且供需的缺口在必然性扩大——住宅市场需求在今后预期会平稳甚至走强，而同时供给约束的压力依然强劲。这才是决定公司采取何种土地战略的本质驱动。

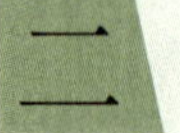

二 稳健与创新取得不俗业绩

继2005年获得全国房地产企业综合实力第一名的荣誉之后，直到2009年，富力地产仍旧是全国综合实力第一，已经连续5年获得“中国房地产企业综合实力”冠军宝座。这项排名是从全国上万家大型房企和建筑参选企业中严格评选而出，以房地产企业的完成投资额、销售面积、竣工面积、经营总收入、总资产等硬性指标为评价标准，由此足见富力的品牌和品质实力。

作为一家有着丰富开发经验的大型企业，2009年富力通过果断的战略变革，加上市场销售火暴加速企业资金回笼，顺利度过了房地产市场调整期的危机。销售业绩的大幅提升，公司顺利发行公司债等因素，使得企业的资金状况较2008年有了明显改善。从行业平均水平来看，富力的净负债率仍处于较高水平。富力未来将通过各种渠道，包括A股上市等手段来进一步缓解企业的财务压力，使企业重新步入良好的发展轨道。

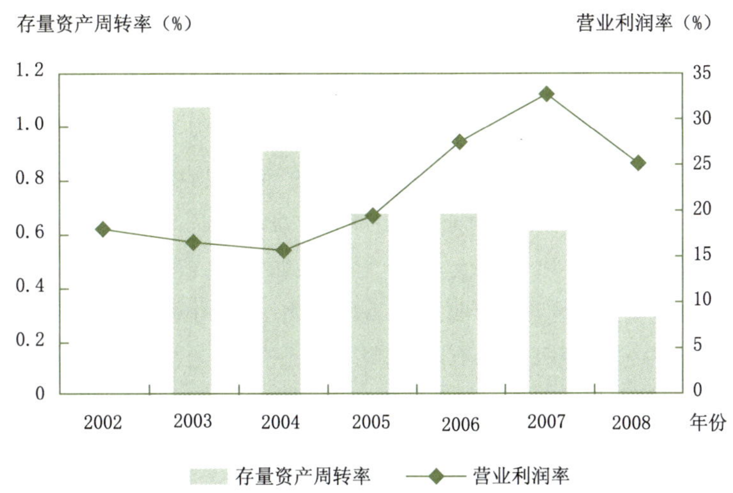

图1.27　2002—2008年富力地产的周转率与利润率

1.经营业绩：业绩创历史新高，缓解资金危机

富力地产由于商业地产项目占用企业大量运营资金，在销售资金不能快速回笼的情况下，2008年企业一度陷入严重的资金危机。2009年，富力迅速调整了企业战略方向，重新将重点回归住宅市场，并在上半年果断地退回了佛山地块。虽然造成了4.352亿元的损失，导致净利润下降近90%，但缓解了资金压力，为下半年大幅进军土地市场作好了准备。最终全年取得了销售金额241.97亿元，销售面积233.29万平方米，同比增长分别为50%与45%。业绩创历史新高，帮助企业顺利度过危机。

表1.4　富力经营业绩指标对比　　单位：亿元

业绩指标	2007年上半年	2008年上半年	2009年上半年
营业收入	31.97	41.82	46.61
净利润	6.68	15.57	1.59
总资产	374.30	572.08	647.32
股东权益	169.97	134.54	141.34

资料来源：样本企业半年报，CRIC。

2.赢利能力：战略变化带来调整，未来将逐步提高

富力2009年上半年毛利率为30.2%，与2008年同期指标相比减少5.9个百分点；销售净利率仅为3.41%，与2008年同期指标相比减少34.3个百分点。销售净利率大幅下跌，主要是由于2009年上半年企业净利润大幅下降，而净利润下降的最主要原因在于2009年富力物业投资的利润基本上来自固定的租金收入，并无如2008年同期的高额投资物业的公允价值收益，该部分利润减少10.96亿元；其次，佛山退地等因素导致物业发展业绩减少2.41亿元利润。而净利润的大幅下降也导致资产收益率与总资产净利率的大幅下降，企业2009年上半年净资产收益率1.09%，同比下降91%；总资产净利率0.27%，同比下降90%。2009年赢利能力的下滑，主要是由于企业战略调整。预计随着富力产品结构的合理化，未来将逐步提高。

表1.5　富力赢利指标对比　　单位：%

赢利指标	2007年上半年	2008年上半年	2009年上半年
毛利率	32.8	36.1	30.2
销售净利率	20.89	37.71	3.41
净资产收益率	7.94	11.91	1.09
总资产净利率	2.09	2.80	0.27

资料来源：样本企业半年报，CRIC。

3.费用控制：费用降低，弥补利润流失

富力2009年上半年期间费用共计4.967亿元，同比下降9.48%；期间费用率为10.66%，同比下降2.46个百分点。这主要得益于富力施行了精简构架等控制间接成本的措施，从而使企业费用率实现下降。企业对于费用的有效控制，弥补了2009年利润下降的影响，但未影响企业年销售业绩创历史新高。

表1.6　富力三费率情况对比　　单位：%

费用指标	2007年上半年	2008年上半年	2009年上半年
销售费用率	2.29	6.54	3.03
管理费用率	6.16	6.58	7.63
期间费用率	8.45	13.12	10.66

资料来源：样本企业半年报，CRIC。

4.运营能力：度过2008年危机，效率提高

比较近三年上半年的运营指标，明显发现富力运营效率在经历了2008年企业危机的下降后，2009年出现了小幅提高。据2009年半年报，企业总资产周转率较2008年同期上升0.28个百分点；存货周转率较2008年同期提升0.3个百分点。企业运营效率的提升主要是由于市场好转，导致销售业绩大幅提升，保证了企业在存货增加的前提下依然保持周转率的提高。

表1.7 富力运营效率指标对比　　单位：亿元，%

运营指标	2007年上半年	2008年上半年	2009年上半年
期末存货	149.83	246.71	294.36
存货周转率	17.03	11.53	11.83
总资产周转率	9.99	7.51	7.79

资料来源：样本企业半年报，CRIC。

5.偿债能力：资金状况改善，净负债率明显下降

截至2009年上半年，富力净负债率从2008年同期的139%下降到110%，较去年同期下降了29个百分点，但仍处较高水平；同时企业现金及现金等价物52.40亿元，相比2008年同期增长323%，比2007年同期也高出42.39%，这显示出强劲的销售业绩对企业资金状况改善的巨大作用。2010年富力若能成功A股上市，将大大缓解企业的负债压力。

表1.8 富力偿债能力指标对比　　单位：亿元，%

偿债指标	2007年上半年	2008年上半年	2009年上半年
现金及现金等价物	36.80	12.39	52.40
一年内到期负债	57.49	80.74	119.74
净负债率	111.7	139	110

资料来源：样本企业半年报，CRIC。

6.富力地产2004—2008年连续五年的财务状况

（1）富力地产连续五年的关键财务比率

表1.9 富力地产连续五年的关键财务比率

财务比率——全年	2008.12	2007.12	2006.12	2005.12	2004.12
变现能力分析					
流动比率（倍）	1.116	1.07	1.049	1.184	0.9
速动比率（倍）	0.477	0.465	0.463	0.319	0.196
偿债能力分析					
长期债项/股东权益（%）	0.738	0.993	0.547	0.336	0.602
总债项/股东权益（%）	1.376	1.576	0.96	0.622	1.704
总债项/资本运用（%）	0.738	0.739	0.586	0.433	0.892
投资回报分析					
股东权益回报率（%）	0.211	0.42	0.259	0.24	0.271
资本运用回报率（%）	0.113	0.197	0.158	0.167	0.142
总资产回报率（%）	0.057	0.098	0.08	0.073	0.045
赢利能力分析					
经营利润率（%）	0.331	0.549	0.307	0.226	0.152
税前利润率（%）	0.331	0.549	0.307	0.279	0.167
边际利润率（%）	0.204	0.359	0.21	0.217	0.128
营运能力分析					
存货周转率（倍）	0.883	0.896	1.329	0.692	0.728
投资收益分析					
派息比率（%）	0.288	0.243	0.87	0.339	0

（2）富力地产连续五年的现金流量状况

表1.10 富力地产连续五年的现金流量状况

综合现金流量表——全年	2008.12	2007.12	2006.12	2005.12	2004.12
经营活动之现金流量	4381669	−5806198	−2286844	−220445	362652
投资回报及融资费用之现金流量	−2332266	−2037351	−1109937	−549507	−152074
已收利息	29514	28996	39287	20200	18897
已付利息	−1558506	−909487	−323214	−189707	−170971

续表

综合现金流量表——全年	2008.12	2007.12	2006.12	2005.12	2004.12
已收股息	0	0	0	0	0
已付股息	−803274	−1156860	−826010	−380000	0
其他	0	0	0	0	0
退回/（已缴）税项	−1508231	−1611163	−842579	−99404	−79682
投资活动之现金流量	−992350	−1255556	−2138021	−129324	−594978
增添固定资产	−874826	−1092275	−580638	−32779	−21974
出售固定资产	106642	860	7042	11460	0
投资增加	−224166	−54318	−1564425	−260000	−573004
投资减少	0	−109823	0	3595	0
与关联人士之现金流量	0	0	0	0	0
其他	0	0	0	148400	0
融资活动前之现金流量	−451178	−10710268	−6377381	−998680	−464082
新增贷款	9700539	14951201	6300734	2085000	2310000
偿还贷款	−9129384	−4367168	−1660000	−2234000	−1560000
定息/债项工具融资	0	0	0	0	0
偿还定息/债项工具	0	0	0	0	0
股本融资	0	0	1610864	2279576	0
与关联人士之现金流量	0	40000	−37148	17502	−64469
其他	0	0	0	0	0
现金及等同现金之增加/（减少）	119977	−86235	−162931	1149398	221449
年初之现金及现金等同项目	1329691	1415926	1578857	1043708	822259
外汇兑换率变动之影响/（其他）	0	0	0	0	0
年终之现金及现金等同项目	1449668	1329691	1415926	2193106	1043708
货币	RMB	RMB	RMB	RMB	RMB
单位	'000	'000	'000	'000	'000

（3）富力地产连续五年的资产负债表

表1.11　富力地产连续五年的资产负债表

综合资产负债表——全年	2008.12	2007.12	2006.12	2005.12	2004.12
固定资产	22221552	20958808	12296513	4940359	4556156

续表

综合资产负债表——全年	2008.12	2007.12	2006.12	2005.12	2004.12
投资	804929	856527	144762	457879	152900
流动资产	30388283	29162600	13726147	11501634	7473397
其他资产	1552851	3217956	433337	376924	-39187
总资产	54967615	54195891	26600759	17276796	12143266
长期债项	10982500	12532500	4508000	1770000	1210000
其他长期负债	1877960	1785767	760106	524106	619903
流动负债	27234516	27252083	13086001	9713951	8303612
股本	805592	805592	805592	763292	551777
储备	14067047	11819949	7441060	4505447	1457974
股东权益	14872639	12625541	8246652	5268739	2009751
货币	RMB	RMB	RMB	RMB	RMB
单位	'000	'000	'000	'000	'000
主要项目	2008.12	2007.12	2006.12	2005.12	2004.12
存货	17395143	16478139	7666391	8400000	5848378
现金及银行结存	2052956	2286566	2018338	2193106	1043708
短期债项	9488422	7367267	3407734	1505000	2214000
总债项	20470922	19899767	7915734	3275000	3424000

（4）富力地产连续五年的赢利摘要

表1.12　富力地产连续五年的赢利摘要

赢利摘要——全年	2008.12	2007.12	2006.12	2005.12	2004.12
每股赢利（港元）	1.097	1.767	0.687	1.801	0.928
每股赢利增长（%）	-37.885	157.266	-61.859	94.066	41.443
每股派息（港元）	0.316	0.429	0.597	0.61	0
市盈率（倍）	12.484	8.536	—	21.355	41.443
周息率（%）	0.023	0.028	0	0.016	0
派息比率（%）	0.288	0.243	0.87	0.339	0
每股账面资产净值（港元）	5.207	4.206	2.547	6.636	8.933

从四方面着手作好房地产企业财务分析

在现代企业制度下，企业财务分析指标不应再局限于静态的单一指标，作为新兴行业的房地产开发企业更应从整体上动态地分析企业的赢利能力，资产运营能力，开拓市场、创造市场和把握市场的能力。因此，房地产开发企业财务分析需要在传统财务分析的基础上完善和补充以下内容：

1.整体分析与专项分析相结合

在单项指标分析的基础上，将各指标形成一套完整体系，相互配合使用，进行综合分析与评价，强化对企业经济运行的整体性分析，以掌握企业整体财务状况和效益。同时要针对管理中存在的薄弱环节加强专题房地产企业财务分析，如企业潜亏分析、专项成本分析（包括市场开发成本分析、广告成本效益分析、售后服务成本分析、成本结构分析等）、利润增长点分析、投资项目可行性分析、投资项目效益与可行性报告差异分析、内控制度成本效益分析等。在分析中注意把握点和面的关系，避免房地产企业财务分析的片面性。

2.加强房地产开发企业现金流量情况的分析

在企业经营环境日趋复杂的背景下，现金流量信息越来越受到企业管理层的重视，许多企业发生财务危机不是因为缺乏赢利能力，而是因为现金的短缺造成企业信用的丧失。作为从事资本密集型的房地产业的企业来说，由于房地产开发项目对资金高度依赖，在进行财务分析时，更应从以“利润”为中心转向以“现金流量”为中心。分析营运资本投资和利息支付前的经营活动现金流量，检查企业是否能通过其经营活动产生足够的现金流量；分析营业资本投资后，利息支付前的经营活动现金流量，评价企业的营业资本管理是否有效率；分析营业资本投资后，利息支付前的经营活动现金流量，评价企业是否能够满足其利息支付义务；分析外部融资活动之后的现金净流量，评价企业的筹资政策。利用这些指标的逐年变化的信息，将为评价企业现金流量的动态稳定性提供许多有价值的信息。由于现金流量信息揭示了企业经营活动现金净流量与净收益之间的差别，因此对这些差别及其原因进行分析，有助于评价企业赢利的质量。

3.加强成本控制分析

在进行成本分析时要注重分析以下几个方面：

一是通过深入分析工程项目预算值与决算值差异，正确评价企业目标成本（即预算值）的执行效果，提高企业和员工讲求经济效益的积极性；二是揭示成本升降的原因，及时查明影响成本高低的各种因素及其原因，进一步提高企业成本管理水平；三是寻求进一步降低成本的途径和方法。

4.加强房地产开发企业之间的横向指标对比分析

如果财务分析仅局限于本企业内部，不与其他企业进行对比，就谈不上“知己知彼”。通过横向分析，企业可以明确自身在行业中的位置，使管理层对经营决策进行适当定位，在竞争中找到自己的发展空间。

实际上，房地产开发企业的财务分析可以不受传统财务分析模式的约束，不应局限于具体的分析模式及财务周期。管理层应更重视对财务分析结果的评价，并利用评价的结果来指导企业的经营活动。

信息化：实现一体化运营模式的技术手段

THREE
第三节

本节观点

房地产企业是知识密集型企业，在项目全生命周期的管理过程中，涉及“客户关系管理、规划设计、工程管理、销售、物业管理”五大专业领域，对知识型人才有很强的依赖性。

富力之所以能在快速的滚动大规模开发中实现良好的成本控制，除了得益于其一体化运营模式之外，也有一个重要的原因不可忽视，那就是其在管理方面实施的信息化。众所周知，信息化是企业提高效率非常有效的手段，信息技术在富力的采用，有效地整合了其散布于全国各个分公司的信息，提升了集团的整体运营绩效。

地产行业信息系统按业务、管理、决策等层面包含以下应用系统，如下图：

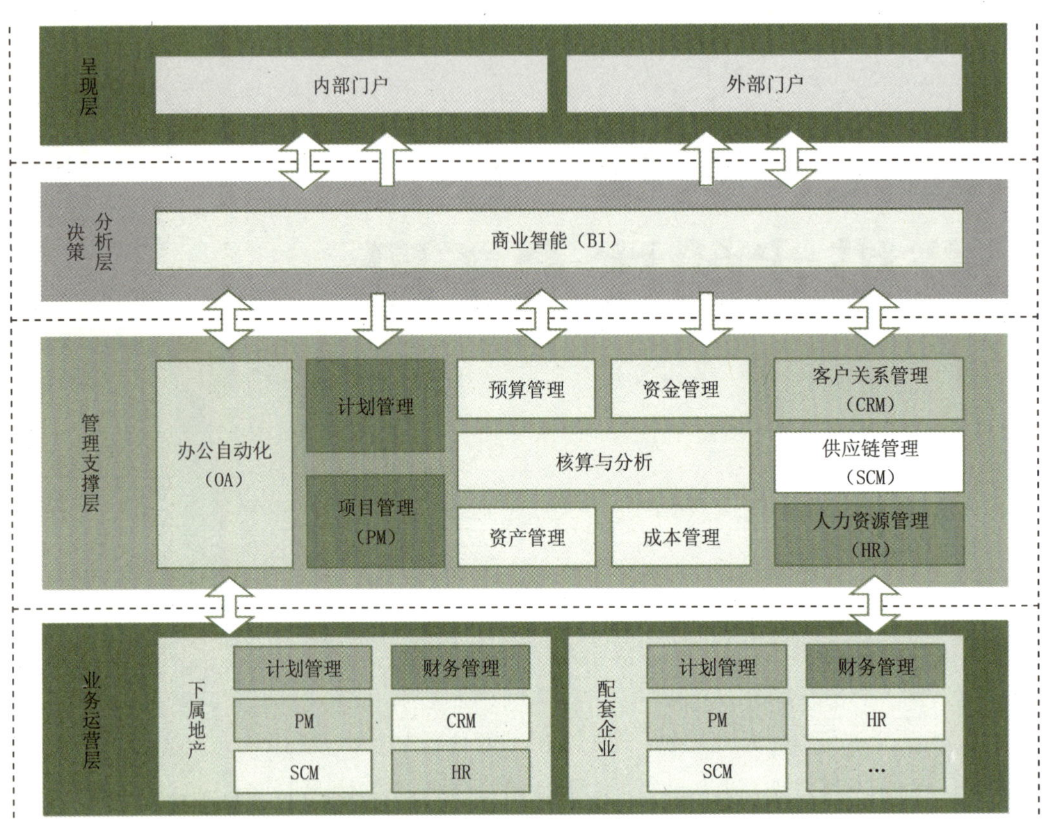

图1.28　房地产企业CRM系统框架

一　信息化实施的目标

随着富力地产的业务扩大，相应的管理与控制方面出现很多无法避免的问题，上市后改善内部企业管理的需要更是迫在眉睫，公司高层希望实现：办公软件能够满足开放性、集成度高，从而配合到集团今后的管理规划，使其在集团化规范管理、企业文化建设、时效管理、知识管理、加强执行力等方面起到促进作用，实现房地产OA管理。

二 信息化实施面临的五大问题

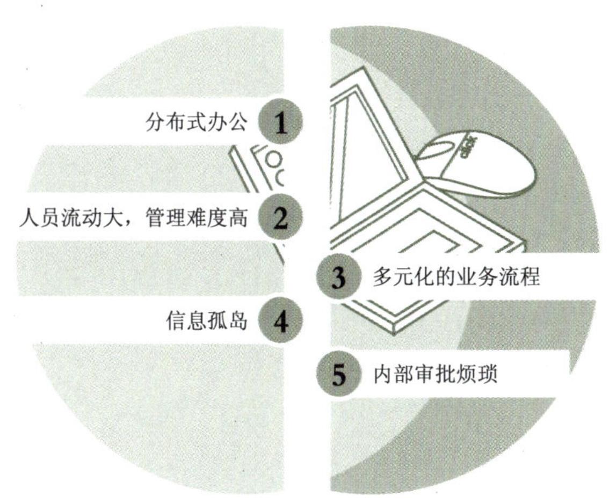

图1.29 信息化实施面临的五大问题

（1）各个楼盘分布在不同的地点，希望实现集中管理。

（2）地产行业人员流动性较大，人事管理尚处于手工状态，管理难度较大。

（3）地产行业是一个多元化的行业，各类型的知识种类繁多，目前都分布在各个部门自行收集管理。

（4）应用系统之间缺乏统一平台，接口不统一，形成信息孤岛。

（5）审批烦琐。

三 信息化实施框架

富力地产采用的信息化系统是红帆OA-iOffice.net地产版信息管理平台，这套系统在广州富力、北京富力、天津富力分别进行了搭建和应用，采用分布式部署，使各个房地产OA间进行了互联互通。

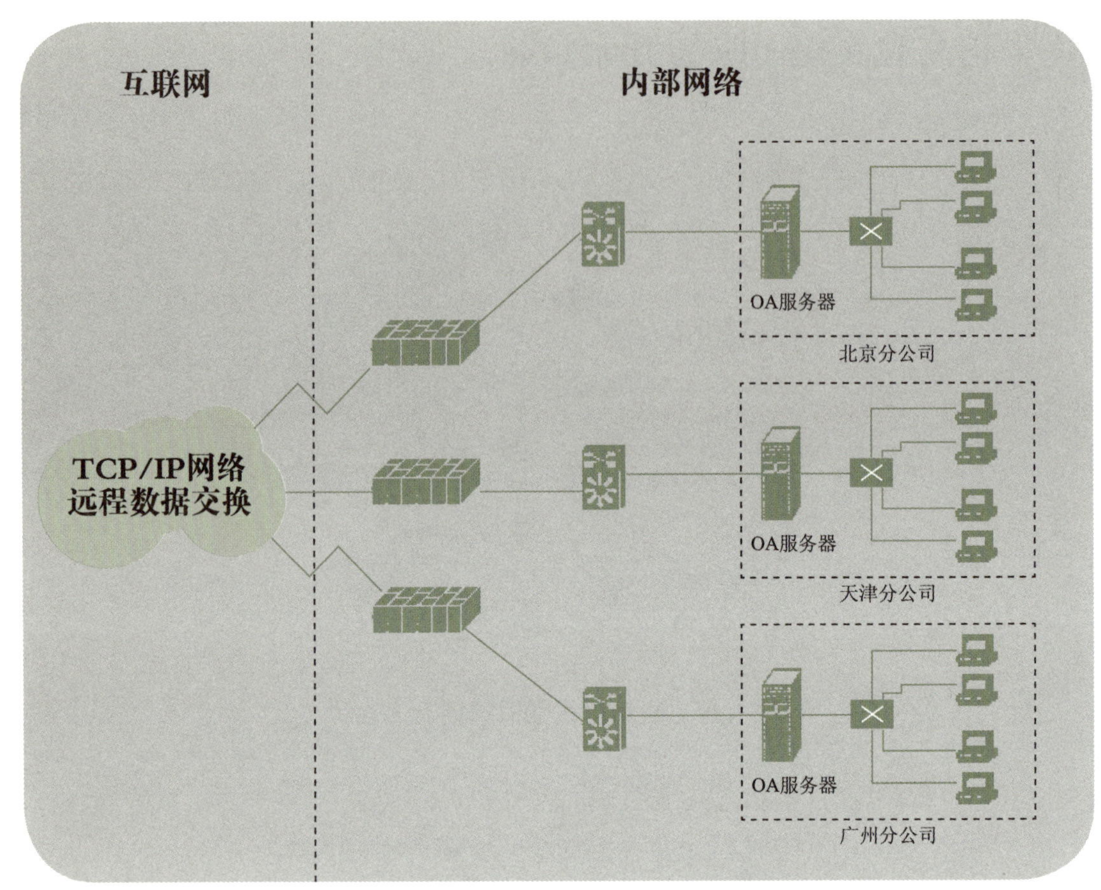

图1.30　富力地产的信息化系统框架

四 信息化应用取得了明显效果

房地产办公信息化系统帮助富力地产建立了新型的知识管理平台，实现了企业内部资源的充分共享，主要实现的功能包括：

（1）知识管理平台为项目资源统一管理服务：例如设计图纸、合同、项目实施单位和人员、施工材料等可以根据各个项目的权限进行统一管理，同时为项目可行性研究提供动态的、全面的知识信息支持。

（2）业务以及办公流程应用实现了规范化。

（3）多人员的项目协作：项目成员，例如设计公司、投资商、施工单位、咨询部门等，都可以共享最新的项目信息，并快速获得项目进展，协同解决项目关键问题。

（4）实现了与人力资源系统、地产ERP、项目管理系统的集成接口。

房地产企业信息化误区及防范

房地产行业的信息系统首先是保证企业“不死”的预警平台，其次是企业未来更好发展的管理平台。

图1.31　房地产企业信息化采购中的“三看”

相对于信息化成熟的金融、电信行业，房地产的信息化还处于摸索阶段。目前房地产信息化存在着以下误区：

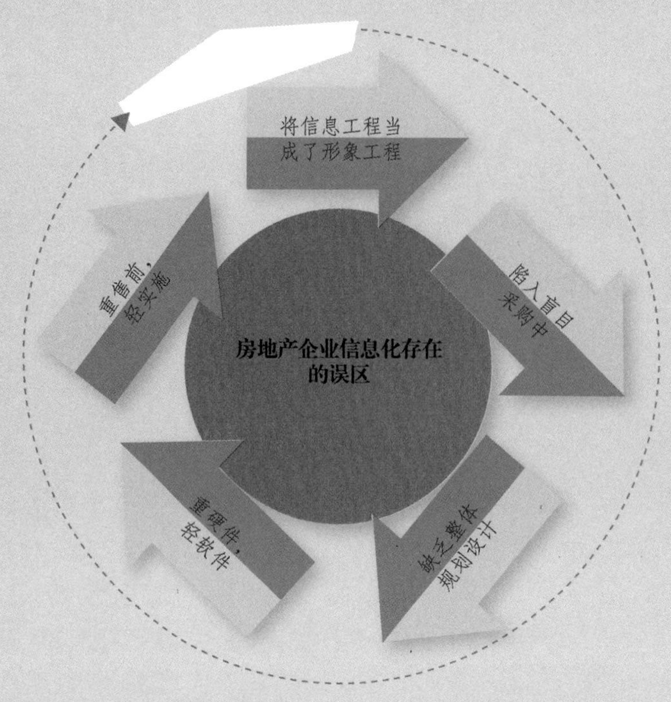

图1.32　房地产企业信息化存在的误区

第一，注重软件品牌，不注重“科技利润”和软件未来创造的价值，往往追求打品牌，软件系统建设成为形象工程；

第二，注重功能和第二代软件供应商的所谓样板客户，陷入买彩票式的盲目采购模式中；

第三，缺乏整体规划设计，房地产信息化建设应该遵循“四化原则”，即规划设计一体化、考察系统本土化、采购软件本行业化、实施上线本企业化；

第四，重硬件，轻软件；

第五，重售前，轻实施、上线和实际运用效果。

2.培养“第三只眼睛”

在房地产企业的软件系统采购过程中，建议用“第三只眼睛”来挑选。用户以前往往是第一只眼睛只看价格、第二只眼睛只看功能，现在必须用第三只慧眼看到价值，也就是信息技术创造科技利润。企业必须看到运用信息技术、管理思想、管理模型所产生的科技利润。

首先，房地产软件系统要围绕企业的战略目标进行整体设计、分步实施；其次，软件的每个系统都采用大系统设计理论，即子系统首先为大系统服务，子系统之间互相关联，数据互相支持，并支持决策模型；最后，管理系统中注入符合企业自身特点的管理思想、管理模型。

第二章

发展战略：多元化、低成本高速扩张

战略不仅在于知道做什么，更重要的是，要知道停下什么。

富力地产在连续多年开发住宅产品并取得显著成功后，开始大力向商业地产领域进军，其重磅动作是在广州珠江新城商业CBD区域获取大量的土地储备。富力地产的多元化发展战略是基于未来可持续发展需要的，毕竟住宅产品在现金流入的可持续性方面远不如商业地产。适量地开发商业物业，并选择其中的一部分进行持有经营，是对住宅开发业务的重要补充，可为富力地产的长治久安奠定良好的基础。

战略理念：八大战略关键点

ONE
第一节

本节观点

富力地产的发展战略是全国布局扩张的多元化，而且是在严格控制成本的条件下进行的，其发展理念明显地具有多元化、低成本和高速扩张的特征。

早在2006年年底，富力地产就已经跨入地产行业“百亿豪门”，足见其战略扩张成就明显。

2006年12月，富力地产蝉联由国家统计局评选的“中国建筑与房地产企业500强”综合实力冠军，并在11月23日突破了100亿元的销售量。从预售金额收入来说，仅以超百亿来评判，富力已经理所当然成为当时新晋的“地产航母”。

在地产业“土地”、“银根”紧缩的背景下，富力地产的超百亿峥嵘实力，不仅仅对品牌地产商的开发模式有着积极的借鉴作用，同时对于未来的地产开发走向也有着深远的影响。

一 关键点1：资本为后盾，粤派理念引领

在富力地产的年度规划中，销售额超百亿元仅为集团的最低销售目标，完成销售额、利润额和产品结构的顺利调整是富力面向未来实现顺利成长的目标。

图2.1 富力地产新旧战略的对接

1.以资本为后盾实现高速扩张

资本市场成为诸多房地产企业扩张版图的后盾，富力也不例外。

富力之所以有底气南征北战、六地布局，一个很重要的原因是有充足的资金来源。除了快速拿地、快速推盘、快速回笼资金的优势之外，富力地产很重要的一个转折点是上市。

2005年7月14日富力地产在香港上市，上市时每股10.8港元。此后，富力地产一口气买下了价值数十亿元的土地，进行大规模的土地储备，为公司下一步的发展留下了足够的空间。

在高速扩张的同时，富力地产一直是高负债、高增长运营的，其负债率一直居高不下。

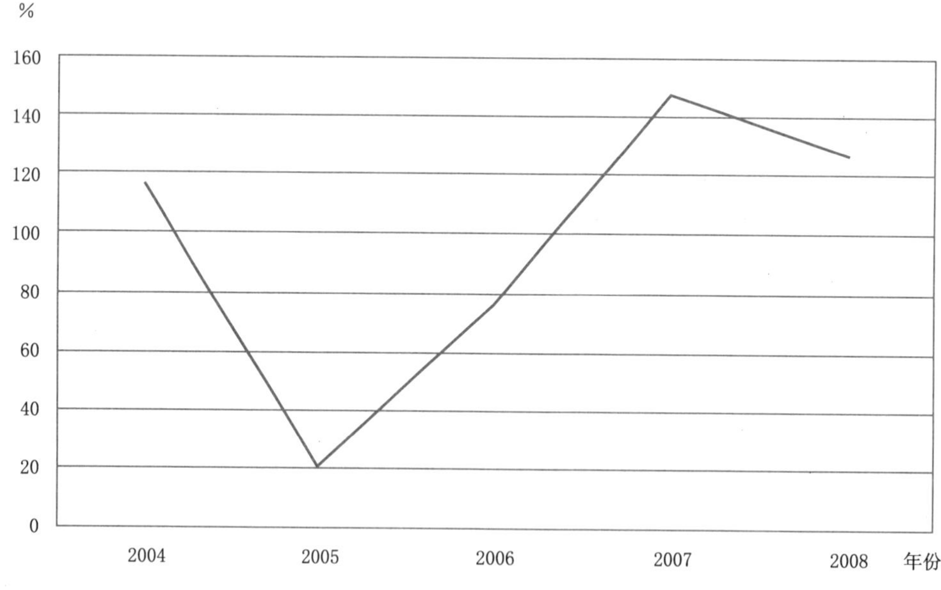

图2.2 富力地产2004—2008年净负债资本比

2.发展战略中全面表现出了粤派地产理念

富力地产可以说是粤派众多民营房企的缩影，走的是一条近乎直线上升的路，成为百亿领跑者仅用了12年的时间。富力地产董事长李思廉曾对富力快速增长之谜的解释道尽其中奥妙：占领产业链是控制成本最好的方法，即使是后期的物业管理、二手房买卖等环节也会增加利润。

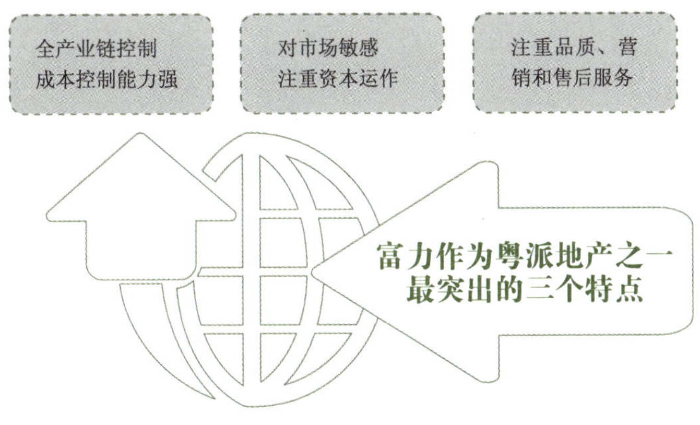

图2.3　富力作为粤派地产之一最突出的三个特点

管理反思

创新成为粤派地产的制胜秘诀

粤派地产的特点是商业化、市场化，不多做概念，重视做产品，比较实在。

房地产业有如此说法：炒概念数北京，看细活去上海，讲创新在深圳，论全面到广州。广东地产商做的是产品，手法重实用性，善于贩卖，在户型设计、园林景观、配套规划等方面独具匠心。这似乎说出了粤派地产的核心价值。

创新的产品始终是粤派地产制胜的独门秘诀。

独创1：空中花园

2005年，国土部门停止审批别墅用地之后，香江集团即推出创新产品“空中花园别墅”。2009年，恒大地产更是把空中花园及平层别墅这样的创新产品带到了重庆。凭借着创新的产品及“开盘必特价，特价必升值”的营销手段，恒大地产在2009年上半年创下127亿元的销售收入，成为当时中国唯一一家销售额过百亿元大关的未上市房产企业。

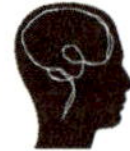

管理反思

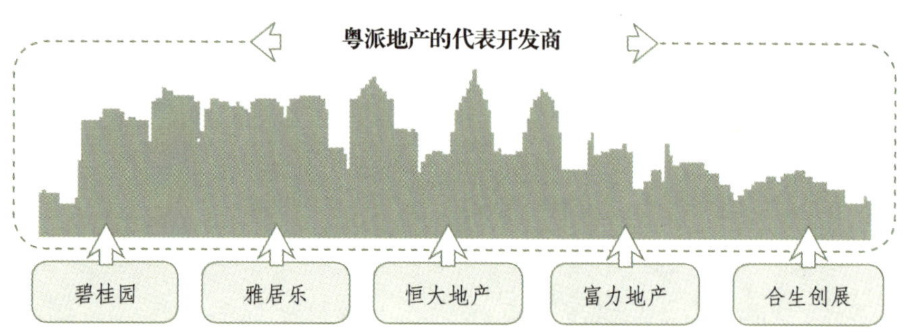

图2.4　粤派地产的代表开发商

独创2：造城——跳出地产做地产

楼盘配套的创新更让广东房企把"跳出地产做地产"的理念发挥到极致。位于广州番禺的祈福新村占地7500亩，居住人口10万人，被称为"中国第一村"。齐全的配套为这里带来极旺的人气，超市、学校、医院、酒店、交通、餐饮等一应俱全，不出小区即可满足所有生活需要，而这一切本应由政府承担的配套设施都是开发商出钱建设的。

图2.5　华南八大超级大盘

"中国楼市看广东，广东楼市看华南"，由祈福新村、南国奥园、锦绣香江、华南碧桂园、星河湾、广地花园、华南新城、雅居乐八个超级大盘组成的华南板块，一度被喻为"中国楼市样板房"。碧桂园更是把这种"自行配套"的"造城"理念带到全国许多城市。

随着全国扩张的脚步，粤派地产不但把新颖的产品输出到各地，还把独有的居住文化及理念带到全国。

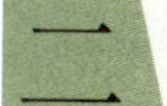

二 关键点2：布局路径表现为“由南至北，由东至西”

在中国城市化的大趋势下，国内一大批实力雄厚的房地产企业开始展开他们的全国性扩张战略。

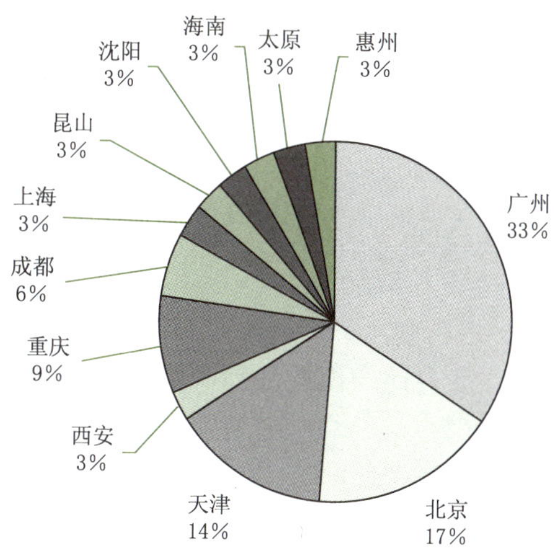

图2.6 富力地产2008年年末在建项目的地域分布

2003年，由于广州地产市场空间逐渐缩小，不能满足现时发展，于是富力北上扩张，开发了北京富力城项目。可以说北京富力城的成功不仅是富力进军北京市场的重头戏，也是使整个公司、整个富力品牌走向全国的关键。

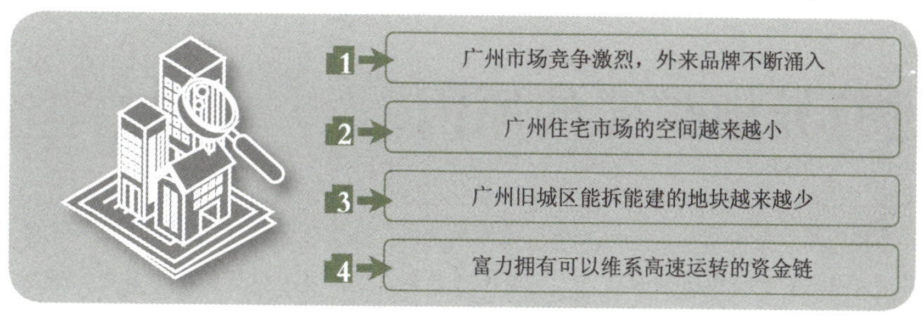

图2.7 富力最初进行异地扩张的原因

图2.8 富力地产重点布局的四大城市示意图

图2.9 富力地产南北战略中的两大中心城市

2003年，实力雄厚的富力地产开始“北上”，进军北京。2005年，成功上市后资金储备丰富的富力集团开始将扩张步伐延伸到西安，形成了“西进”。自此，富力完成了广州、北京、天津、西安四大重点城市的战略布局。在一些企业出现扩张失控等问题的时候，富力却一直迈着稳健的步伐走出广州，走向全国。

截至2006年，富力已在广州、北京、天津、重庆、西安、海南等六地布局，拥有约60个物业项目。

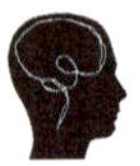

管理反思

富力进行异地扩张的原因

富力进行异地扩张的原因是基于维系高速运转的资金链。几乎所有的地产开发项目的资金都是流动性运转的，这个运转的链条不能停转，一旦断下来的话，则会发生连锁反应。富力一直以来都是以资金运转良性著称，银行信誉度也非常好。但早期富力在广州开盘销售的项目不多，货量也不大，而且在广州城区的住宅用地已经越来越少，这就使得富力必须不断地向外找地、找新项目，使其资金可以滚动起来。

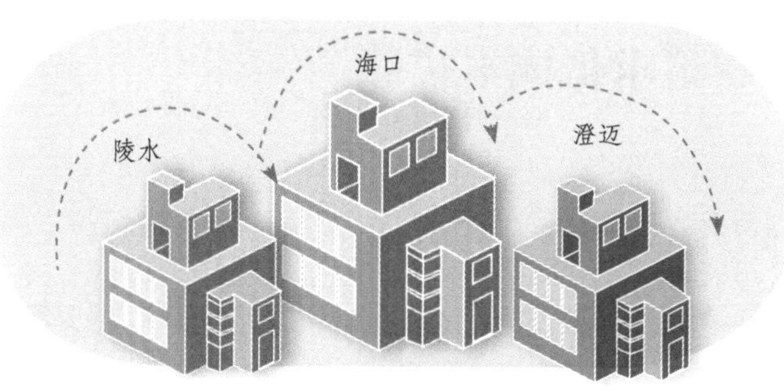

图2.10　富力地产布局海南拿地的三个重点区域

2007年，北京富力的在售项目迎来旺销，而且集团在北京的土地储备还很充足。天津项目较少，但每个项目规模都很大，由于正在“当打”之年，天津富力对整个集团的销售贡献将越来越大。重庆土地储备很多，区域发展潜力巨大。富力在六个核心地区深挖做透之后，在适当的时候，又逐步向省会城市等二线市场发展。

管理反思

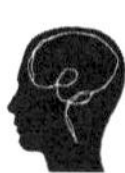

富力成功的两大秘密武器

富力成功的两大秘密武器归结起来有两点，其一是拿地。富力在任何城市，只选两种土地——城市中心和未来城市中心。在富力的选址哲学里，有一条铁律，那就是唯有土地价值才能承载项目价值。同样地，富力向来只做一件事情：发现土地未来价值，实现价值。其二是富力拥有16年做精装房的经验。富力精装房注重装修风格的可变性，通过“重装饰、轻装修”的做法，期望能给业主在后期装饰上留有较大的个性展示余地，比如改变墙面漆颜色、更换墙纸等。业主可按照个人的喜好作调整，营造出一个完全属于自己的个性化空间和理想的家。

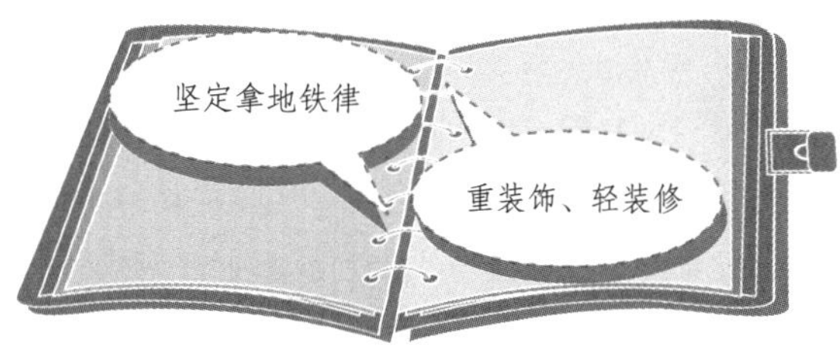

图2.11　富力成功的两大秘密武器

三 关键点3：追求低成本扩张

1.充分利用“旧厂改造”机会

富力地产一直热衷于“旧厂改造”，其实这是一种低成本扩张战术，也是所有地产企业创业初期最常用的一种战术。正是靠着“旧厂改造”这种低成本扩张，富力从此走上了一条独特快速发展之路。

1992年，广州房地产开始升温，许多地产商都瞄准郊区大盘或市中心地段，而富力在发展之初却瞄准了“旧厂改造”。当时由于富力处在创业初期，资金不足，不敢进市区，也没有能力开发郊区大盘，只好在城乡结合部进行项目开发。而旧工厂用地一般在城区边缘地带，地价便宜、配套建设齐全、开发成本低、开发进速快，便于快速回笼资金。

图2.12 富力早期走“旧厂改造”道路的原因

富力走“旧厂改造”道路还有一个原因，这与富力的市场定位为工薪阶层有关。在消费金字塔中，这部分的消费群体处于最底层，消费份额最大。而这部分消费群有几个明显的消费特征：大多数自买自住；他们选择房子一定要在市区，花费在上班路上的时间不能太长，房子总价不能太高。据2008年的统计，广州的工薪阶层可以承担30万～50万元的房屋总价，6万～10万元的首期。基于这个基础，富力通过逆算法去拿地，只能找地价较便宜的地块，因为房地产开发至关重要的一点就是成本控制，而土地成本控制是成本控制最大的一块。富力专找旧工厂用地，也缘于此。

在条件相对较差的老城区购地，快速抛售，资金迅速回笼，建筑材料及设施等都因大量进货及联合招标而大幅降低成本。

2.采用滚动快速销售模式

富力在广州主要做中档楼盘的销售，以快速销售迅速实现回笼资金。项目销售滚动开发，多项目同时运作。

3.多项目同步迅速推进

以规模化、均好性的产品与服务进行快速开发，即多个项目齐头并进迅速推进策略。拥有自己的土地储备和资源储备，富力的强大实力确保了多项目同时运作的安全。

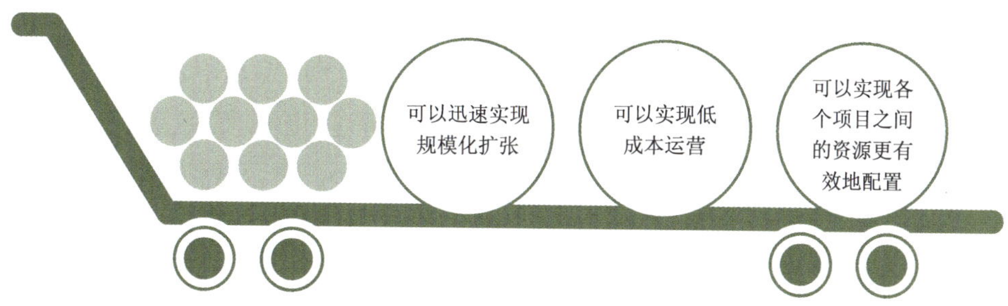

图2.13　项目同步迅速推进的三大作用

4.建立共建服务管理体系

建立共建服务管理体系，可以有效地降低运营成本。富力地产利用规模效益创新服务模式，拥有自己的设计公司、建筑公司、监理公司、物业公司等一条龙集团化经营，把诚意服务的理念贯穿在每个环节。

四 关键点4：追求多元化发展

一直以来，富力地产在广州以开发住宅项目为主，但从2003年开始，富力逐步转向商业地产开发，广州中山八路富力·儿童世界项目是富力进军商业地产的第一张王牌。富力除了开发富力·儿童世界项目外还一口气拿下珠江新城四块商业用地，并在商场、写字楼、酒店等商用物业项目方面及开发上投入相当大的资源并加快其战略扩张步伐。

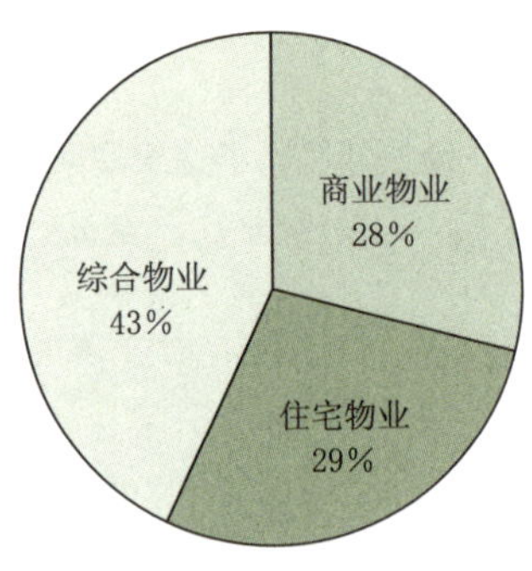

图2.14 富力地产2009年新增项目物业属性权重

超级链接

富力第一个商业项目：儿童世界

富力·儿童世界童装批发城位于广州市中山八路富力广场裙楼，集中了众多的童装厂商，交通便捷，拥有近500个铺位，是集童装、妇婴用品、儿童用品为一体的综合性童装批发市场，规模与档次在全国同类市场中处于独一无二的地位。富力·儿童世界童装城最大的特点就是产销有机结合，上市童装商品80%以上来自广州及周边地区的童装生产企业，减少了中间流通环节。商品价格低廉，款式新颖，不同年龄层次的儿童和不同季节的童装一应俱全，每季童装款式多达700余种，产品辐射国内外广大地区。

图2.15 广州富力·儿童世界

在房地产开发中，住宅项目的开发不能形成长期的收益点，住宅卖完了产权也就出去了，住宅项目就算有升值空间也是业主自己的，与开发商无关。而商业地产则不同，项目开发完了，开发商还可以把产权牢牢地抓在手里，如项目有升值的空间，开发商还可把这部分作为可持续发展资源。商业地产强大的利润使富力把商业地产作为其住宅开发的有益补充，并将其作为长期的战略辅助资源。

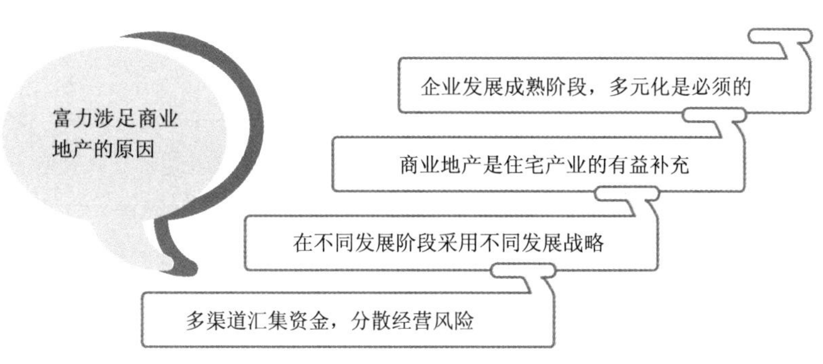

图2.16　富力战略性涉足商业地产的原因

富力从“旧厂改造”到涉足做商业地产其实与企业发展的必然趋势有关，企业发展到一定的成熟阶段，就必须走多元化的路子。在企业快速增长期，需要像住宅产业这种可以短期收效的产业进行支撑，尽快实现资金套现，壮大企业。随着企业资金的不断积累，富力在滚动式开发中也需要新鲜的资源，来稳固企业的发展，如写字楼、商场等长期投资型、回报慢、收效稳定的产业。这是富力在不同发展阶段所采用的战略。另外，企业进入健康发展阶段时，也需要有多种渠道来汇集资金、回收利润，并分散经营的风险。这也表明了富力不管是在地域上，还是在经营领域上都有分摊风险的意识。

管理反思

富力持有商业物业的原因：获得相对稳定的租金收入

富力既定的发展战略之一就是组建商业地产与住宅地产相结合的运营模式，因此，每年获取一定比例的商业物业对于富力来说是通过相对稳定的租金收入来平衡住宅销售所带来的不稳定性。尽管在2009年富力的商业物业的租金收入下降且物业价值无明显增长，但从富力的新增土地情况来看，富力依然将商业物业作为公司重要的发展方向之一，涉及商业的项目占到了全年新增项目数的71%。相比2008年，2009年富力放缓了发展新商业物业的步伐，集中提高了已投入运营的商业物业的收益。2009年，富力新增的商业土地项目位置基本都靠近已投入的商业物业，将进一步巩固已有的商业市场，形成商业积聚效应。

五 关键点5：求实创新，融合南北居住模式

富力企业和项目一贯低调谦逊，除了必要的楼盘销售广告外，很少在公众前张扬。但低调谦逊的背后却是对南北居住之道的透彻理解和对融合模式的无比虔诚。

在北京，富力城在建筑设计上，尽可能迎合北方人的居住习惯，以坐北朝南的朝向为主，除在大堂保有广州项目的富丽堂皇之外，在室内装修中已经更多地趋向品质内敛，户型也尽可能地朝大户型发展。

为了在北方建立自己的植物基地，富力在顺义租地350亩，专心培养自己的植物树种，立足长远，这在追逐利润的房地产业中是极为罕见的。此外，富力在北京延续了其在广州一贯的“价格最优”策略，在品质相同，甚至高于其他地产公司的情况下，卖得却便宜。这种“价格最优”的实现依赖于富力十多年的地产经验和专业化的管理。

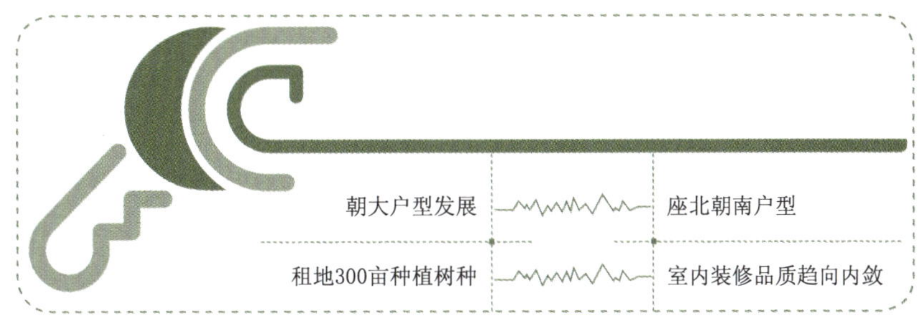

图2.17　富力地产为适应北方人的居住习惯采取的主要措施

富力在产品质量、园林设计、社区配套、内外园区规划及物业管理等方面既有南方园林的精致，又深合广州人喜欢享受但不喜铺张的习性，使富力开发的项目成为南北居住模式融合的典范。

超级链接

富力南北融合及中外融合典型案例

1.南北融合

北京富力城在规划设计上将大局相对规整与各组团丰富多变的设计手法相结合，层次清晰、高低错落，确立具有整体性的城市形象。建立新型的城市“生态街坊”，构筑社区的“公共起居室”，满足社区范围的人际交流和居民的需要，加强居民对社区的归属感，创造具有特色、融合南北居住模式的空间环境。为提高整个小区的生活质量，社区内设置配套公建及会所，结合主绿化空间设置三个业主专属会所，其中一个为体育会所，面积达15000平方米，同时又结合各小区组团布置分会所，真正做到以人为本，让高尚生活的情趣无所不在。

2.中外融合

北京富力城一期环境绿化规划理念以富有浓厚人情味的“西班牙庭式院”为构思主题，在整体绿化规划中注入平衡与比例的重要性及几何设计风格。整区以喷泉广场、水梯及特色喷泉至中央湖区为主轴，两旁建造宽阔且气派的传统式柱廊及雕塑，令喷泉广场更显庄重雄伟。由会所外望，更可观赏长约30米，高约1米的瀑布水景，由长廊与小型休憩区内之行人路及花架互连一体。小区设有露天剧场、玫瑰花园、迷宫、棋园，充分反映欧式庭院的典雅气派；体育康乐设施，包括缓跑径及健身设施、攀石场、儿童历险游乐场及学习游乐场等，以迎合不同住客的需要。

六 关键点6：战略定位，为工薪阶层盖房

富力产品风格有一个原则：为金字塔最大的一块服务，给工薪阶层盖房。多年来，张力一直坚持这种产品主义，逐渐又引进了“五分钟城市”概念。

张力指出：富力的业主大都是买屋自住的，他们选择的房子一定要在市区，不能花一个小时去上班。所以我们选择的地头也大都在城区边缘，一来是非中心地段，价钱便宜，二来交通便利。

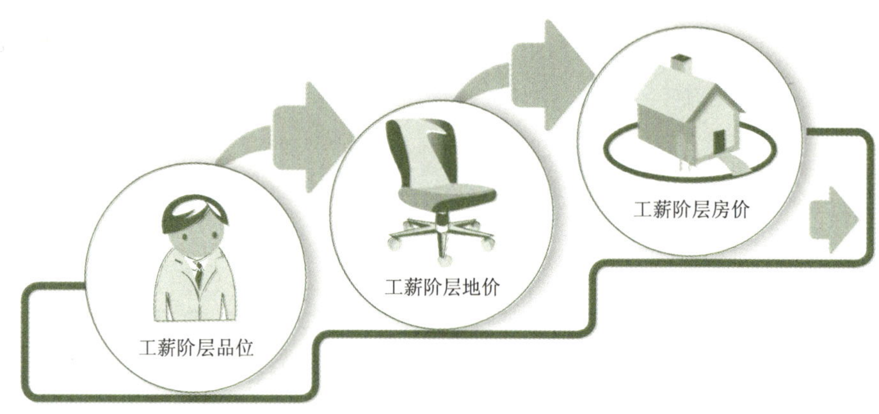

图2.18　富力地产工薪阶层金字塔战略模型

张力曾多次表示，产品是企业的灵魂，是富力走到今天这一步的根本原因。而准确的市场定位则为富力接到了金字塔下面面积最大的部分。富力从一开始就锁定了工薪阶层。张力指出：经过计算，广州的工薪阶层可以承担30万～50万的房屋总价，6万～10万的首期款，富力就是按照这个数字，通过逆运算去买地、找材料。

张力指出：富力建造的楼不是最漂亮的，但性价比却是最好的。除了在拿地和房屋设计上讲求实用外，绿化上，也以实用绿化为主。居家过日子，不是逛公园，太花哨的东西乍一看很喜欢，天天对着就厌了。老百姓就是想多点草，多点树，能打打太极拳，下上两盘棋。而富力的装修，有钱人看了不会喜欢，但是工薪阶层就喜欢。

管理反思

寻找房地产行业里的“长尾”

长尾理论不仅颠覆了传统的“二八法则”，而且颠覆了房地产行业的传统理念。房地产行业历来奉行精确定位原则，无论是做项目还是经营企业，定位是房地产的首要任务。就像任志强所说的：“我们只为富人盖房子。”王石坚守的是做住宅领域的领跑者，都验证了房地产行业专业、专注的企业理念。“长尾理论”在房地产行业失灵了吗？

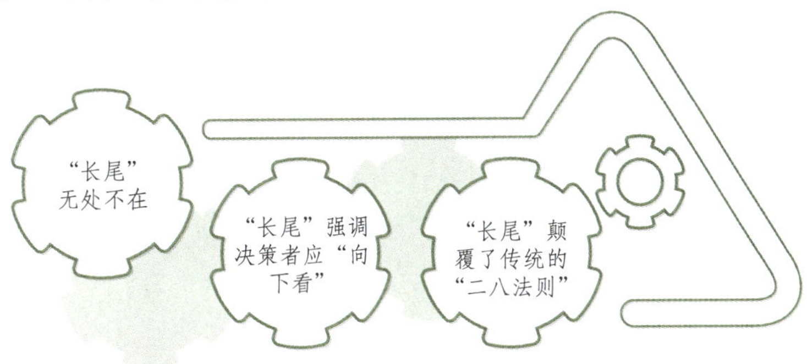

图2.19　“长尾理论”的三个要点

其实不然，仔细分析一下，房地产行业定位是必要的，“长尾”也是可循的。“长尾理论”的基础是丰饶经济学（Economics of Abundance），意即尽可能地向消费者提供他们所需的各类产品，而所有产品都能为消费者获得，未来的房地产行业必然如此。

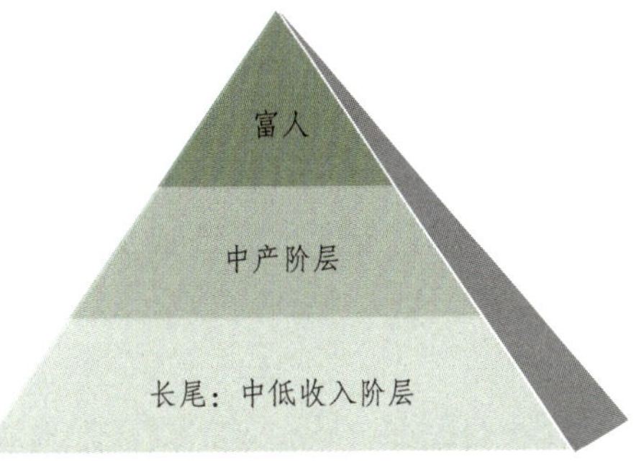

图2.20　中国房地产市场金字塔模型里的“长尾”

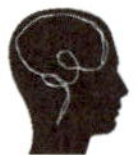

■■ 管理反思

譬如专注于住宅开发的企业，可以做消费者的“长尾”。一些房地产企业常犯“营销近视病”，总是瞄准金字塔顶端的财富阶层（此为需求曲线中的短头），所以前些年高端住宅层出不穷，以至于政府出台90/70政策打压。殊不知在中国，最大的住宅消费群体在中低收入阶层，如何为他们提供合适而买得起（Affordability）的房子既是房地产企业的社会责任所在，同样也可赢得丰厚的回报。诚如管理思想家、商业大师C.K.普拉哈德所发现的，这是来自“金字塔底层的财富”（BOP）。因为市场能够提供无穷的消费潜力，这就是“长尾”的力量，我们需要“向下看”。

七 关键点7：战略转型，向价值型企业转变

如今，在富力发展成为全国房地产业知名企业的时候，向“价值型企业”转化成为富力新的目标。伴随着一个又一个富力楼盘的拔地而起，富力也开始了“向价值转移”的步伐，逐渐从性价比高的产品转向高价值、高附加值的产品；从原来楼盘产品主要以价格吸引买家，逐渐转化为在保持高性价比的同时，提升产品档次，增加楼盘的附加值。

图2.21 富力地产转变成为价值型企业

八 关键点8：品牌引导，注重营销与服务

富力地产在销售蒸蒸日上之时，更加注重其质量诚信的建设。2003年开始，富力率先提出“请业主

代表参与交楼前的质量验收”。让业主参与意见，更直接地反映业主需求，充分体现了富力以人为本的服务意识。

在注重产品的同时，富力也没有忽略品牌建设。从富力广场开始，富力旗下的每个楼盘在维护品牌核心价值的同时，都不断挖掘和开拓自身的特色。从传统的西关风情到现代园林社区再到时代精英豪宅，鲜明的市场定位、个性化的社区营造、品牌文化的精心酝酿，不仅极大地促进了销售，也丰富了富力的品牌内涵，为富力地产多元化的品牌发展模式奠定了基础。

管理反思

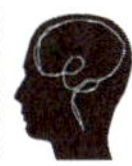

房地产“长尾”应用案例

企业决策者可以在消费者和产品两个方面拓展“长尾”。

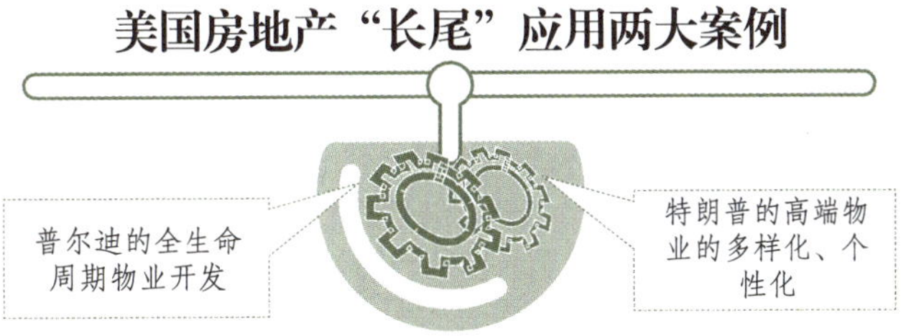

美国房地产“长尾”应用两大案例

普尔迪的全生命周期物业开发

特朗普的高端物业的多样化、个性化

图2.22 美国房地产“长尾”应用两大案例

美国普尔迪房地产公司注重对客户的全生命周期的产品开发，满足不同家庭生命周期的不同需求，这也是对消费者“长尾”的开发。在普尔迪的产品系列中，既有中低收入家庭社区，又提供专为老年人开发的“银发”公寓。万科近来的一个举动是研究低收入住宅开发问题，这既能体现万科对未来的一种把握，又体现了万科的社会责任感。

即便是针对金字塔顶端的财富阶层的开发企业，同样可以拓展产品的“长尾”，即实现高端产品多样化和个性化。美国房地产高端品牌——特朗普（Trump），既开发曼哈顿中心区的高端住宅、写字楼、商业，又开发大西洋赌城、酒店，还开发了高尔夫别墅，可谓在同一层面的客户群上做足了多样化、个性化，这就是拓宽产品线的“长尾”。

无论是拓展消费者“长尾”还是产品“长尾”，思路其实很简单，用一句通俗的话说就是，“总有一款适合你”。

富力与万科发展战略的不同之处

万科经历了多次战略调整，最清晰简洁的概括可能就是“10年加法和10年减法”，即在第一个10年走多元化道路解决了如何生存的问题；在第二个10年放弃综合商社的发展模式，以城市居民住宅为主导业务，解决了专业化问题。现在的万科强调在区域内的集约化经营，以加强对资源的整合利用。

富力则是一直在做“加法”，经过10余年的发展，富力也经历了两个阶段：其前期属于快速增长期阶段，主要以住宅类这种可以短期收效的产业进行支撑，实现了快速成长；2003年之后，富力地产开始了战略转移，意图从以往“短、平、快”的住宅销售转向以稳健、稳固型发展的产业形式，增加了商业地产的开发率。重点发展如写字楼、商场等长期投资型、回报慢、收效稳定的产业的开发与销售。

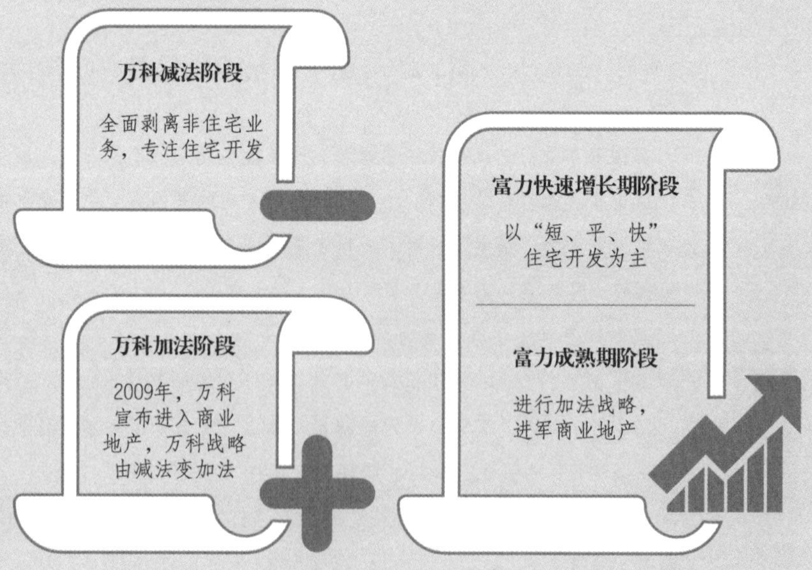

图2.23 万科与富力发展战略中的两个阶段

与万科在不同城市的郊区拷贝单一化产品的路子不同，富力早期的开发模式奉行着“生地不碰、郊地不拿”的策略，主要开发城区中心土地或“熟地”。此类土地或许价格高昂，但交通便利，配套极为完善，使项目不必过多炒作“区域价值”而被普通大众接受。因此，从起步开始很长的一段时间，富力一直都在致力于对老城区旧厂房的拆迁和新居住社区的建设。但是随着老城区的不断开发建设，旧厂房资源日益减少，市场形势也渐趋饱和。眼看着老城区中能拆的、能重建的地块越来越少，富力集团所担负的“老城改造”的社会使命也即将随之进入尾声。此时，发展势头正旺的富力地产，适时选择了向广州外围、老城外边寻找“生地”的战略转移，而进军北京也正是这一战略的内在驱动，于是富力产品越来越多样化，按照不同的类型建立了不同的产品线。

TWO 第二节

战略运营：业绩显著

本节观点

富力多年来在极速扩张的同时，也取得了非常令人瞩目的业绩，这充分说明了其战略的科学性。

2009年，富力销售业绩高速增长，企业的运营策略侧重销售物业开发。在富力销售金额持续增加的情况下，总体成交均价有一定上涨，且保持平稳上升态势。而在营销推广方面，富力加大下半年的广告力度，且加强了企业良好社会形象的宣传。

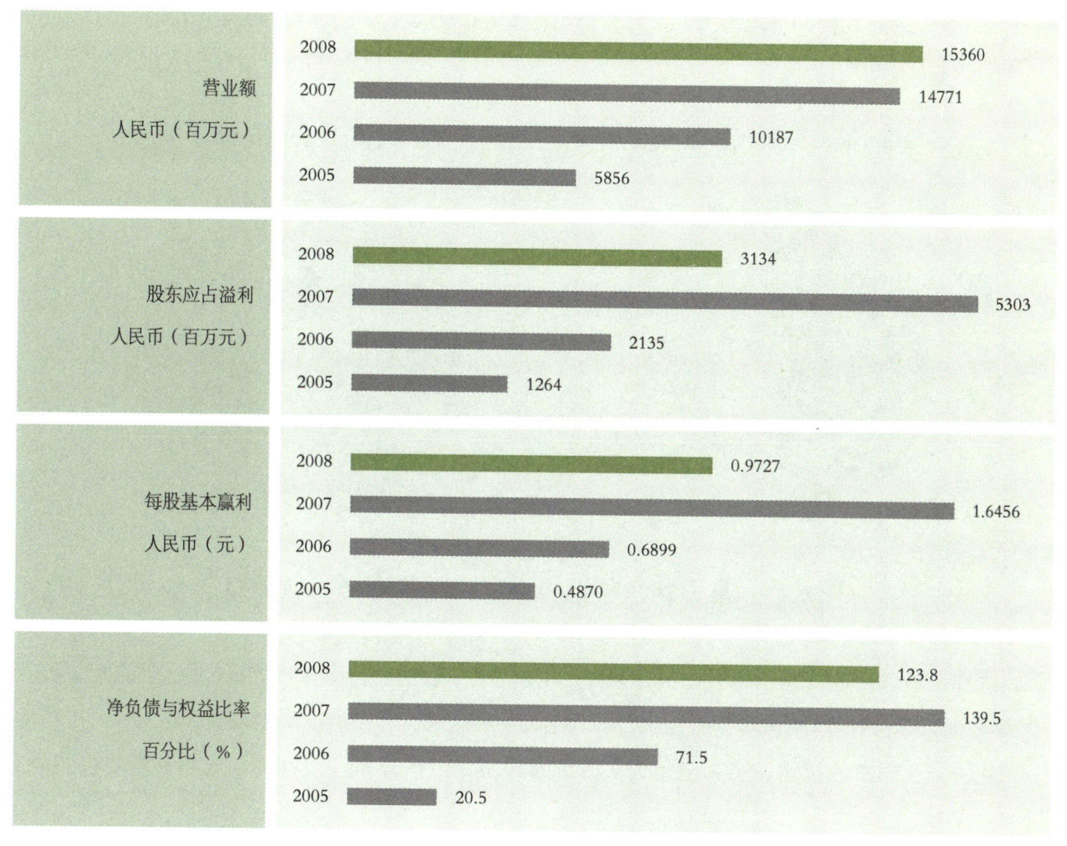

图2.24 富力2005—2008年收益变化情况

一 销售运营：2009年高速增长

2009年，富力销售业绩积极向好，企业全年累计完成销售面积233.29万平方米，销售金额241.97亿元，超过全年预定指标，同比分别上涨45%和50%。

从2009年富力的各月销售情况来看，除年初1月份企业销售业绩偏低之外，其他各月均保持高位稳定的销售收入，特别是2—5月，成为企业销售的高峰。从企业的销售均价上来看，均价保持逐步向上的幅度增长，企业1—5月的销售均价基本在9000～9500元之间，6月均价增幅明显，当月均价为11103元/平方米，较5月上涨17%，随后均价一直处于波动增长中。

据CRIC系统显示，富力2009年销售业绩的主要贡献区域为华北和华南区域，这两大区域分别占企业全部销售金额的90%左右，而华东和西部总计占比仅为10%左右。这样的销售分布与企业华南、华北重点布局的发展战略吻合，可以看出，富力在全国化发展中侧重发展已进入的优势市场。

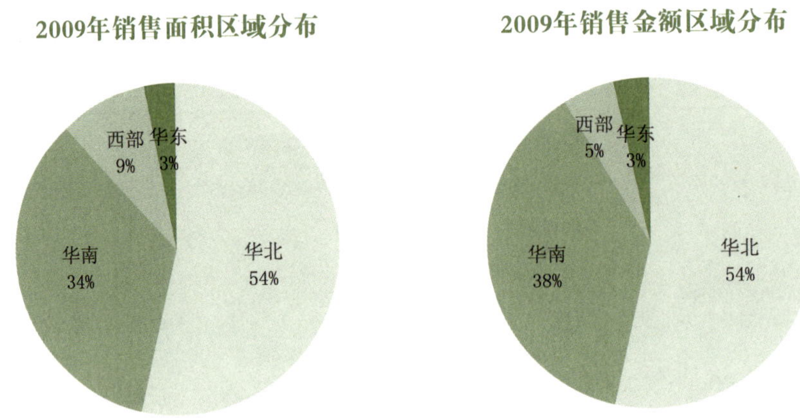

图2.25　富力2009年销售面积和销售金额区域分布

富力在一线城市的销售面积占比高达48%，销售金额占比更高，一线城市对于企业的业绩贡献率高达56%。而二线城市的销售面积占比也较高，达到41%，销售金额贡献度也较高，达32%。在2009年销售价格普遍上涨的情况下，富力全年销售均价为10372元/平方米，比2008年全年销售均价9988元/平方米上涨4%。

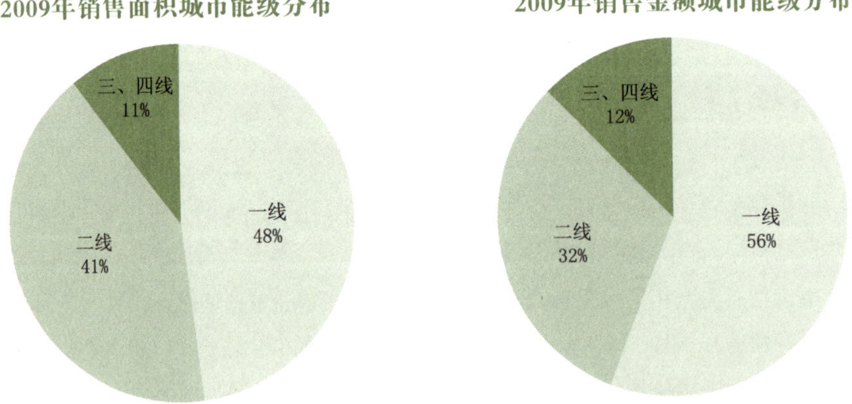

图2.26　富力2009年销售面积和销售金额城市能级分布

二 持有型物业运营：集中提高收益

2009年，富力对持有型物业进行了策略调整，在放慢发展新投资物业的步伐的同时，集中提高已投入营运的投资物业的收益，以分配更多的资源用于发展住宅物业。富力之所以进行这样的策略调整，主要原因在于持有型物业占用企业大量的运营资金，在房市低迷期间对企业运营和发展产生很大的不利影响，而且在房市回暖后对持有型物业投入过多也影响企业的发展速度。

2009年，富力加强对已运营投资物业的运营管理，租赁商办项目和酒店经营都取得了不错的成绩。如广州富力中心在2009年上半年出租率在2008年基础上增加了约15%，北京富力广场则近乎完全租出，广州两家酒店的入住率也稳步上升。

表2.1　2009年富力投资物业情况

项目	属性	建筑面积（万平方米）	备注
已运营项目			
富力中心大厦	商办	16.25	2009年上半年增加15%的出租率
富力丽思·卡尔顿酒店	五星级酒店	10.4	入住率稳步上升
富力君悦大酒店	五星级酒店	11.5	入住率稳步上升
北京富力万丽酒店	五星级酒店	5.9	入住率没有明显提高，主要是高档酒店竞争激烈
北京富力中心	写字楼	6	出租率较高
北京富力广场	大型购物中心	17.1	几乎满租
北京天坛快捷假日酒店信然庭公寓/广场	四星级酒店	2.2	入住率上升明显
在建和待建项目			
成都天汇购物中心	商业	20	物业最早落成也要到2010年，为了加大销售物业的投入，很多在建投资物业建设速度放缓
广州花果山项目	五星级酒店	2	
富力盈泰广场	商办	10.07	
广州富力国际鞋业商贸中心	商办	2.7	
广州富力盈凯广场	商办	14.3	
广州富力科讯大厦	办公	6.13	
广州富力盈力大厦	住宅/办公	16.79	
广州富力千禧花园	住宅/办公	22.7	
广州富力盈隆广场	办公	9.46	
广州富力广场	住宅/办公	61.6	

续表

项目	属性	建筑面积（万平方米）	备注
广州富力天河商务大厦	办公	3.5	
北京富力摩根中心	写字楼	25	
北京富力嘉盛中心	写字楼	7.63	
天津富力城商业部分	综合	10	
天津富力中心	综合	15	
天津富力大厦	写字楼	17.4	
广州机场假日酒店富力金港城	四星级酒店	3.4	

三 广告宣传运营：降低投入水平

随着市场信心恢复和购买能力的提升，2009年房地产市场销售火暴。富力在良好的市场环境下，根据开发项目的城市分布调整企业营销策略：下半年加大项目的广告力度；在营销投入中，相比单个项目的营销推广，加大了企业形象的宣传比重。

据CRIC系统显示，富力在平面广告的投入低于2008年水平。截至2009年11月，富力平面广告投入为13328万元，较2008年同期投入减少了18%。从2009年各月在平面广告的投入来看，富力1—7月每月的平面广告费用基本都在850万～1000万元，而到了8月份后，其新增供应大增，特别是10月过后华北市场进入市场淡季，富力为了保持高速去化，每月的广告投入都激增到1500万元以上。

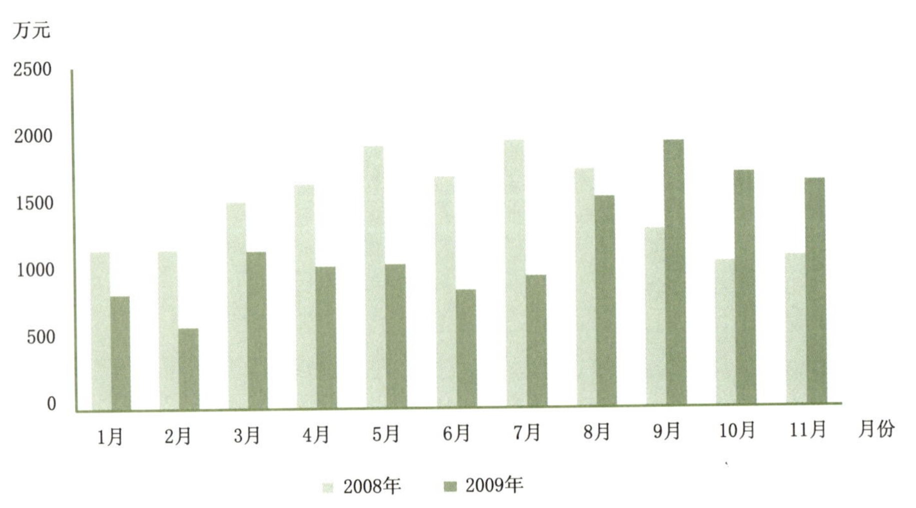

图2.27　富力2008—2009年月度平面广告投入

值得注意的是，富力在进行项目营销的时候，并没有减少关于企业形象的宣传。从2009年平面广告的投入分布来看，富力在企业形象的投资比重也达到了16%。在良好的销售态势下，加大企业良好形象的宣传，可以给消费者提供更强的消费信心，从而增强对企业的认可度。

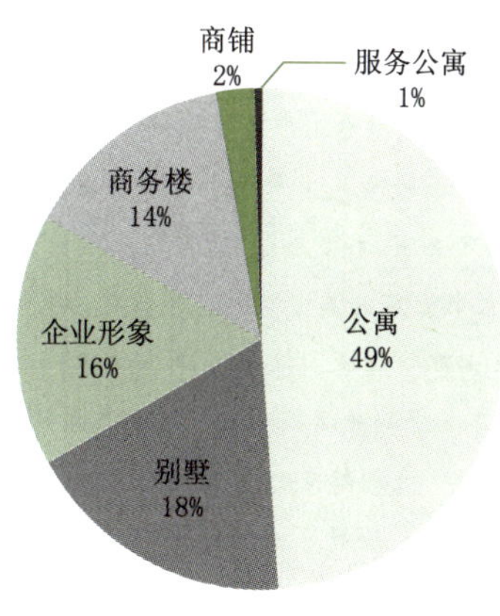

图2.28　富力2009年平面广告投入分布比重

富力不仅在平面广告投入上加大比重，还通过宣传活动和奖项活动建立良好的社会形象，如通过与媒介之间的合作，获得各类社会奖项，赞助各类活动以及举办各种答谢会来提升企业的品牌形象，提高企业知名度和美誉度。

表2.2　富力2009年部分公共活动

时间	城市	类型	活动内容
9月	广州	酒会活动	NBA球星访华酒会活动，加大企业品牌知名度
7月	天津	获奖活动	荣获“2009年上半年度天津名盘风云榜”四项殊荣
7月	北京	获奖活动	中华慈善总会颁发“中华慈善突出贡献奖”
7月	广州	获奖活动	获香港《经济一周》杂志评选的“杰出内房股2009”奖项
6月	三亚	获奖活动	获“2009中国地产金砖奖”三大奖项
6月	惠州	游玩活动	惠州富力洲际度假酒店举办六一儿童节
6月	广州	获奖活动	获中国饭店业颁予“推动行业发展功勋企业”大奖

超级链接

富力地产2010年目标销售额300亿元

根据富力地产发布2009年的销售业绩，该集团全年实现销售收入为241.97亿元，销售面积合共约233.29万平方米，比2008年分别同比增长50%和45%。2010年富力集团的销售目标是300亿元。

2010年，富力地产仅在广州一地，就将有不少于15个项目同时开发销售，在售及入市的项目有12个，开工面积有230万平方米，竣工交楼面积达85万平方米。

截至2010年2月，富力在广州地区的土地储备充裕，包括在珠江新城有60万平方米的土地，花都项目占地面积30.7万平方米，从化项目占地面积64万平方米，海珠城建筑面积14万平方米，足以维持其未来三年的开发运营。此外，还有和雅居乐、碧桂园联合夺得的亚运城项目，规划总建筑面积达438万平方米。

尤值一提的是，在当前“低碳生活”受到越来越多的倡行之时，富力地产面对绿色建筑、绿色住区这个全球共同关注的课题，坚持可持续开发之路，并对可持续发展的绿色住区形成了独特理念。通过对资源的整合和产业链的科学管理，力图创造真正的和谐人居，为业主提供积极健康的新生活模式。

在新时代做价值型企业

所谓价值型企业，华南理工大学陈春花教授将其定义为“能够面对不断变化的环境并超越环境创造价值的企业”。陈春花教授从全新的成长模式——价值型企业模型展开，描述了价值型企业在战略、执行和文化三个重要领域的基本内涵，以及成为价值型企业的路径。她明确提出：“在即将到来的未来，中国企业如何成长为价值型企业，如何获取最大的商业价值——不管你的企业业绩如何，你都可以让你的企业成为价值型企业。”

企业应该树立价值增长的战略思维，那么，价值增长从哪里来呢？陈春花教授认为，主要从三个方面来：

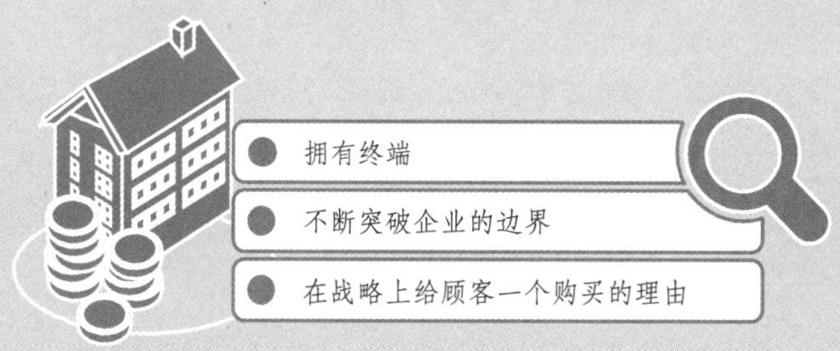

图2.29　企业价值增长的三个来源

一是在战略上给顾客一个购买的理由。商业之所以能够成功的原因，在于给顾客一个购买的理由。正如陈春花教授新指出的：“顾客凭什么买你的商品？怎样才能赢得竞争？首先必须把产品做好，而这正是顾客的需要。比如微软的操作系统界面友好，让人可以轻易和全世界链接。企业要了解顾客需求，实现顾客价值。”

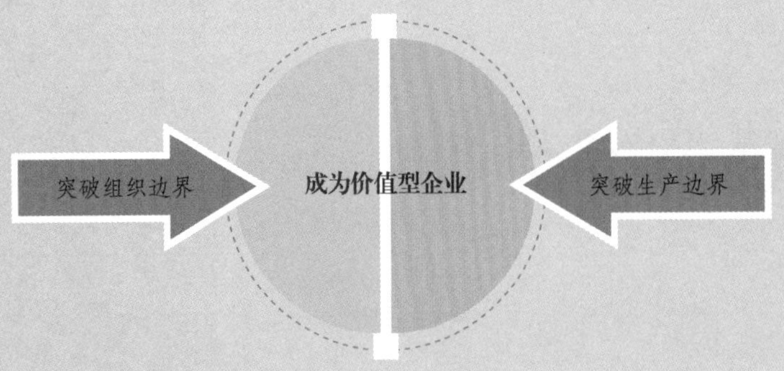

图2.30　价值型企业应实现两大边界的突破

二是不断突破企业的边界。对于企业而言，有两个边界：生产边界和组织边界。前者指能够生产什么，在生产上能表现出怎样的差异；后者指企业可以采取怎样的方式去整合更多的资源。打破边界指的就是打破这两个边界。一个成功的企业能够作好边界管理，让自己和资源很快融合，让自己能够保住适应环境的力量。比如耐克，它自己不参与制造，但是它整合多种资源，整合市场、销售、品牌、传播，许多企业都在为它生产。成功企业重要的是判断自己组织的可能性和生产的可能性有多大，让自己的组织具有更强大的穿透力，使边界有更好的柔性和模糊性，以便适应巨大的环境变化。

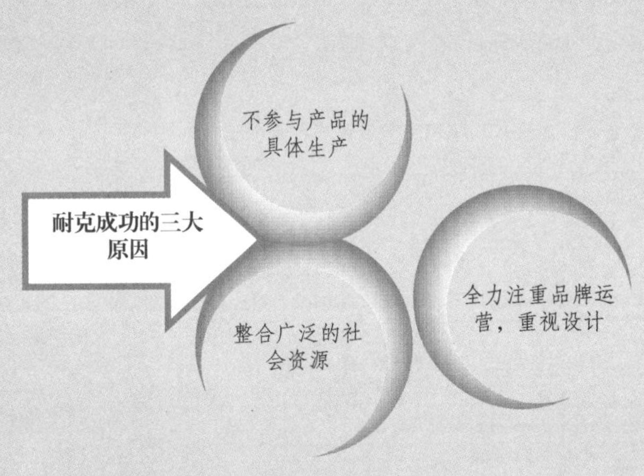

图2.31　耐克成功的三大原因

比如沃尔玛，人们很难说清楚它是个什么样的公司：百货公司、物流公司、信息公司或者其他的什么公司。沃尔玛能取得成功的主要原因在于，它可以组织1万家供应商与其合作。而这1万家供应商也愿意和它合作，是因为它有无数个信息库，能洞察顾客的需求。这也是本土比较强大的百货公司，比如南方大厦、东方百货、新大新百货远远无法与之抗衡的原因，因为它们都还只是一个百货公司。

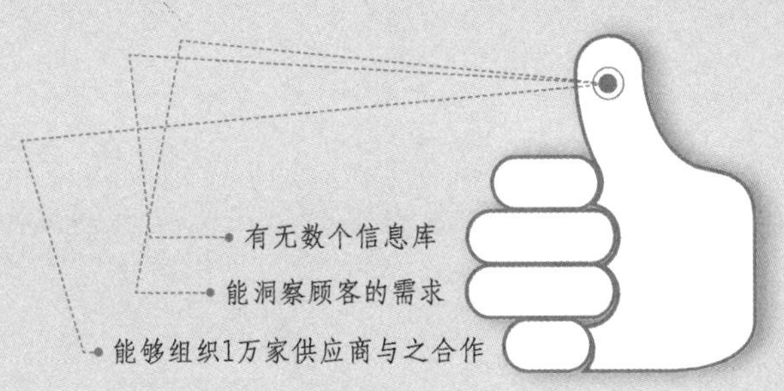

图2.32　沃尔玛成功的特殊之处

因此，如果今天企业还在固守边界，而不能融合很多的资源，那么企业的机会会越来越少。企业时代已结束，顾客时代已开始。你是谁并不重要，重要的是谁是你的顾客。

三是拥有终端。什么是终端？终端就是企业与顾客的接触点。这个接触点十分关键，比如医院与顾客接触的第一个点是挂号员，因此挂号员的服务态度在很大程度上决定了顾客对于医院服务形象的评价。企业要在这个点上作出战略性的安排。

无论作出怎样的战略选择，一定要在某一方面能够推动终端，这样的战略才是一个合适的选择。反之，如果作出的所有战略选择都与终端无关，那么这个战略在今天是不合适的。

第三章

成本控制：全产业链模式

节约一分钱就等于多赚一分钱。

富力地产的成本控制体系是基于其“一体化运营模式”的。“一体化运营模式”，客观上要求富力地产的各种运营控制模式均是基于整个产业链，而成本控制环节无疑是其中的重中之重。

同时，富力全产业链成本控制理念，对于其“一体化运营模式”是非常有力的支持。很简单，只有将成本控制放在整个房地产产业链中加以整合，才能取得最理想的成效，那些仅仅控制房地产开发环节的成本的方法，无疑只是其中的一部分——影响房地产成本的因素非常多，涉及整个产业链条的各个环节。

六大策略实现成本控制

ONE
第一节

有一个有趣的现象：富力地产2005年全年业绩显示，其营业额为58.12亿元，其中纯利达到12.64亿元，同比上升132%。相比之下，万科公布的年销售收入达到139.5亿元人民币，是富力的2倍还要多，但其净利润增长率仅为53.8%。这正是富力值得自豪之处。

富力地产的全产业链成本控制理念是非常明智的。

富力地产掌门人之一李思廉曾在公开场合中对富力赢利快速增长之谜解释道："占领产业链是控制成本最好的方法。后期的物业管理、二手买卖等环节也会增加富力利润。"

占据产业链即指"每个环节的钱都由自己赚"。这种方式在民营房企中相当普遍，并有着深厚的历史渊源。

本节观点

简单地说，富力地产是通过"全包干"的方式尽可能地把房地产开发链条中的利润点据为己有——这就是其全产业链成本控制模式。

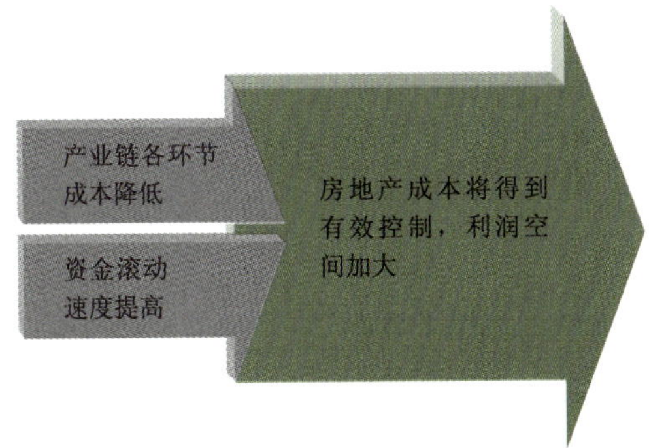

图3.1　房地产成本控制的两大推动力

华南地区有一大批房地产开发企业的利润空间都不小，这主要跟民营企业成本控制和资本运作能力有关。如果开发商把土地成本、原材料成本和建筑成本都压到最低，同时又把资金滚动速度提到最高，那么，其获利空间就会加大。

超级链接

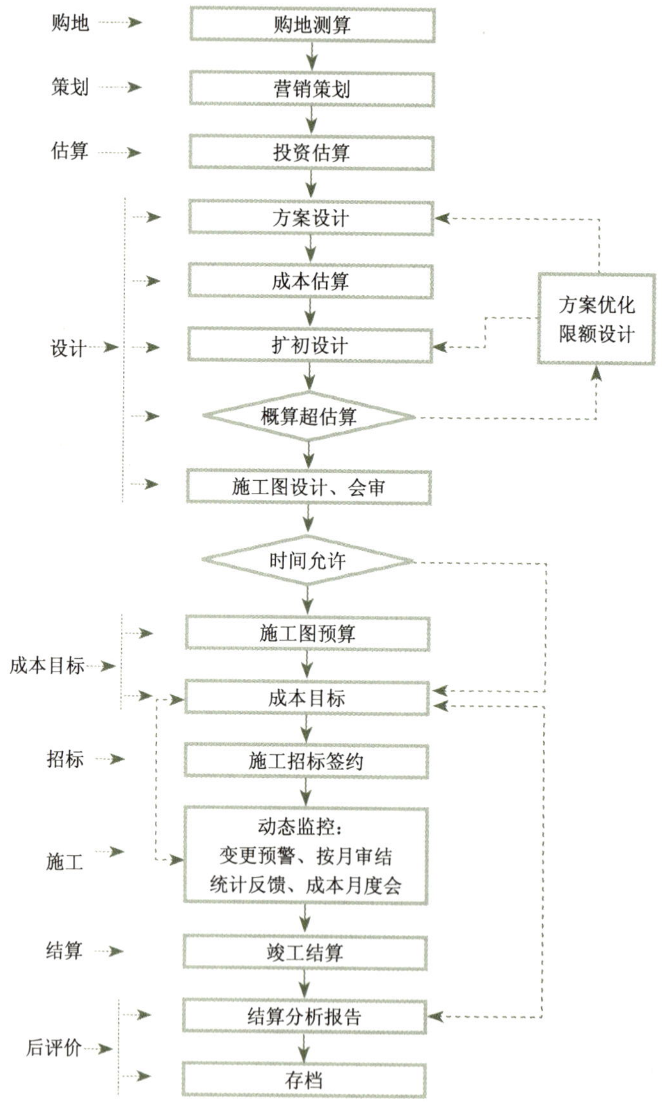

图3.2　房地产成本控制流程

一 通过设立上下游产业子公司节约开发成本

在广州，绝大多数开发商无论大小，往往都有自己的设计、施工、监理和物业管理公司。还有的企业甚至有自己的钢铁厂，例如恒大地产。这种模式的好处除了在管理上更为便利以外，最为主要的原因还是节约成本。

富力地产的全产业成本控制是对产业链最大化的占领和管理。富力整合了上下游产业，包括建筑设计院（广州市住宅建筑设计院）、建筑公司、园林公司，甚至包括设计工程监理公司等，每一个项目从前期、中期到后期，都由自己来操作。经过十多年的有意打造，各个环节、各路资源已磨合到位，“一体化”确实成为了富力的核心竞争力，也实现了其成本控制的最大化。

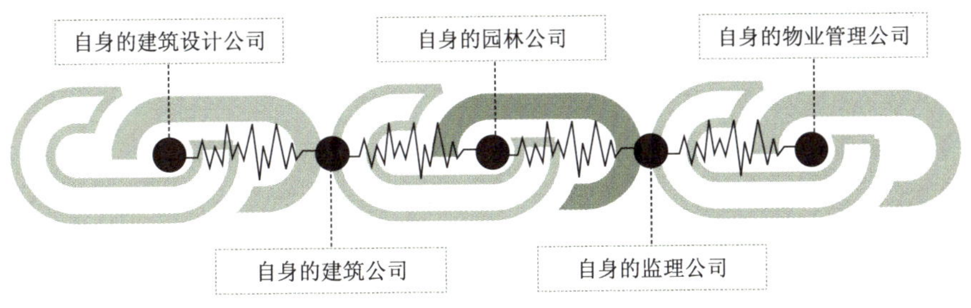

图3.3 富力地产占领“全产业链”

超级链接

富力控制的广州市住宅建筑设计院

广州市住宅建筑设计院成立于1955年，具甲级建筑设计资质，经改制后隶属于富力地产集团。其设计的工程有：富力君悦酒店和富力丽思·卡尔顿酒店等多个超五星级酒店，甲级写字楼如富力中心、盈隆广场、科讯大厦等，还有爱丁堡国际公寓、富力天河华庭等高档住宅项目。

管理反思

富力控制设计院的原因：规划设计成本权重大

规划设计阶段是目标成本和责任成本的形成阶段，此阶段要作好成本控制。在测算目标成本时，一定要根据项目定位、市场行情、预期售价、合理利润，反向推导目标成本。在保持总目标或主要目标不变的情况下，按照成本科目，逐项细分。

随着设计的逐步深入和细化，各阶段的成本测算也逐步细化和准确，最终形成项目目标成本，经集团批准后形成该项目的最终责任成本。

在项目作出投资决策后，控制工程造价的关键应在于设计。设计是在技术和经济上对拟建工程的实施进行全面的安排，也是对楼盘建设进行规划的过程。技术先进、经济合理的设计能使项目建设缩短工期、节省投资、提高效益。规划设计阶段对成本控制影响巨大，具有“一锤定音”的地位和作用：在规划设计阶段进行成本控制是实现事前控制的关键，可以最大限度地减少事后变动带来的成本。

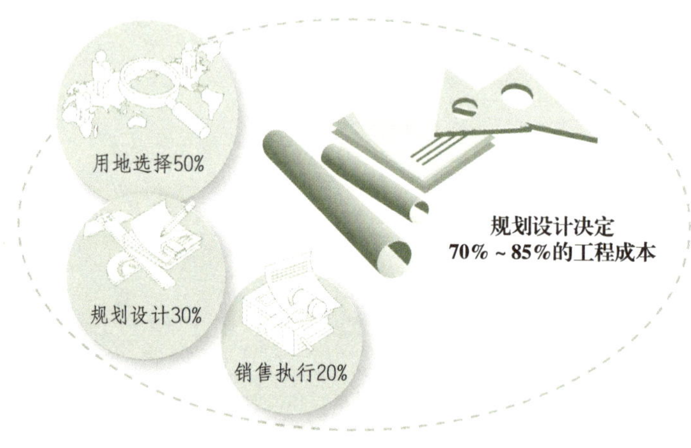

图3.4 规划设计占成本的权重

管理反思

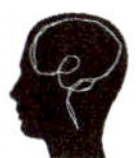

据调查分析，设计费一般只相当于工程费用的1%～2%，而这1%～2%的费用，对工程成本的影响度却是70%～85%。由此可见，设计对整个工程建设至关重要。

设计方案优化常采用价值工程分析法，目的在于满足功能或尽可能提高功能的前提下尽可能降低成本，其公式如下：

V=F／C（V—价值系数，F—功能系数，C—成本系数）

作为一种成熟有效的管理方法，价值分析在工程建设中得到广泛运用。

表3.1 房地产项目设计阶段成本构成分析

<table>
<tr><th colspan="6">一、工程概况</th></tr>
<tr><td>工程名称</td><td></td><td>建设地点</td><td></td><td>工程类别</td><td></td></tr>
<tr><td>建筑面积</td><td></td><td>结构类型</td><td></td><td>层数</td><td></td></tr>
<tr><td rowspan="16">工程主要特征</td><td rowspan="12">建筑工程</td><td colspan="4">建筑物功能</td></tr>
<tr><td colspan="4">桩基</td></tr>
<tr><td colspan="4">土石方</td></tr>
<tr><td colspan="4">基础</td></tr>
<tr><td colspan="4">砖墙</td></tr>
<tr><td colspan="4">柱梁板</td></tr>
<tr><td colspan="4">屋面</td></tr>
<tr><td colspan="4">楼地面</td></tr>
<tr><td colspan="4">墙柱面</td></tr>
<tr><td colspan="4">天棚</td></tr>
<tr><td colspan="4">门窗</td></tr>
<tr><td colspan="4">油漆</td></tr>
<tr><td rowspan="4">安装工程</td><td colspan="4">给排水</td></tr>
<tr><td colspan="4">电气</td></tr>
<tr><td colspan="4">暖通</td></tr>
<tr><td colspan="4">消防</td></tr>
</table>

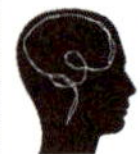

管理反思

续表

二、工程造价指标					
项目		造价（元）	造价指标（元/平方米）	占总造价比例（%）	备注
建筑工程造价					
其中	围护				
	桩基				
	基础垫层				
	地上部分				
	单独装饰				
安装工程造价					
其中	给排水				
	电气				
	暖通				
	消防				
总造价					

作为一个集房地产设计、开发、工程监理、销售、物业管理、房地产中介等业务为一体的大型企业集团，富力拥有国家建设部颁发的一级开发资质、甲级设计资质、甲级工程监理资质、一级物业管理资质，以及一级房地产中介资质。从选址、购地、策划、设计、工程、销售到物业服务、中介代理，富力都是通过自己的专业公司执行相关链条产业任务。在富力，这一独具特色的地产经营模式被称为“一体化地产运营之道”（关于此，本书第一章已经详述）。

富力地产的成本控制是基于“一体化地产运营之道”下的环环相扣的操作。

二 通过积极增加廉价土地储备控制成本

充足的土地储备是企业发展的关键，富力每年都会根据资金情况储备足够3～5年用的土地，并保证每年有足够的项目运作。

富力积极的土地储备策略有效地降低了其总体运营成本——因为土地资源的稀缺性，地价呈现了不断上升的趋势。

超级链接

土地价格的影响因素

影响地价的因素是多种多样的，但对于城市地价的整体水平来说，经济因素将是决定地价水平的重要因素。

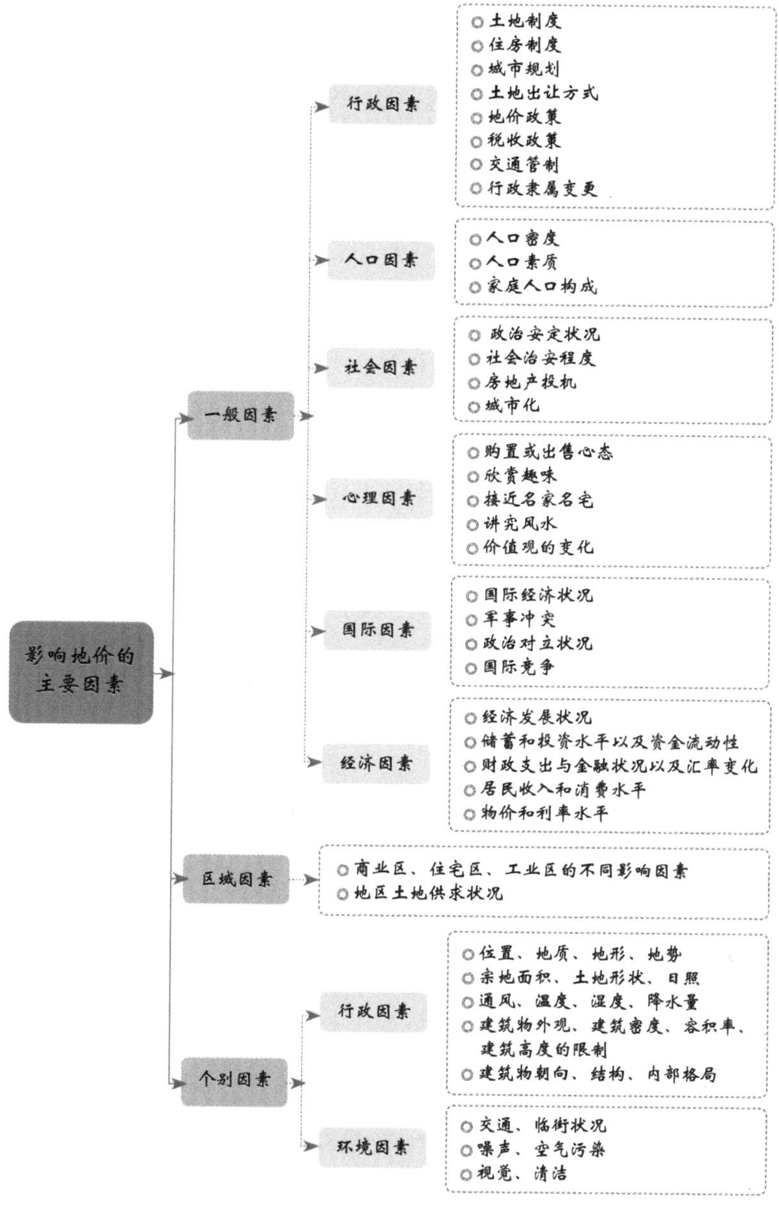

图3.5 土地价格的主要影响因素

多年来，富力地产都在积极增加土地储备，可以说，富力地产在多年的高速扩张中，已经将大部分的利润转化为土地储备了。

毫无疑问，地价是开发商最大的成本，往往占据开发成本的30%甚至更高。因此，一旦土地成本得到有效控制，利润将得到大大提升。因此，把利润快速转化为土地储备也是各大地产企业控制成本、赢得利润的流行做法——富力将其方式发挥到了极致。

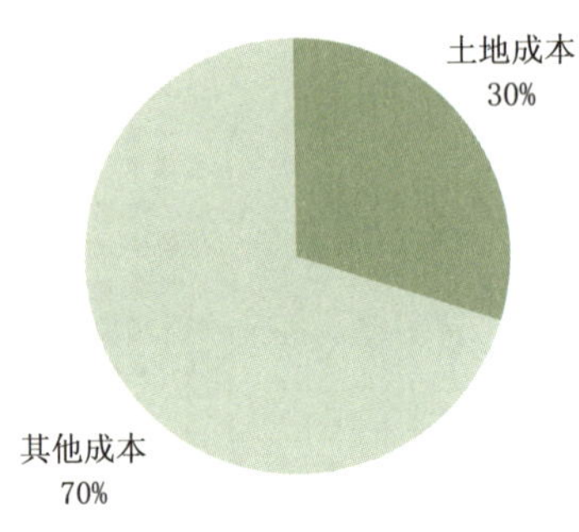

图3.6　土地成本在整个开发成本中的权重

房地产开发涉及的开发成本，在核算上可将其费用分为如下表所述的八个成本项目，其中地块成本占了成本权重的大部分：

表3.2　房地产开发成本构成

序号	成本类别	释义
1	土地征用及拆迁补偿费或批租地价	指因开发房地产而征用土地所发生的各项费用，包括征地费、安置费以及原有建筑物的拆迁补偿费，或采用批租方式取得土地的批租地价
2	前期工程费	指土地、房屋开发前发生的规划、设计、可行性研究以及水文地质勘察、测绘、场地平整等费用
3	基础设施费	土地、房屋开发过程中发生的供水、供电、供气、排污、排洪、通信、照明、绿化、环卫设施以及道路等基础设施费用
4	建筑安装工程费	指土地房屋开发项目在开发过程中按建筑安装工程施工图施工所发生的各项建筑安装工程费和设备费
5	公共配套设施费	指在开发小区内发生，可计入土地、房屋开发成本的不能有偿转让的公共配套设施费用，如锅炉房、水塔、居委会、派出所、幼托、消防、自行车棚、公厕等设施支出
6	开发间接费	指房地产开发企业内部独立核算单位及开发现场为开发房地产而发生的各项间接费用，包括现场管理机构人员工资、福利费、折旧费、修理费、办公费、水电费、劳动保护费、周转房摊销等

续表

序号	成本类别	释义
7	不可预见费	包括基本预备费和涨价预备费。依据项目的复杂程度和前述各项费用估算的准确程度，以上述1～6项之和为基数，按3%～5%计算
8	开发期间税费	开发项目投资估算应考虑项目在开发过程中所负担的各种税金和地方政府或有关部门征收的费用。在一些大中城市，这部分费用在开发建设项目投资构成中占较大比重，应根据当地有关法规标准估算

表格说明：如要计算房地产开发企业产品的完全成本，还要计算开发企业（公司本部）行政管理部门为组织和管理开发经营活动而发生的管理费用、财务费用以及为销售、出租、转让开发产品而发生的销售费用。

富力地产在积极将利润转化为土地储备的同时，还非常注重土地储备成本的控制。

土地储备必须解决其运转所发生的庞大资金管理问题。除了要积极扩大资金来源外，重要的是加强成本的控制与管理，以保证目标利润的实现。按照“成本效益”分析原理，对成本管理不应是简单地停留在事中的成本核算、事后的成本分析上，而是要重视事前的成本预测与规划，对成本实行全过程、全员和全面的管理。成本控制是一项全面系统的管理过程，其活动贯穿于整个项目的全过程。

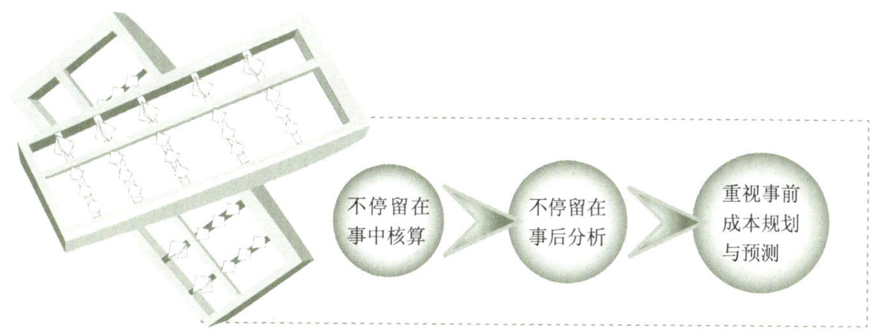

图3.7　科学的房地产项目开发成本控制理念

三　通过自行设计施工控制成本

富力地产的全产业成本控制模式很重要的一方面，表现在其将规划设计和施工环节的利润牢牢地控制在自己手中。

富力拥有的甲级资质的设计团队，人力雄厚、专业配备齐全、设备先进，创作出包括大型居住区、五星级酒店、高级写字楼等综合型高品质的作品。通过内部进行大部分项目设计及室内设计工作，富力能够更有效地控制成本，确保产品的质量。而在工程方面，富力旗下的天力建筑几乎承建了富力所有地产项目。

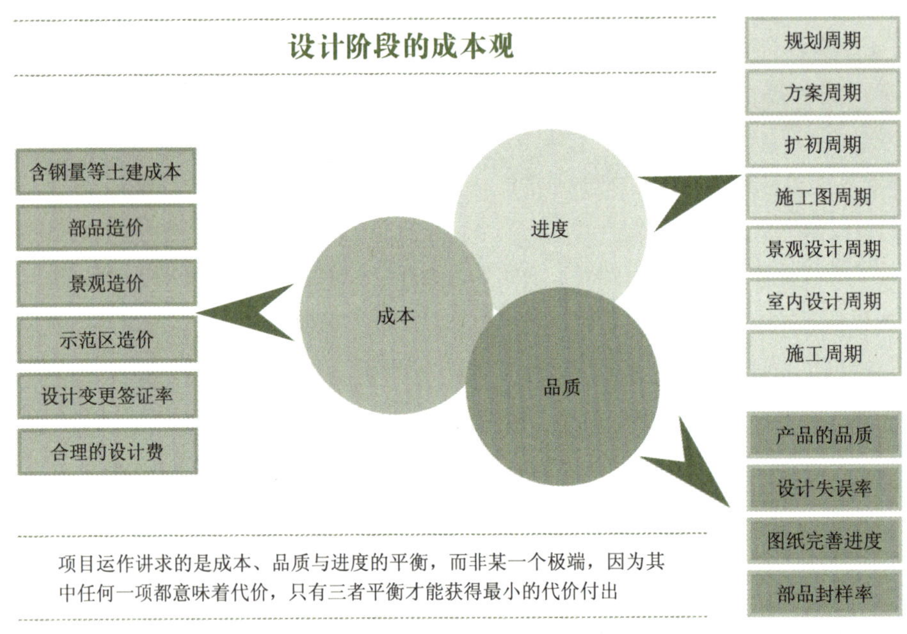

图3.8　设计阶段的成本观

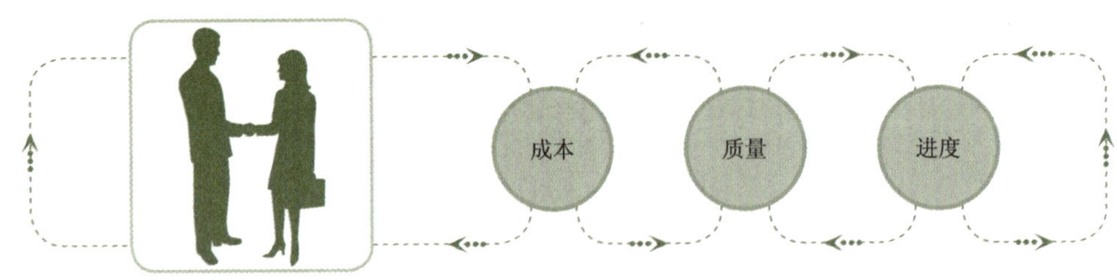

图3.9　施工阶段成本控制应处理的三者关系

表3.3　房地产项目施工成本的控制要点

序号	控制要素	控制措施	责任部门	参与部门	支持文件
1	施工组织设计评审	工程部/项目部牵头，组织各相关部门对总包及各专业工程的施工组织设计或方案、措施进行评审，在保证施工质量和安全、进度等要求的情况下，尽力优化，节约成本，多专业互审互签，避免过程签证	工程部/项目部	设计部、配套部、成本部、监理	工程部相关文件
2	施工图纸会审	加强图纸会审，解决设计失误、各工种间交叉矛盾及施工图不详等问题，将错误消灭在施工之前，以减少变更设计乃至消灭签证	设计部/项目部	工程部、配套部、成本部、监理	设计部相关文件
3	设计变更	必须遵循“先算后变”的原则，作好变更前费用预估；对变更单进行审核；跟踪变更实施情况；变更后及时核算	设计部	工程部、项目部、配套部、成本部	
4	现场签证	签证必须遵循“先算后干”的原则。在确认签证前，应按相应审批程序报审，通过后方可正式签证，签证的内容、原因、工程量应清楚准确、无涂改，编号准、全，并有监理工程师的签字确认，还要有签证及时性、签证的反馈	项目部	工程部、配套部、成本部	
5	总包配合	总包招标时确定配合费报价清单，明确总包与分包工作界面，配合费包干使用，不管分项子目和金额有无变化，均不得调整。现场做好配合协调工作	项目部	工程部、配套部、成本部	
6	材料检验	招标前确定材料清单，作好材料封样，招标后编制材料进场计划，现场作好材料验收	项目部	工程部、配套部、成本部	工程部相关文件
7	工程款的支付	严格执行合同条款，按进度付款，多层次多角度审核工程进度，根据情况由不同级别人员最终审批	成本部	招投标小组	
8	动态成本管理	实行动态管理，将过程中发生的设计变更和现场签证及时评审、汇总，及时反映到项目动态成本控制表中	成本部	设计部、工程部、项目部	
9	目标成本的修订	施工过程中，经审核同意增加的成本，应及时对目标成本进行修订	成本部	设计部、工程部、项目部	
10	新材料、新工艺的运用	工程部牵头组织各部门进行评审和论证新材料、新工艺运用的合理性及经济性，造价合理的可以运用	工程部	项目部、设计部、配套部、成本部	工程部相关文件
11	隐蔽验收	对于基础、结构等影响成本较大的部位进行重点隐蔽验收，保留相关记录，结算时备查	项目部	设计部、工程部	工程部相关文件

超级链接

控制产业链中的施工环节：富力收购天力建筑

富力地产2007年6月6日发布公告称，以最高11亿元人民币，收购广州天力建筑工程有限公司全部股权。

公告称，有关收购作价将为天力建筑2007年预测税后获利的4倍，收购价将介乎6亿~11亿元人民币。

富力地产董事会认为，此收购可稳固公司对建筑阶段的掌握，确保房屋质量及集团品牌形象，提高成本效益，而且可以确保公司获得足够施工能力，对策略计划尤为重要。

富力地产公告收购的天力建筑实际是由富力于1992年独资成立的，并在富力地产所运作的多个房地产项目中充当工程总承包的角色。天力建筑是在富力地产筹备香港上市之前被分拆出去，当时是出于突出公司主业的目的，同时考虑到建筑行业利润率较低的因素才将其分拆。

管理反思

地产企业收购建筑企业是曲线避税?

有观点认为：房地产公司可以将项目的部分利润转移至附属的建筑公司，进而压低公司的销售利润，达到减少应征土地增值税的目的。

这种避税的办法正在被越来越多的开发商所熟悉并加以利用。非上市的开发商利用这种方法更为容易及普遍。极端的情况可能是，将建筑成本“打”得很高，使销售利润压缩至尽可能低的水平，以达到少交土地增值税的目的。

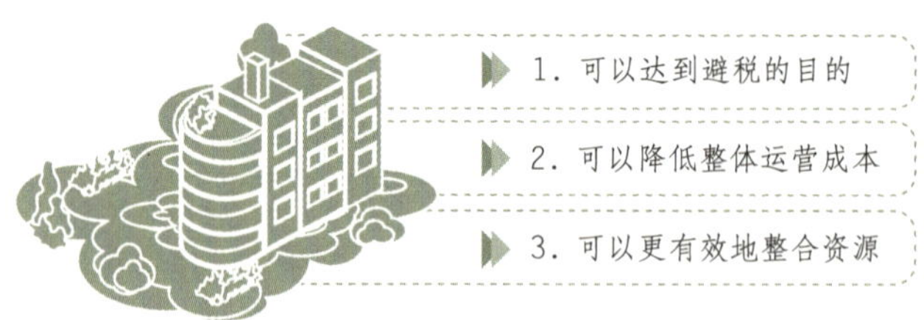

图3.10　地产开发企业收购建筑企业的作用

管理反思

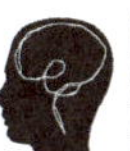

从表面上看，建筑公司与土地增值税之间并没有必然的联系。但2007年在房地产业界兴起的一股收购风潮正在将两者紧密地联系在一起。2007年6月23日，华润置地宣布以1.7亿港元的代价收购母公司华润集团旗下从事建筑及装修业务的Toprun全部股权。此时距离富力地产宣布以不多于11亿元的代价收购广州天力建筑工程有限公司仅一周有余。

建筑工程所缴纳的税率根据各地的规定还各有不同，但各地的差别一般不超过1%。虽然建筑企业也有印花税及33%的企业所得税等税收，但如果不是独立的公司，上述税收是无须缴纳的。与此对应的是，房地产开发商所需缴纳的税收则高出一大截。除了5%的营业税之外，还有印花税以及无法回避的至少20%的土地增值税。相比之下，建筑工程的税基太低了，这一现实将使房地产上市公司有更大的动力以收购建筑公司的方式避税。

一般而言，在房地产开发中，建筑及安装工程的成本基本上都有一个“框框”，行内人对这部分成本都比较有把握，不太容易“做手脚”。但如果加上装修的话，这个成本将很难进行一般性估算，因为装修材料之间的成本差别太大了。显然，开发商在这一环节仍有较大的“操作”空间。

四 通过自行销售策划控制成本

在房地产产业链条中，销售与策划也是影响成本的重要因素，富力地产将销售与策划全部自身“消化”，有效地降低了整体运营成本，提高了效率。

富力拥有超过100人的训练有素的职业销售策划队伍，自行培训及调配忠诚及专业的队伍为客户服务，借此富力能够有效地控制销售及市场推广成本，专业快速的操盘速度确保了富力销售业绩每年不断上升。

销售环节的成本一般是按比例控制，但一旦制订了费用目标总额，具体的单项支出就必须严格控制。由于销售涉及的部门比较多，所以各部门乃至总经理都需要分工负责这部分的控制职能。

表3.4 房地产营销成本控制要点

序号	控制要素	控制措施	责任部门	参与部门	支持文件
1	营销方案	征求各方面意见，按审批流程操作，确定费用目标总额，根据各种相关因素确定具体计划和费用	营销部	集团分管领导	营销部相关文件
2	营销现场费用	从现场销售人工费用、现场销售器具费、销售模型费用、宣传资料及礼品费、展销费等方面控制	营销部	项目部	营销部相关文件
3	样板段	制订合理的样板区域，在确保样板区效果的基础上，进行样板区成本控制	项目部/营销部	设计部、工程部	营销部相关文件
4	样板房	首先制订样板房档次定位，明确设计标准和装修标准，按程序进行招投标确定合理施工单位和供货单位，控制设计修改，做好样板房材料回收、保管和再利用	设计部/营销部	工程部、项目部、配套部	营销部相关文件
5	销售回款	制订合理的销售折扣点、回款周期	营销部	财务部	营销部相关文件
6	客户交房	明确交房日期、保修期限	营销部	项目部	营销部相关文件
7	其他	处理好与销售相关的其他费用（如因销售要求而发生的设计洽商变更费）	营销部	相关部门	营销部相关文件

房地产项目销售阶段的成本控制主要是针对销售费用支出，其主要部分一般为房地产销售广告费用支出。控制销售成本的关键取决于销售策划及广告费用的支出，应根据项目规模大小、档次及所在地的经济条件等多种因素确定。此外，利用网络开展房地产营销是降低销售成本的有效手段。

一般情况下，房地产销售费用为房地产商品销售价格的2%～4%，对房地产开发利润的高低有直接影响。

超级链接

房地产营销成本的构成

营销成本主要指在项目销售过程中形成的种类费用，主要有：

超级链接

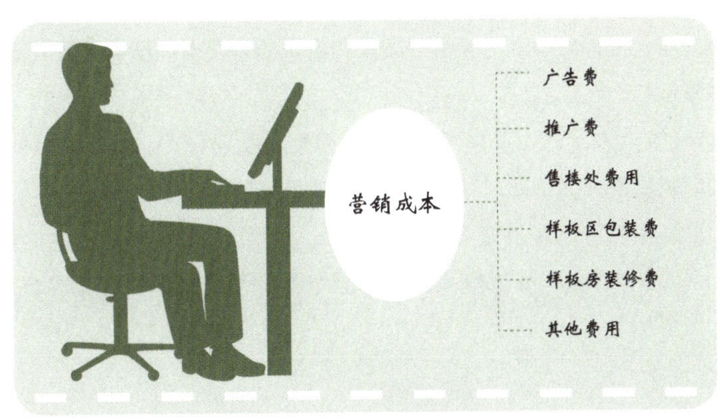

图3.11　房地产营销成本的主要构成

五　通过自身进行物业管理实现成本控制

富力地产基于全产业链成本控制模式思路，牢牢地控制产业链条中的重要环节，其中，对物业管理公司的控制是其重要表现。

众所周知，在房地产全产业链条中，物业管理也是个不可忽视的利润点，物业管理控制得好，不但可以为开发商增加利润点，同时也是品牌维系的重要支撑，并且还可以大大地降低整体运营成本。

富力地产拥有一级管理资质的物业公司，确保了在物业管理环节的成本得到了有效的控制。物业管理公司的利润率虽然比较低，但是，物业管理的收入却是非常稳定的。

控制物业管理公司，获得的收入不但可以补充营运现金流，还可以有效地降低富力总体运营的成本。

六　通过坚定执行成本管理制度控制成本

富力的成本控制之所以取得明显的效果，除了全产业链控制的模式外，还因为其管理层能够制定并坚定执行成本管理制度。

富力地产管理层坚定执行如下成本管理职责：

（1）制定、修正集团成本管理制度，督促、指导各开发企业建立、完善本单位成本管理制度；跟踪、检查执行情况，对成本实行制度监控。

（2）进行房地产市场调研，对房地产市场走势作出分析、判断，及时提供、反馈给集团和各开发企业管理层作决策参考；保持对国家有关法规政策和集团成本管理环境的了解，协助房地产公司争取优惠政策、处理有关政策性问题。

（3）组织各方面专业人士对拟建项目进行实地考察、立项听证，按立项审批程序审查投资估算，把握投资决策，合理配置资源，帮助房地产公司作好项目前期策划中的成本控制。

（4）跟踪、落实各项目成本计划及其执行情况，适时了解各项目成本的实际构成，汇编集团成本报表；分析、总结项目成本控制情况，协助、督促各开发企业做好项目操作过程中的成本控制工作。

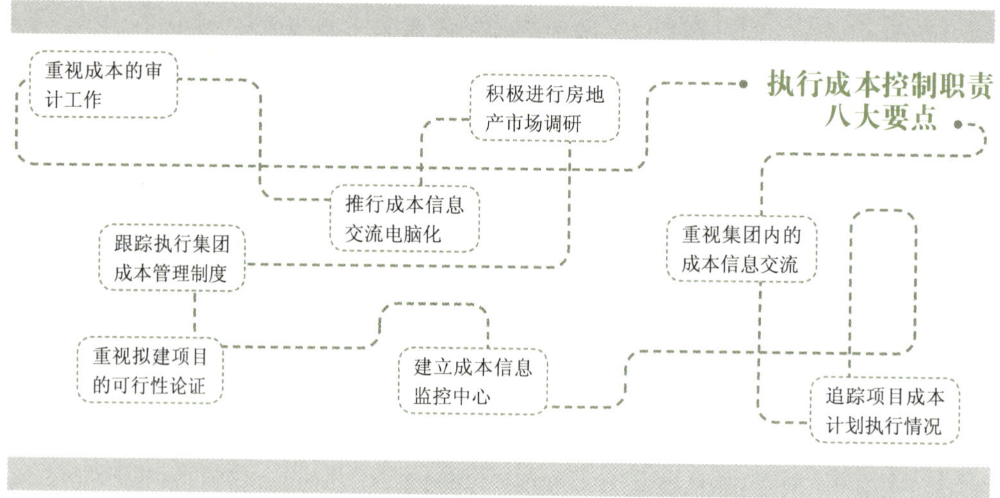

图3.12　执行成本控制职责八大要点

（5）建立成本信息监控中心，及时收集各项目成本动态资料，为集团管理层提供充分、有效的决策依据，并按要求将有关意见反馈给各开发企业。

（6）组织集团成本管理的信息交流，通过培训、双向交流、研修会等方式，增进全员的成本管理意识，推广集团内外成本管理经验，寻求降低成本的有效途径，促进集团成本管理水平的提高。

（7）根据管理的需要，派出审计小组对项目成本进行阶段审计和决算审计，对项目成本发生的合理性、成本管理的规范性提出审计意见。并结合项目收益情况，考核项目的成本降低率、投入产出率、投资回报率等指标。

（8）逐步推行成本管理及其信息交流电脑化，搞好成本管理的综合服务。

表3.5　成本控制制度保障体系表

序号	控制措施与方法	支持体系	要点说明	主协调部门	责任部门
1	编制成本估算目标	作业指引	与建造标准相适应、目标分解	成本部	成本部、营销部、设计部、项目部、材料部
2	限额设计、方案优化	设计管理、技术经济指标	钢筋、砼含量、单位造价等	设计部	设计部、项目部
3	招标	清单编制作业指引	会审图纸、招标范围、材料明细	招投标部	招投标部、成本部、设计部、项目部、材料部
4	成本变更预警	成本变更预警制度	发出变更前的成本估算与决策	成本部	项目部、成本部、材料部、设计部
5	按月审结	设计变更、现场签证审核制度	强调时限性、资料的规范性	成本部	成本部、设计部、项目部、材料部
6	成本动态监控	成本按月统计反馈	实时更新统计反馈表、预警	成本部	成本部、项目部、材料部
7	成本月度会	相关层面的通报会议	通报本月累计成本及变更情况	成本部	成本部、项目部、材料部
8	加强内部相互校核	校核制度	资料的可追溯性、责任共担	成本部	成本部、项目部、材料部
9	竣工结算	合同条款、结算管理规定	严格按合同结算	成本部	成本部、项目部、材料部
10	项目结算总结报告	结算分析报告、作业指引	对比分析、经验教训、数据归存	成本部	成本部、项目部、材料部

三种开发模式下的成本控制要点

基于土地的取得方式不同，房地产项目开发主要有三种方式：一是新征土地；二是买断项目；三是合作开发。

这三种开发模式下的成本控制要点归纳如下表：

表3.6　三种开发模式下的成本控制要点

控制要点		控制什么	怎么控制	谁来控制
开发形式	新征土地	征地费用	少交或晚交，力争减免	项目部负责
		拆迁安置费用	房产确权后办理拆迁安置费用	项目部负责
		大市政费用	自建部分按照公司工程体系办理；交政府部分按有关规定办理	工程部、设计部和审算部负责自建部分；工程部负责交政府部分。
		规划条件	满足公司利益最大化，合理提高容积率，降低土地成本	项目部、设计部负责
	买断项目	买断内容	明确买断内容明细	项目部负责
		付款总额	尽量在合同谈判中压低价格	项目部负责
		付款时间	尽量获取付款周期长、次数多的付款方式	项目部负责
		三通或七通一平的标准	明确验收标准明细	工程部、项目部负责
		手续风险	与项目付款时间直接挂钩	项目部负责
	合作开发	合作方式	集团控股，合作方参股	项目部负责
		分成比例	双赢原则	项目部负责
		交房时间	尽可能地延后交房	工程部负责
		交房标准	不低于合同中的交房标准	项目部负责
		付款总额	选择有利于公司利益的方式	项目部负责
		付款时间	选择有利于公司利益的方式	项目部负责

成本控制具有两大特色

TWO
第二节

本节观点

“管理看万科，成本看富力。”在中国地产界，富力地产一直以其卓越的成本控制能力成为行业的翘楚。

对于富力良好的赢利能力，富力董事长李思廉在2005年上海住交会上曾有过明确表示，“成本控制得好是富力最大的竞争优势”。

那么，富力地产成本控制有哪些特色呢？

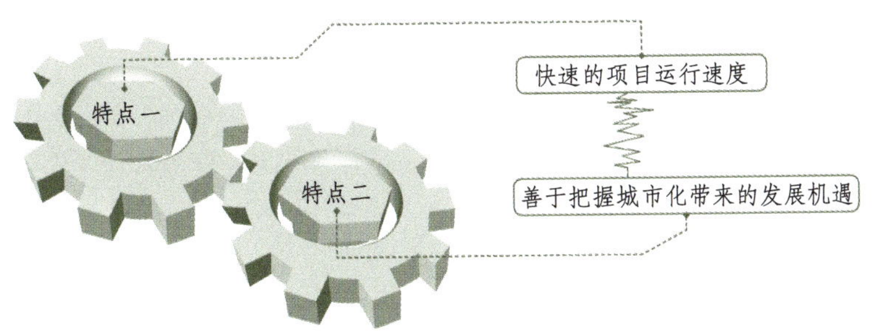

图3.13　富力成本控制的两大特点

一 以快速的项目运行速度控制成本

除了独具特色的一体化运营模式外，一直以来，富力地产以快速的项目运行速度著称于业内。富力快速反应部队的建立首推1996年富力广场的建设。这一项目当年征地，当年建设，当年销售，在很短的时间内，富力把一个污染严重的旧厂房变成一个占地几十万平方米的顶级楼盘。它的成功不仅奠定了富力在广州地产界的地位，同时也创造了房地产开发史上最快的征地、建设及销售奇迹。

1. 快速建设、快速销售

1998年，富力进入迅猛发展的快车道，年内同时动工了盈泽苑、富力半岛花园、富力环市西苑三个楼盘。2000—2001年，富力又一举开发了富力天朗明居、富力千禧花园、富力阳光美居、顺意花园等多个楼盘。这些楼盘的快速建设及销售，为富力回笼了大量的资金，聚积了雄厚的实力，使其迅速脱颖而出。

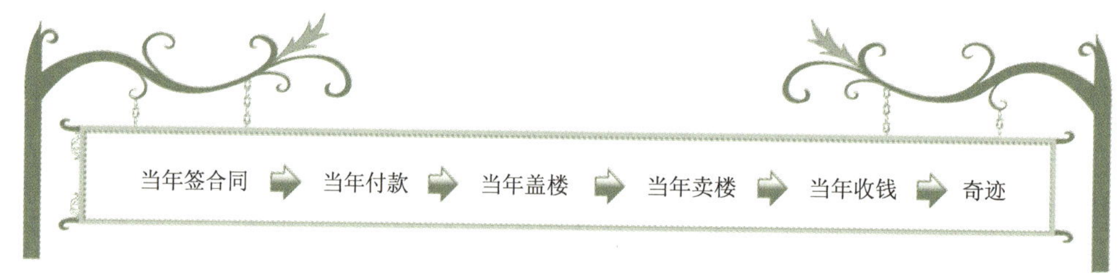

图3.14 北京富力城的奇迹

2002年3月，富力以32亿元巨资投得中国有史以来最大的公开招标地块项目——北京富力城。这一北京大佬们下注“必亏无疑”的项目，富力以惊人的速度，实现当年签合同，当年付款，当年盖楼，当年卖楼，当年收钱。在北京被称为“广州人创造的奇迹”。富力联席董事长、总裁张力在总结北京富力城的成功时，曾表示：“富力快速的建设速度和良好的成本控制能力”是北京富力城创造奇迹的关键。

2. 速度优势日渐突出

（1）富力速度也体现在商业地产开发中

在经过早期发展后，富力的速度优势更加突出。2004年，富力在广州CBD中心珠江新城才拿到的地块，在2006年，富力就有3栋甲级写字楼、2栋国际性酒店建成。其中，在2007年6月26日，富力地产旗下珠江新城富力中心、广州富力丽思·卡尔顿酒店及广州富力君悦大酒店同时封顶，再次创造业界奇迹。

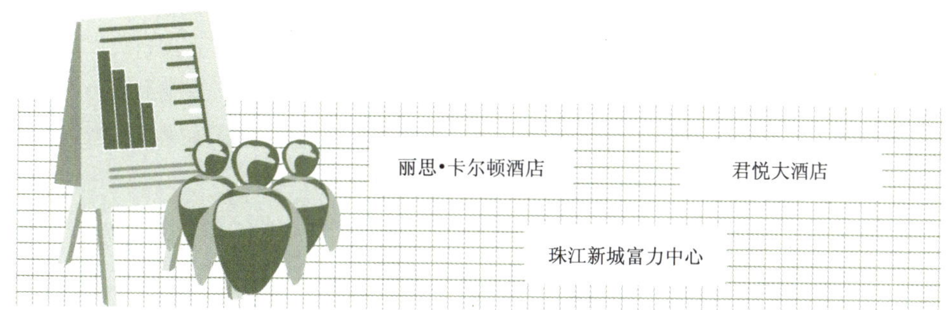

图3.15　富力在商业地产领域开创速度奇迹的三个项目

由于快速的运行速度提高了各产业链之间的效率，提高了资金的周转速度，从而使富力设备成本、人力成本及财务成本，保持在一个较低的水平，确保了企业利润率的提升。

（2）富力的开发速度代表了房地产未来趋势

富力的速度是其成本控制得以实现的一个关键原因，正是因为实现了快速的滚动开发，富力的成本才得以顺利控制。

近年来，房地产项目开发的周期越来越短，建设速度越来越快，速度不仅是个效率问题，也是一个资金问题，更是一个市场问题——速度已经代表了房地产未来的趋势。

①速度是开发商的生命线

在开发实践中，不少开发商由于资金短缺导致后期投入断档或跟进速度太慢，造成工期延长，投入资金不能在承受期内回笼而举步维艰；有些开发商虽然资金充裕，但产品价值的创造过程太慢，开发速度跟不上而成为明日黄花，因为没有速度的楼盘，质量再优也可能毫无意义；而有的开发商在产品价值的实现环节拖得过长，形成大量库存，不得不面临房子迅速贬值的窘境而损失惨重。

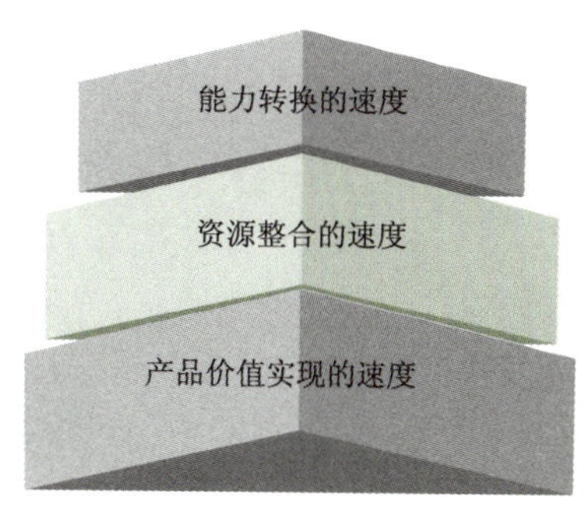

图3.16　房地产开发速度的三方面体现

知识经济与信息时代房地产的竞争，关键在于速度。

对速度的理解包括三个方面，即产品价值实现的速度、资源整合的速度和能力转换的速度。今天讲速度是以快打慢，以快制大。有速度才能有市场。所谓速度，对开发商来讲，即项目决策要快，理念开发要快，规划设计要快，现场施工要快，营销推广要快。即以最快的速度把产品送到消费者手中，这里的快不是匆忙草率，而是缜密和效率。速度就是力量，当别人没想到时，你开始做了；当别人动手时，你已经做好了。这样，以适度的超前，夺取市场的第一桶金。

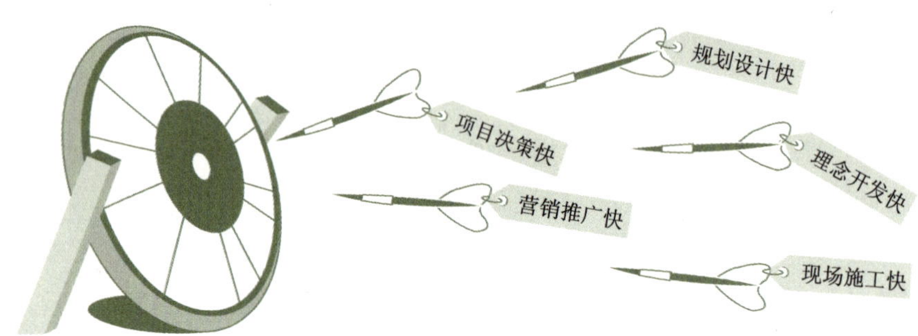

图3.17 快速开发的五个指标

②速度是开发商的核心竞争力

按照房地产开发的传统思维，衡量一个房地产企业综合竞争力的重要指标是资金优势、开发规模、土地储备。但仔细研究中国房地产企业的演变会发现，一些曾经颇具优势和规模的房地产企业之所以被逐渐淘汰，是因为他们这些优势是长期积累的结果，而不是基于自身的能力。这些规模和优势更多地表现在产品价值的创造环节上，而不是产品价值的实现环节。也就是说，优势并没有变为能力，因为规模、优势并不等于竞争能力。如果企业不能将优势转变为竞争能力，在形势变化中最终会被淹没。

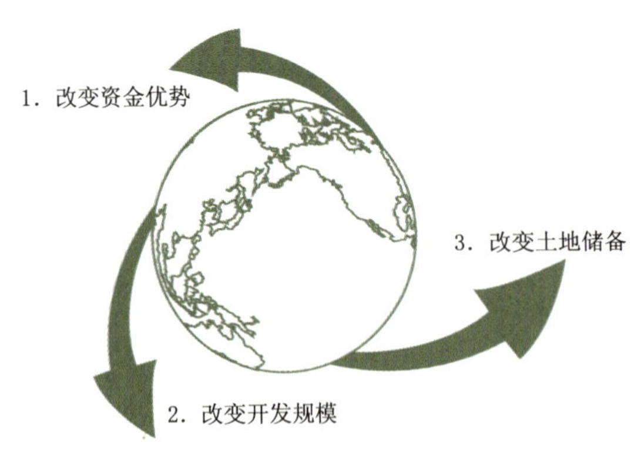

图3.18 速度可以改变综合竞争力的三个层面

因此，房地产开发企业要把优势和规模转变为能力，必须在速度上下工夫，以高速度下的市场爆发力形成对市场的冲击性占领，快速完成价值的实现过程，快速实现竞争优势和核心能力的释放和裂变，以快速的能力转换，向速度要效益，向速度要时间，向速度要空间，快速形成企业的核心竞争力。

③速度体现在对房地产价值链的整合

怎样比竞争对手更快地实现产品的价值，实际上在于对房地产价值链的整合。我们常常看到许多企业都能把楼盖起来，但是产品价值的实现过程太长，最终不得不败退市场，当今积压的许多产品就鲜活地说明了这一现象。

图3.19 快速整合资源常见的五种方式

在房地产专业化分工趋势越来越明显的今天，一些专业化公司可以使开发企业在短时间内弥补自己在专业领域的不足，如设计、策划、营销、物管等方面，开发企业完全可以借助这些外部资源，实现自己的先进性。所以，面对专业化分工的大趋势，房地产企业的核心能力——速度，就越来越体现在对价值链的系统整合上，即从系统的角度整合外部资源以及提高管理与第三方关系的能力。通过外包、嫁接、合作、联盟、资本运作等方式，迅速整合房地产价值链上的关键环节，在保证产品创造过程最优的同时，完成产品价值实现过程的最短。

二 善用城市改造及发展机会降低成本

事实上，除了产业链长，产业运行速度比较快之外，使富力一直保持良好成本控制能力的另一关键因素在于企业战略的选择。

回顾富力早期发展史可清晰发现，有“拆迁大王”之称的富力，其发展历程总是与“旧城改造”紧密地联系在一起。虽然这一特点并未引起业界的高度重视，但富力领导层认为，“这是富力的基础动力机制”。

1. 善用旧城改造的机会降低成本

这一机制带来的结果是：富力在旧城改造中，解决了旧工业污染的问题，首次积极响应了政府治理城市工业污染的规划安排，同时，富力在拿地中大量选取城市老城区中的所谓“灰色地带”，并在新楼盘建设中，有意识地增添了许多绿色元素，让周边的原居民真正体会到居住改善所带来的不同。

图3.20 富力热衷于旧城改造的原因

虽然相对于新城建设，旧城改造在前期面临许多拆迁难题，但由于旧城改造既符合政府的发展思路，又能为市民缔造良好的生活环境，产生一个多赢的格局，因而很容易得到政府的支持。对富力来讲，由于旧城改造相对地价便宜，且无须建设过多的社区配套设施，从而为企业省下很多的成本。

2. 善用新城开拓发展的机会降低成本

这一战略的另外一个结果是，在当时各大地产商纷纷热衷新城大盘开发，对旧城改造不屑一顾时，大智若愚的富力有效避开了竞争对手，获得了发展空间和产品价格上的优势。

到后期，富力又沿城市化发展轨迹，将项目发展的重心移到广州市正在大力建设中的珠江新城。富力地产创始人之一李思廉坦承：“我们一直以来坚持的企业发展方向和贯彻的企业成长线索，是伴随城市建设和城市化同步发展或适度超前。”善于把握城市化为企业带来的发展机遇，是富力的一个重要战略。

超级链接

积极进驻城市新CBD：富力地产在珠江新城

进入广州珠江新城是富力地产善用新城开拓发展的机会降低成本的重要表现。在珠江新城规划之初，富力就大举进入，获取了大量廉价的商业用地。

截至2009年12月，富力地产在珠江新城的项目已经增至16个。

富力地产在珠江新城的发展策略十分清晰——开发国际一流标准的写字楼、顶级酒店、国际公寓等物业，持有部分优质的商业项目。

富力地产在珠江新城的拿地策略始于2003年，物业涵盖甲级写字楼、顶级酒店、高端住宅、旗舰商业综合体等多种形态。

作为最早投资珠江新城的开发商之一，经过7年的发展，2009年成为富力在珠江新城的收获期。富力地产在2009年推出的多个甲级写字楼项目都有多宗大额交易，接连打破广州市写字楼交易纪录。

图3.21　富力盈悦国际写字楼（珠江新城）

2009年5月，国家开发银行以近5亿元的价格购买富力盈泰广场的写字楼；2009年7月，无限极(中国)有限公司以3亿元的价格购买了富力盈悦国际半栋写字楼；2009年8月，上海浦东发展银行与富力盈悦国际签订购买合同，购买了半栋写字楼，总金额近4.2亿元。三宗大额交易，总金额逾12亿元，成为2009年广州市写字楼成交额最大的三宗交易。而位于刚拿下的B1-3地块旁的富力盈信大厦，自2009年9月底推出以来，也迎来多次成交高峰，累计至2009年11月中旬，成交金额逾6亿元。

项目实施阶段成本动态管理要点

项目实施阶段是项目目标成本逐步落实的阶段，虽然在整个项目开发过程中，实施阶段不是影响成本控制最关键的阶段，但也是非常重要的阶段，是成本控制最烦琐的阶段。此阶段的成本控制好坏不仅仅影响到项目的预期利润，还影响到项目的产品质量、销售回款、客户口碑，严重的还会影响到企业的形象。

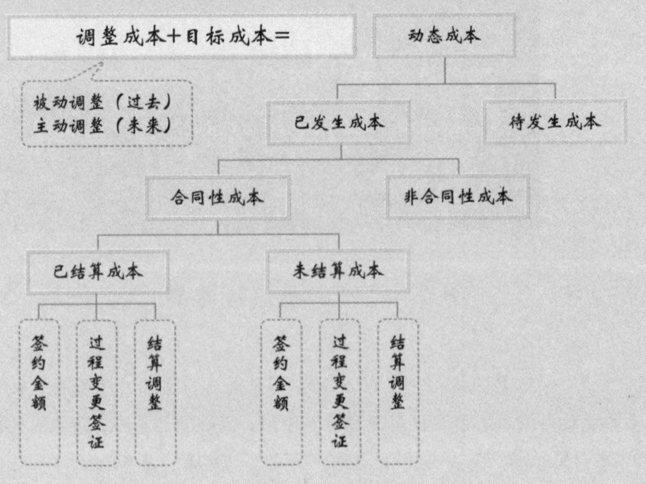

图3.22　项目实施阶段的动态成本构成

图3.23 动态成本管理要求

第四章

产品战略：以客户为导向，加大经营性开发

今居之者忘老，寓之者忘归，游之者忘倦。

富力的产品战略是以客户为导向的，即客户（购房者）需要什么，富力就设计什么并提供什么，在这个过程中，富力的产品形成了很多特色，诸如设计人性化、用材品牌化、规模超大化、品质高雅化等。并且，其产品体系不断地朝着高端化、品牌化、多元化的方向提升。

另外，富力的产品战略还被形象地比喻成“手机模式”，即具有开发速度快，高端、中端、低端产品均具备，产品类型多种多样的特点。

产品体系的特点、战略及营销

ONE
第一节

本节观点

品牌的实现不仅仅依靠产品的品质，产品的创新至关重要，而这一点恰恰决定了谁是引领者，谁是追随者。

富力从不缺少创新，在企业文化中尤其强调的就是创新。

成熟的、高品质的、规范化的产品铸就了富力品牌的良好形象，从不满足的创新精神也决定了富力能够在竞争中立于不败之地。只有这样才能使富力从区域性品牌向全国扩张，最终升级为世界级的品牌。

在富力开发的社区里，物业管理人员视业主为上帝，高标准的社区服务让业主的生活丰富多彩。另一方面，富力将所有购买富力房产的业主当做投资伙伴。这一系列的做法正体现了富力人注重品质、敢于创新、为顾客提供最高的性价比产品的目标。

一 产品体系具有十大特点

富力所开发的产品具有十大特点：

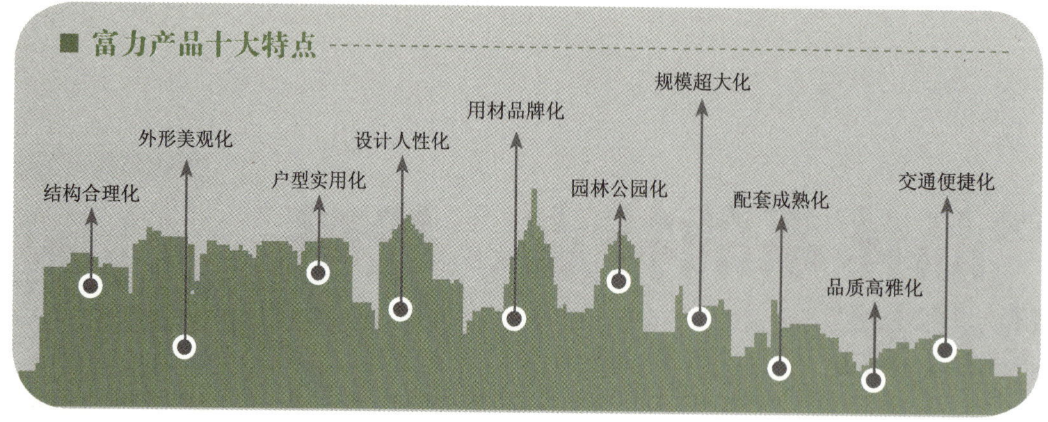

图4.1　富力产品的十大特点

特点1：交通便捷化——富力所开发的项目大多处于城市核心路段，拥有城铁、地铁、公交等多条线路，保证业主出行的方便。

特点2：结构合理化——实用率偏大，秉承了南方开发商的务实作风，让业主得到性价比非常高的产品。

特点3：外形美观化——采用国际先进理念，多选用大幅落地玻璃和飘窗，外形设计亮丽美观。

特点4：户型实用化——户型方正、搭配合理，全面照顾老、中、幼三代。

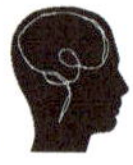

管理反思

日本小户型产品注重实用化

日本小户型住宅通过合理科学的平面布局和设计实现了空间的集约与高效利用，他们将节省的土地用于基础设施与公共休闲空间的建设，使居住环境质量提升。

管理反思

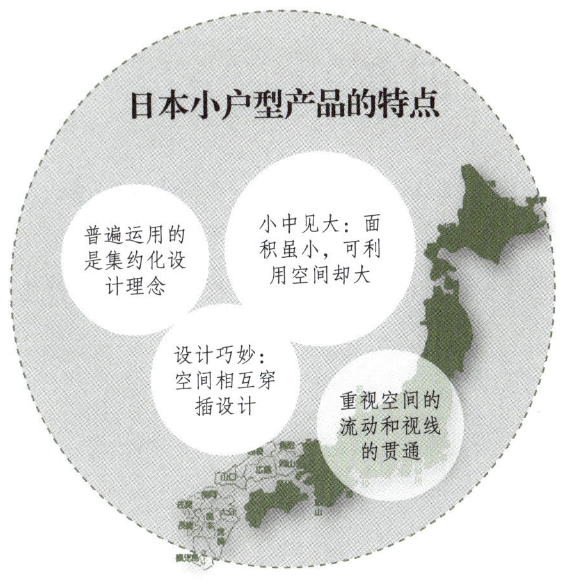

图4.2　日本小户型产品的特点

同时在室内设计上，重视空间的流动和视线的贯通，户型面积虽小，但空间相互穿插的巧妙设计，使得室内空间显得极为丰富，做到了小中见大；再加上厨卫空间的合理细分、储藏空间的灵活化设置，使住宅空间的利用率高，舒适度也大大提高。这些对于设计小户型和经济型户型，非常有借鉴价值。

特点5：设计人性化——以人为本的设计理念，把关到每个细节，努力做到精益求精。

特点6：用材品牌化——对建筑材料层层把关，选用国内外知名品牌，保证建筑品质。

特点7：园林公园化——公园化的社区环境，着力营造社区景观，使社区美丽如画。

特点8：规模超大化——大规模项目滚动开发，打造超大生活社区。

特点9：配套成熟化——拥有幼儿园、小学、中学全套教育设施，让子女享受便捷教育的同时，营造成熟商业氛围，超市、会所等应有尽有。

特点10：品质高雅化——为中产阶层度身打造，高雅生活情趣与众不同。

产品品质最能经受住时间的检验，它最能在消费者心目中留下深刻的印象。是做作品还是做产品，富力在这点上理解很深，每个项目都精雕细琢，用尽全力，因为他们是在做作品。

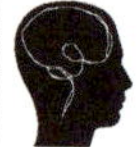

■■ 管理反思

北京富力城的创新

在户型设计上，富力摒弃了南方的原有模式，新户型设计适应北京人群的居住习惯——采用大起居室，厨房、厕所较大的设计；在小区立意和布局上考虑到了小区的文化色彩，富力建造的不仅仅是适合人居的社区，还要营造人性化的、服务物超所值的、绿色文明的居住物业，而且还构建了富力和业主之间创造性的“仆人、伙伴”关系。

二 为客户创造价值的产品战略

房地产企业能不能持续保持竞争能力，关键就看能不能把握住客户，同时为客户创造价值。开发商在拿地前如果不研究客户需求，不锁定目标细分客户，也就没法体现客户价值。

1.早期客户定位以工薪阶层为主

富力早期定位在工薪阶层的产品物美价廉，带来了优秀的销售业绩，从而降低了投资风险，实现了资金快速回笼。富力在风险公认较高的房地产市场，实现了几乎资金“零库存”的好成绩。

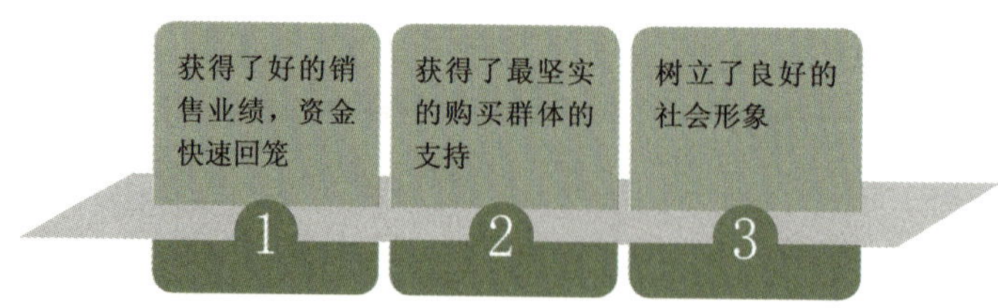

图4.3 富力产品以工薪阶层为主的作用

例如，在富力城的购房者中，比重最大的仍是“工薪族”。相比田园风光，他们更需要的是衣食住行的便捷。由于家有汽车的人毕竟是少数，“返工”路程是否较短，并有多种交通工具可以搭乘十分重要，与偶尔去一次的豪华会所相比，他们更希望将每天上班的时间缩短20分钟，多一些睡眠的时间。而周边的商铺、医院、学校等配套设施是否齐全，更是一家大小非常关注的问题：孩子上的学校是不是既近又好，老人家生病了能不能马上打车去高水平的医院，甚至周围的菜市场价格是不是便宜……这些“琐碎”的因素往往决定了“工薪族”的最终选择。

图4.4　工薪阶层购房的特点

2.坚持柔性开发理念

富力认为，每个消费群体的居住要求及生活方式都有很大差别，因此倡导柔性开发理念，即对于不同群体都要深入地进行消费行为研究，有针对性地提出定位适合的楼盘开发理念、建筑及园林设计理念等。柔性开发理念让富力地产每一个楼盘都具有鲜明的个性。

图4.5　富力柔性理念的三个特点

富力旗下楼盘多为中价盘，主要是富力认准了庞大的“中间阶层”。富力在调查研究的基础上认为，在广州，甚至是全国，社会结构和收入分配由金字塔形向哑铃形再向纺锤形过渡，中间阶层越来越大。在任何时候，这个阶层都是社会的主体，消费能力和倾向也最恒定。所以，富力3/4以上的精力，都集中到了这一块上。产品个性的打造离不开它的前期调研策划。富力的操作是拿地之前就已介入，调查研究周边区域都有些什么样的楼盘、所开发产品的目标客户群是哪些人、他们最需要的是什么样的产品等。调查清楚后，设计公司设计时，在户型面积、产品结构上就已经有了准确的配比。

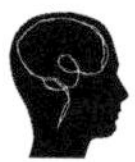

管理反思

富力广场精准定位

富力广场是一个总占地面积达13万平方米的市区内超大型项目。在当时，老城内这样的大型项目相当罕见，因此，找准定位打响头炮显得相当重要。富力经过调查发现，荔湾区还有相当部分的首次置业者希望在本区置业，因此，果断地设计了很多面积在60～70平方米的两房单位。果然，到了开售时，这些单位成了畅销货。正是由于富力对市场的了解十分透彻，对目标客户群的居住习惯、置业心理把握到位，才使得产品与营销、营销与受众相吻合，从而快速占有市场。

3.“高性价比”产品策略

对于富力而言，为市场提供高性价比的产品是其进入市场屡试不爽的法宝。这也是由其项目客户消费群特性决定的，早在旧厂改造的时候，富力的产品最吸引消费者，凭借的是优质地段的高性价比产品；同样，2001年在北京以32亿元天价拿下富力城地块时，也采取了低价入市的策略，短短10个月即实现13亿元的销售额。但是，富力的价格优势并不仅仅是以牺牲利润为代价的，而是通过对产业链的垂直整合得以实现的：自己买地，自己设计，自己提供泥沙、水泥、钢材，自己建设，自己卖楼，富力对成本的严格控制是其实现“高性价比”产品的最大保障。也就是说，别的开发商外包的成本早已成为富力利润的一部分。

图4.6 富力“高性价比”策略的要点

此外，富力在产品设计上也颇费工夫，其户型设计多为“紧凑户型”，虽然舒适度降低，但面积相对较小，总房款因此较低，从另一方面体现了其高性价比的特点。

三 产品开发全面升级

为城市中产阶级提供性价比最高、生活成本最优化、生活便利最大化的楼盘是富力地产的产品开发策略。走出广州，布局全国后，富力产品开发全面升级：产品向高端项目进军、产品系列化品牌开发、产品开发多元化、产品档次不断升级。

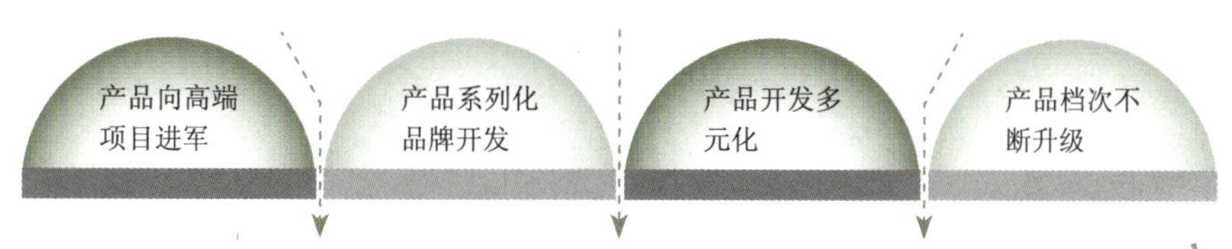

图4.7 产品开发全面升级的四个表现

1.产品向高端项目进军

一开始，富力地产主要进行普通中档住宅的开发；2002年，大手笔地用32亿元拿下北京富力城用地，吹响了向高端地产项目进军的号角。2006年，富力又进行多个项目开发，包括北京的一个别墅项目。

业界将此戏称为“手机模式”，即做房地产就像做手机一样，必须要为消费者提供多种类型的产品选择，不仅要有高端的产品，还要有普通的大众消费产品投放市场，这样更大面积地照顾消费者的需求，才能够取得市场的认可。

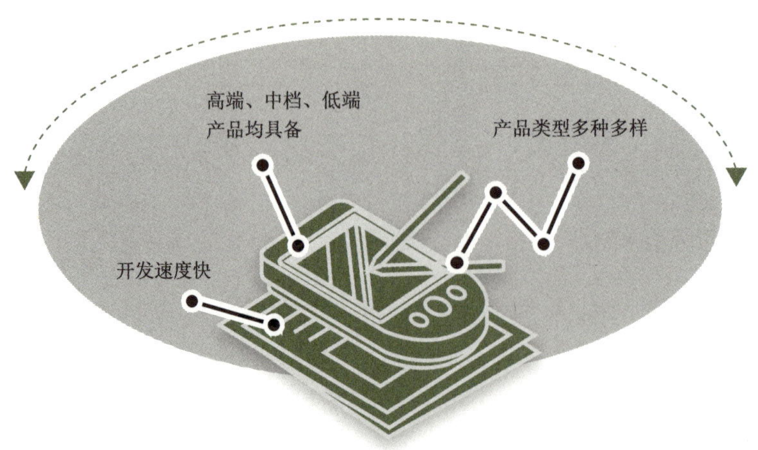

图4.8　富力产品开发的“手机模式”特点

2.产品系列化品牌开发

从广州大本营至北京、天津、西安、重庆，富力地产已成功布局五大核心城市，单项建筑面积超过50万平方米的六大旗舰项目是其中的扛鼎之作。它们是：北京富力城、富力又一城、广州富力城、富力桃园、天津富力城和西安富力城。

其中，以企业名称命名的“富力城”逐渐形成系列化品牌开发，“富力城”的选址规模、物业类型等都有明确要求，是富力实行品牌异地扩张的成功典范。

图4.9　富力的六大旗舰项目

3.产品开发多元化

深具战略眼光的富力地产在继续打造理想人居的同时，分别在华南、华北两大方阵中布下了商业地产的战旗。

在广州，富力地产率先拿下CBD中心所在地珠江新城十多个地块，共一百多万平方米建筑面积的商业楼宇，包括两座超五星级酒店；在北京、天津，富力地产也增加了商业楼宇的开发力度。

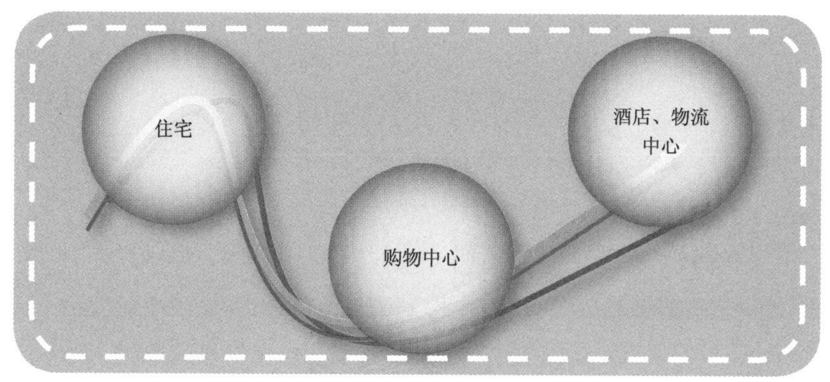

图4.10 富力产品的多元化类型

4.产品档次不断升级

无论是住宅项目还是商业项目，富力的产品档次都在不断升级。

富力桃园一期开售时均价不到5000元/平方米，两年后，该项目已经卖到8300多元/平方米，除了房价普遍上涨外，这主要是因为富力在规划设计、户型布局和物业装修方面都花了不少心思，使得产品档次有了较大提升。

而商业项目的开发更是走高端，富力盈隆广场和富力中心都按照甲级写字楼标准设计建造，硬软件设施配置都走在市场前列。可以说，富力的商业项目是为满足最高端的商务需求。

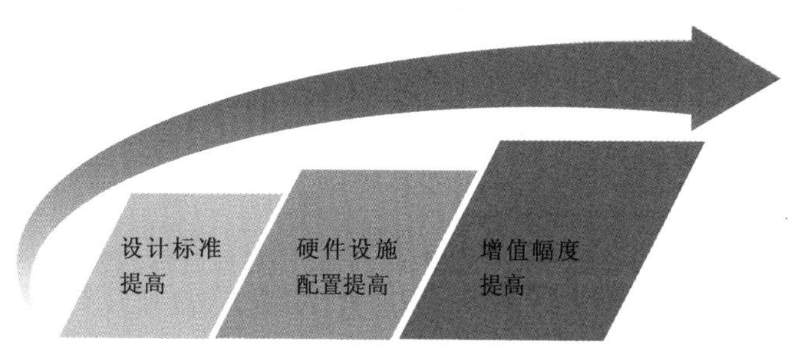

图4.11 富力产品档次提高的表现

四 产品体系采用三大营销策略

2009年，富力销售242亿元，当外界认为富力地产拥有强大的销售队伍时，富力却认为销售的诀窍是“功夫在‘销售’之外”，也就是说，“销售业绩的取得不是销售部门吆喝出来的，而是公司综合实力的体现”。

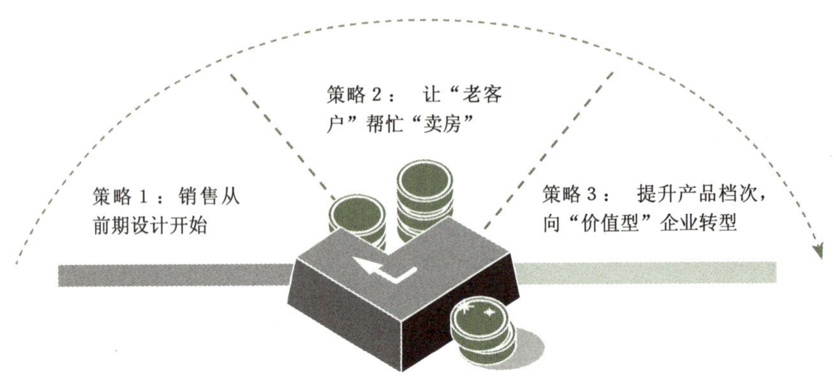

图4.12 富力产品的三大营销策略

策略1：销售从前期设计开始

曾经整个市场都非常强调推销的作用，也有很多开发商都是推销派，相对于产品开发建设，更注重后期的推广，但是富力地产却是恰恰相反，销售部门的工作从设计开始，功夫用在销售外。

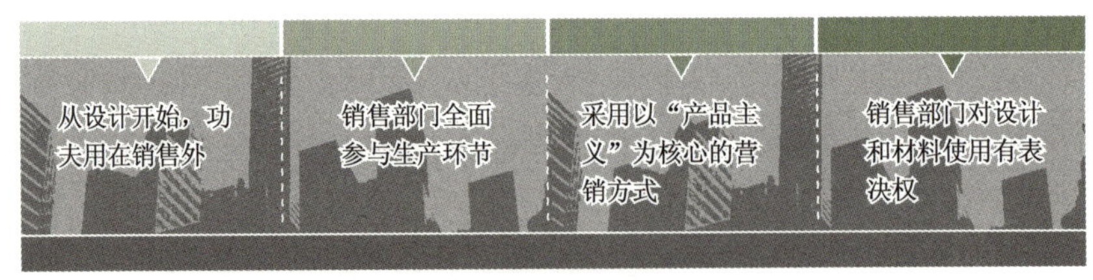

图4.13 富力产品销售的四个特点

根据富力地产的工作流程，产品的每一步打造，从产品设计、定板、采购到施工、装修，销售部门都要全程参与，没有销售部门的认可，任何一张图纸都不能进入施工阶段，任何材料也不能采购。因为，所有的环节中，只有销售这个环节是直接和消费者打交道，也是最了解消费者需求的部门。销售部门全面参与生产环节，一方面可以及时把消费需求信息反馈到生产部门，另一方面，也可以准确地把生产信息反馈到消费者那里，从而在生产部门和消费者之间形成良好的信息沟通渠道。

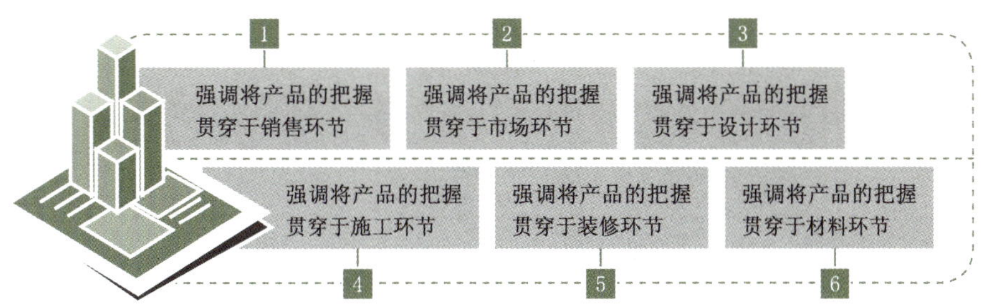

图4.14　产品核心主义的六个“强调”

这样的做法，在推销主义盛行的时代，显得有些“老土”，但是，却赢得了消费者的青睐。面对日益成熟的消费市场和消费理念不断成熟的消费者，推销主义已经越来越受到人们的质疑与诟病，取而代之的，正是富力地产这样以“产品主义”为核心的营销方式。富力地产营销龙头第一个要解决的问题就是产品，并且将对产品的把握始终贯穿于销售环节、市场环节、设计环节、施工环节、装修环节、材料环节等多个环节，大家共同去解决核心的产品问题，之后才有了剩下的其他工作流程。

策略2：让“老客户”帮忙“卖房”

如果要问富力地产产品最有效的销售手段是什么，答案一定出乎所有人的意料，不是强大的销售团队，也不是多谋的策划团队，而是富力的“老客户”。

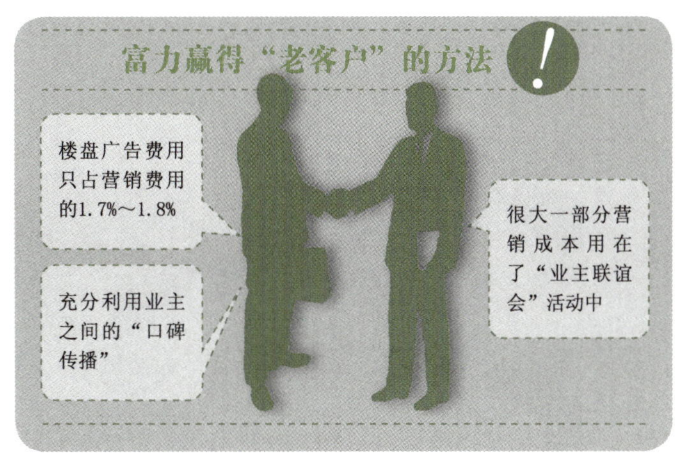

图4.15　富力赢得“老客户”的方法

在富力城的统计发现，富力城大概50%多的客户是原有的客户介绍过来的，剩下不足50%的客户是通过看广告等渠道来的。正是因为这一原因，富力城的广告费用比较低。通常很多公司仅广告费就占了整个销售额的3%，富力的广告费用只占1.7%～1.8%。

图4.16 富力业主联谊会的三种主要类型

这样“物美价廉”的“销售团队”，任何一个开发企业的老板都会热烈欢迎。为了巩固老客户，增加客户的传播效果，在别的地产企业大肆搞活动时，富力城却在利用节假日、每周末的休息时间搞各种规模、各种类型的业主联谊会。社区园林开放了，把业主们都请来喝下午茶，观赏观赏园林的景色；春天到了，把业主们召集起来，组织一场业主运动会；业主们自发的各类运动小组很活跃，那就组织一些竞技性的比赛……联谊中，业主们之间的感情加深了，对社区和开发商的品牌认同感增强了，跟亲朋好友宣传的频率自然就提高了。

这样温馨的“精明”，赢得业主认可的同时，又赢得了新的客户，富力地产乐此不疲。

策略3：提升产品档次，向“价值型”转变

随着形势的发展，富力产品已从“中低档”开始走向高端。富力已从满足初期居住需求的产品向“舒适化”进化，这是买家、市场对富力的要求，也是富力自身进步的标志。

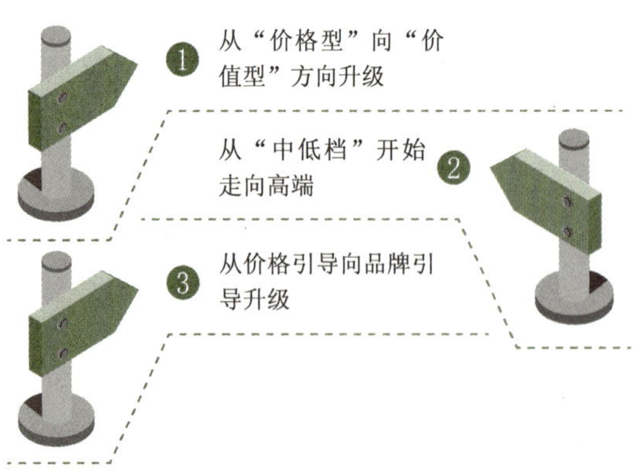

图4.17 富力产品升级的三个方向

富力楼盘的销售业绩节节上升，一年中不分旺季、淡季，从销售的均好性可反映产品的市场接受程度。从本质上看，可认为富力地产集团已经从“价格型企业”成功地向“价值型企业”转变。随着富力实战经验的增强，其楼盘产品逐渐从原来主要以价格吸引买家，逐渐转化为在保持高性价比的同时，提升产品档次，增强楼盘的附加值。

在房地产市场中，价值型企业不断增长的潜能主要来自两个方面，首先是企业的优良传统，即其成本控制优势及企业内部的执行力，这些优势一般是需要多年的时间才能修炼出来的，而且其他竞争对手很难模仿。富力发展初期驻守着老城区较为偏远的地段，那时富力所有楼盘的地段都不被看好，但是现在几乎富力走到哪里，房产的价值、土地的价值便有了大幅度的上涨。从获取土地的眼光来看，富力有其前瞻性，敢于拿普遍不被看好的土地，甚至当年一些地块，富力是硬着头皮上，如富力半岛、富力广场、富力御龙庭等楼盘，多年的事实证明，富力以开发商的责任感及商人的勇气战胜了世俗的眼光。

价值型企业不断增长的潜能的另外一个决定性因素是业主、买家逐渐改变了对富力地产集团所能提供的产品及服务质量的印象。业界人士普遍认为富力的口碑效应及品牌影响力在同行中处于领先地位。据富力统计，富力楼盘的销售中40%为“回头客”，重复购买富力产品的客户不断增加，甚至有部分客户将“富力制造”当成家庭终身置业的标志。

通过设计使房地产产品实现增值

设计是使房地产产品实现价值增值的重要途径，这里，着重强调以下三方面应注意的问题：

第一，若要提升产品价值，设计必须以满足客户需求为主导。

市场需求或者说是客户需求是房地产项目设计的驱动力之一。然而，在许多地产项目开发中，开发商为抢占市场先机，尽快实现销售和完成利润，在规划之前往往缺乏周密的市场调查和广泛征求客户意见。在没有明确目标和客户的情况下就很快确定方案并进行施工，到销售时才发现规划或设计不合理再进行大的调整，结果是增加了投资，也延误了交付，带来一系列的后遗症，有些甚至使项目功亏一篑。从房地产的长远发展来看这种先入为主的规划设计模式会带来一系列问题，当物业的供应量达到饱和时，这些问题将集中爆发出来。因此设计与市场的结合显得尤为重要。

第二，若要提升产品价值，应整合设计与策划创意。

策划与设计是与房地产开发相关的两个子系统，这两个系统是决定房地产项目是否能成功的关键。策划确定了楼盘的定位和营销，是“造势”的“源”，设计确定了楼盘的品质与个性，是“入实”的“根”。“造势”和“入实”只有紧密地融合，才能形成楼盘的本色和本质的发挥。

策划与设计之间脱离，就会造成产品虚夸，令消费者厌恶；策划与设计默契而紧密地结合，就会强化产品的特质，令消费者兴奋；策划与设计处于粗放和简单的接触状态，就会使产品流于平淡，令消费者丧气。

因此，策划创意与设计的整合，就是不但要深入分析中国所独有的居住建筑的特色，而且要从市场营销入手，从居住者的角度去理解策划的创意；更要从理念创新入手，充分挖掘设计给房地产带来的价值。

第三，若要提升产品价值，规划师、建筑师、景观师与开发商应实现互动。

房地产开发的主体虽然是开发商，但整个开发过程中的相关单位的协同合作也是不容忽视的，特别是与设计师的合作显得尤为重要，所谓众人拾柴火焰高。

房地产虽然是属于传统行业，但其科技含量也随着人民生活水平的提高而要求越来越高。众多的房地产项目要想脱颖而出，就必须改变以往的规划设计模式和程序。参照西方一些国家的成熟经验，在进行项目投资前，就有规划师、建筑师、景观师的介入，概念设计与市场调研同步进行，然后根据不同的产品规划设计方案，作出不同的投资预算和利润分析，最终形成的方案既能满足城市规划要求，又能使开发商的利润达到最大化，同时也能使所开发的物业成为消费者安居乐业的场所，达到一种共赢的局面。在整个过程中，开发商与设计师是一种互动的关系，一个优秀的设计必须是把开发商对市场和对客户的把握，与建筑师对建筑规范的理解、对建筑文化的诠释以及对建筑技术的运用有机地结合起来。

TWO 第二节

经营性开发的权重、布局及运营模式

——本节观点

从富力未来的可持续发展来看，进行优质商业物业的持有经营是理智的行为，毕竟，优质商业物业可以产生更为稳定持久的现金流。

一 权重：商业地产占业务比重为20%

富力地产董事长李思廉表示，2010年，富力地产计划将商业地产的面积扩大至约200万平方米，形成以顶级酒店、度假村为龙头，包括数个大型购物中心等形态的产业链。

据估算，截至2009年，富力已建及在建的商业项目全部投入使用后，每年在这些项目上的资金收益将占公司业绩收入的20%左右。

从2003年起开始进军商业地产领域的富力地产，在经过数年发展后，迎来了商业地产逐步开业的收获期。

截至2009年，富力在广州、北京、天津等地的多家酒店仍在兴建中，未来5年内富力旗下将有10多家酒店开业。同时，北京东三环的富力购物中心、惠州富力丽港中心、广州CBD大型商业项目等综合商用物业也将陆续亮相，为富力带来可观的租金收入。

二 布局：华南以珠江新城为核心，华北以北京为中心

1.选择商业地产，势在必行

从国内外大环境与中国快速发展的前景，以及人民币升值、写字楼价值低估、商业地产蓬勃发展、外资进入、需求长期处于上升趋势、退出机制的建立（如境外REITs）等重大因素来看，商务地产正成为内资、外资、开发商、运营商齐头并进的新的投资关注点，掀起了一波商业地产扩张的高潮。在这样的背景下，富力地产选择商业作为突破口，势在必行。

2.华南布局以珠江新城为核心，不惜重金

2003年9月，在当时尚不为业界看好的CBD珠江新城的商业项目上，富力地产大胆斥资7.7亿元买下数幅商业地块，开发甲级写字楼、五星级酒店和公寓等商用物业。当时曾被同行视为冒险之举，却在5年后随着珠江新城价值的提升以及南中国商业地产的兴旺，昔日拿下的地块以数倍的升值表现以及热销、热租的市场表现，成为富力慧眼识商机的证明。

截至2008年，富力地产在广州珠江新城已有15个项目，范围涵盖世界顶级酒店、大型甲级写字楼、酒店公寓、购物中心等多种业态，对广州中心的商业形态发展开始具备举足轻重的影响力。同时，以广州为中国南部的辐射中心，富力将发展大型商业地产的战略，推进到了重庆、惠州、海南等众多具独特商业价值的新兴发展城市，形成以点带面、逐步扩大重点城市市场份额的状况。

3.华北布局以北京为中心，借奥运机会

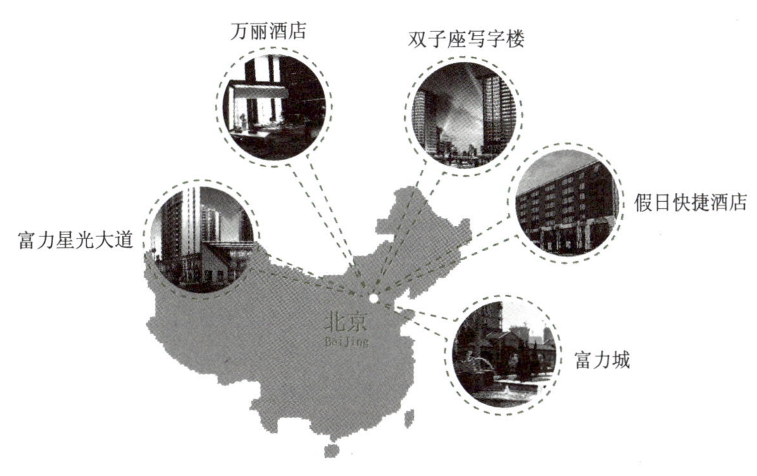

图4.18 富力在北京的主要商业项目示意图

在富力看来，所有地产开发产品中，商业地产的价值最大，只有商业地产，才能持续创造财富，成就经济核心区的价值，并最终成为城市绝对的主流物业，带动其他类型物业诸如住宅、停车场以及区域路网等发展，实现综合辐射效应。借助抢滩奥运商机市场的先机，富力在华北区将以北京为辐射中心，以东三环为重点发展区域，凭借差异性和专业性使其成为泛CBD区域最具影响力的产品，形成一个与国际商业品牌互补的商业生态。

三 运营模式：多业态并举，借力使力

下面将富力商业地产的多种业态进行分析：

1.发展新型展贸式专业市场

专业市场方面，将住宅裙楼依托成熟商圈打造小规模，3000～30000平方米的新型展贸式专业市场。富力最早运营的商业地产项目富力儿童城就是专业市场，后来还开发有富力鞋城、富力珠宝饰品城，都有以下几个共同的特征：

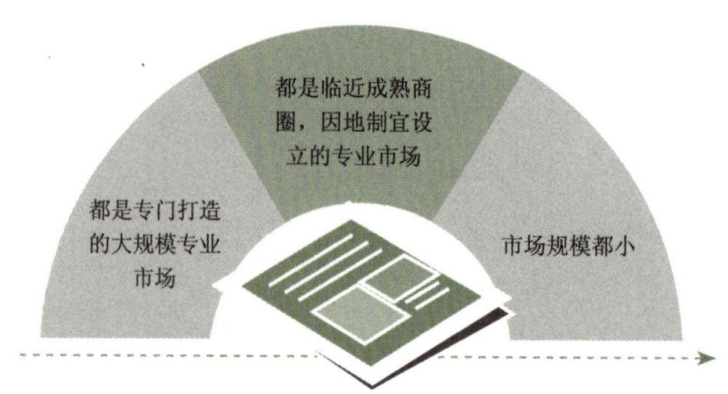

图4.19 富力早期的三个专业市场物业的共同特征

一是都是专门打造的大规模专业市场，这三个市场都是富力住宅小区的配套裙楼，属于小区裙楼商业价值最大化的典范；

二是都是临近成熟商圈，因地制宜设立专业市场，如儿童城是临近中山八路儿童用品批发市场，鞋城是临近站西路鞋业批发商圈，珠宝城是临近北京红桥珍珠批发市场，其采用展贸的形式建设，属于成熟商圈的升级；

三是市场规模都小，因为是小区的裙楼并非专门建造的专业市场，所以这些市场的规模都小，儿童城是2万平方米，珠宝城3万平方米，鞋城甚至只有3000平方米，规模小又依托成熟商圈，使得其很容

易招商运营，开发建设运营都比较简单。

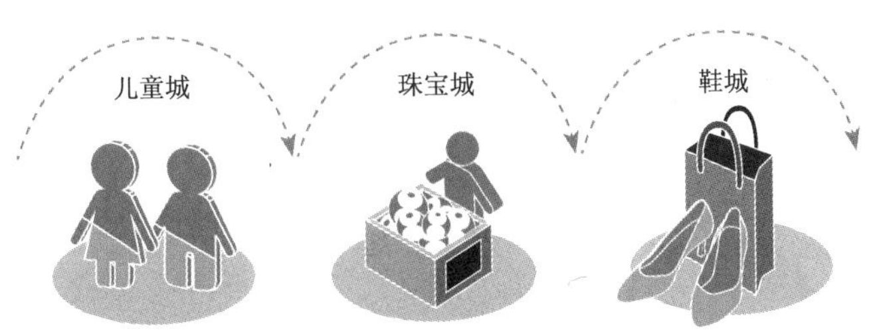

图4.20　富力早期的三个典型专业市场

2.写字楼：占据CBD黄金位置为主+依托小区配套写字楼为辅

写字楼是富力进入的第二个商业地产类别，其主要的形式为在CBD黄金位置获取地块建设大规模的写字楼，如在珠江新城富力有10个写字楼地块，CBD建写字楼虽然获取地块的成本很高（基本是公开拍卖获得），但因地段位置好，客源充足，销售快捷，基本很快都实现100%销售，可谓是高投资、高产出、低风险。富力写字楼的另外一个方式是在小区内建设配套的写字楼，这也是基于富力建设的住宅小区基本上位于市区较好地段，周边有写字楼的需求，建设小规模如3万～5万平方米的写字楼可以就近销售，事实证明都销售很好。

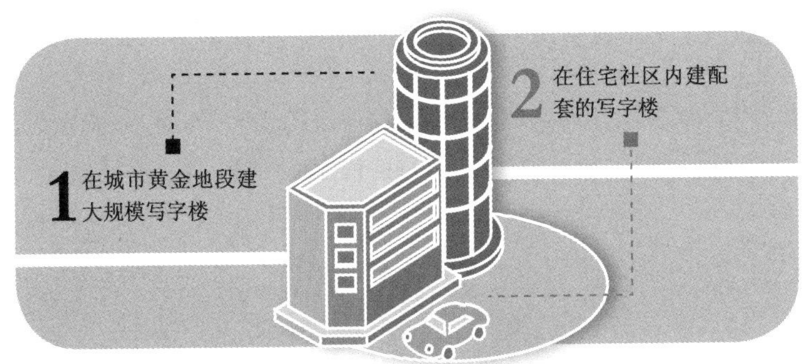

图4.21　富力写字楼开发的两种方式

3.酒店/公寓：占据CBD黄金位置为主+依托小区配套为辅

富力建设的酒店以国际五星级为主，其均是跟国际著名的酒店集团合作开发和管理，如万豪、洲际、凯悦等，虽然合作可能会减少一部分利润，但极大地降低了项目的运营风险，也不失是一种较好的方法，其酒店基本上是处于CBD核心地段或者依托小区建设。

图4.22 富力酒店物业的主要合作对象

4.商业中心：依托小区的社区型商业中心

富力没有建设独立的大型商业中心，其商业中心都是依托小区而建的社区型商业中心，规模数万平方米，包括社区型mall、超市，商业街、底商等，这种社区型商业中心都获得了较好收益，北京富力城底商的租金高达300～400元/平方米/月，超市（联华超市）的月租都达到70元/平方米/月。

赢利模式上采取“保留底商，全部出售”策略，富力作为上市公司，主观上要求其每季的报表数字增长速度很快，再加上多年来富力采取积极的扩张速度，客观上要求现金快速回笼，所以富力的商业地产，无论是写字楼、专业市场、公寓、社区商业街，除保留底商外，基本上全部出售，只有富力总部所在地富力中心是只租不售。所以实际上富力商业地产的租金收入相当少，基本上就是一些底商的租金。

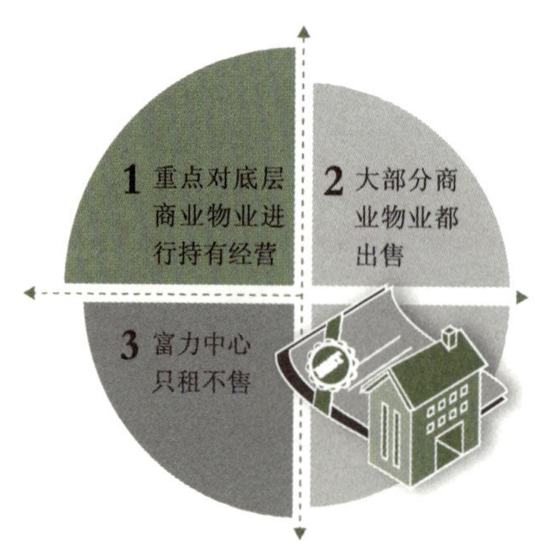

图4.23 富力商业中心的经营特征

根据富力披露的商业地产规划，其在未来仍会以写字楼、酒店/公寓、社区商业中心为主，专业市场和物流地产为辅，其重点仍在于写字楼、酒店，至于专业市场和物流，是结合项目本身所在周边的商圈，如果是在成熟商圈的周边就建设，否则就不建。从这个思路来说，其以写字楼、酒店为主的商业地产路线是走长期稳定发展的路线。

5.富力商业地产发展要点总结

（1）项目理念：利用住宅小区建设商业地产综合体，实现住宅小区商业价值最大化

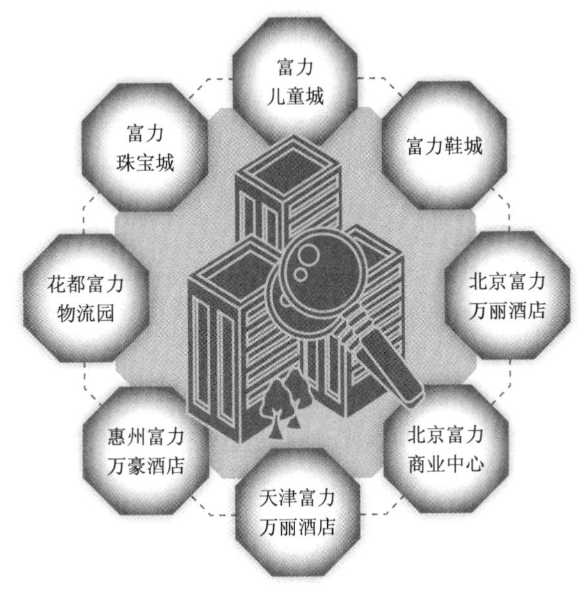

图4.24　富力已经开发的一些典型的配套性质的商业物业

富力地产的商业地产项目虽然分布在广州、北京、天津、惠州等地，表面上看来专业市场、写字楼、酒店、公寓等什么类型都有，但实际上如果去掉富力在珠江新城的数个写字楼和酒店、公寓项目，其他的项目的性质就非常清楚了，其实富力除珠江新城外，并不直接单独去建任何商业地产项目，它的商业地产项目实际上都是利用住宅小区为依托进行的配套开发，如富力儿童城是富力广场住宅楼的裙楼、富力鞋城是富力环市西苑住宅的配套、北京富力万丽酒店是北京富力城住宅小区的配套、北京富力商业中心是北京富力城住宅小区的配套、天津富力万丽酒店是天津富力城住宅小区的配套、惠州富力万豪酒店是惠州江北住宅小区的配套、富力珠宝城是富力信然广场住宅的配套，还有花都富力物流园也是利用临近新机场的优势配套住宅小区金港城兴建等。

富力的住宅小区都没有单纯地全部建成住宅，而是利用其中部分地面建设商业地产配套，从而使得住宅小区的商业价值最大化，尤其是专业市场，富力都是利用小区住宅的裙楼来建设，其商业价值比通常的超市、餐饮要大得多。

（2）项目定位：利用住宅小区周边成熟商圈，成功融入商圈，建设专业市场和商业中心

富力的专业市场都不是专业建设的独立的专业市场，而是如果住宅小区周边恰好有成熟专业市场商圈，富力就会利用其住宅小区的裙楼或配套建设一个小型的专业市场，这样借机融入商圈，招商和运营都比较容易；如果住宅小区周边没有成熟专业市场商圈，富力不会单独专门去建一个专业市场，所以其专业市场与其说是一个独立的商业地产项目，不如理解为住宅小区的一部分。富力至今没有在远离成熟专业市场商圈的地方专门兴建一个大型的新的专业市场。

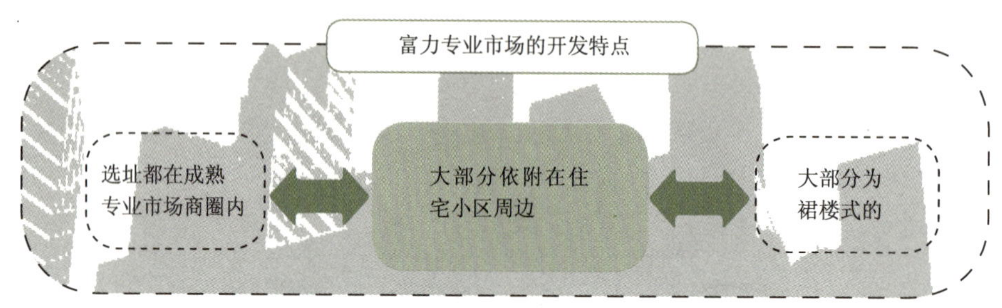

图4.25 富力专业市场的开发特点

（3）运营管理：利用专业运营机构，出让部分营业收入，以求双赢

富力的酒店、公寓、写字楼以及北京富力城小区的社区型mall，都是采取自己投资开发建设，然后由专业机构运营管理，由此出让20%～30%营业收入的方式来以求双赢，这也是富力的酒店、公寓、写字楼等常见商业地产项目这几年获得飞速发展的原因所在，实际上富力只是建设，运营交由合作方。

图4.26 富力商业物业的运营管理方式

（4）收益模式：早期以出售为主，后逐步转为以出租为主

富力在2003年开始建设第一个商业地产项目儿童城时，公司的资金并不雄厚，所以其早期的商业地产项目如儿童城、爱丁堡公寓、盈隆大厦、科讯大厦、鞋城、珠宝城等，除保留底商外，全部出售以尽快回笼资金，到后来，富力已经拥有雄厚的实力，故其商业地产项目开始转为出租为主，如富力中心全部出租，北京富力城商业中心全部出租等，由此可见，商业地产项目在发展的过程中，早期可以出售为主以便解决现金流，后期则以出租为主以便长期商业价值最大化。

（5）发展方向：主推成熟的写字楼、酒店、公寓，因地制宜适量发展小型商贸物流

富力虽然首个商业地产项目是专业市场儿童城，但从其在建和规划的项目来说，主推是成熟稳定的写字楼和酒店、公寓。至于专业市场的商贸物流，其主要是依托住宅小区的区位，如果周边有成熟商圈，就发展裙楼式的小型项目，如果没有就不会专门建立独立的大型商贸物流项目，所以其主线还是写字楼、酒店，这也是国际公认成熟的商业地产项目，能为其将来分拆为REITs海外上市做好准备。至于其他类型的项目如工业园等，也不排除其未来会进入。

（6）发展策略：小规模快速切入，抢占先机，先快后稳

富力早期并非实力雄厚的房地产商，但其又早在2003年就开始切入商业地产项目，比很多当时大型的地产公司都早，所以它讲究的是快的策略，采取的是“快鱼吃慢鱼”的方式，先上小型商业地产项目，如2万平方米的儿童城、5万平方米的科讯大厦和盈隆大厦，抢占先机，获得市场，先求快，到后来再逐步建设大型的商业地产项目，如55层的富力中心、卡尔顿酒店、君悦酒店等，以求稳定发展。先快后稳，非常适合于富力这样由小型地产商快速成长为一线大型地产商的策略，当然在其现在发展壮大后，其商业地产项目明显呈现大型化。

（7）项目区位：市区核心地段，尤其是CBD区域

富力起步于广州市市区内厂房拆迁后建设住宅小区，在广州拆迁数个工厂后奠定了它在房地产行业中的基础，所以富力很长时间一直遵行这样的项目区位选择，目前富力的项目基本上都位于市区核心地段，尤其是CBD区域，如在广州珠江新城CBD富力拥有多达10块土地，包括最新获得的猎德村地块。在市区核心地段的地块，相对来说无论是建设写字楼、酒店、公寓还是商贸城专业市场，都拥有相当的地理优势，从这点来说，富力商业地产的区位选择是较成功的。

应以现金流衡量商业地产价值

富力地产拥有大量的商业地产物业，如何对这些物业进行合理估值，值得管理者思考。

事实上是，以往仅仅通过房产评估打折后向房地产企业贷款的方式正在改变。众多商业银行正将商业地产的信贷评估方式从抵押房产估值转向经营现金流的考查。

而银行此前多采用房产抵押这种简单的“当铺文化”进行贷款操作，风险评估能力同样不高。

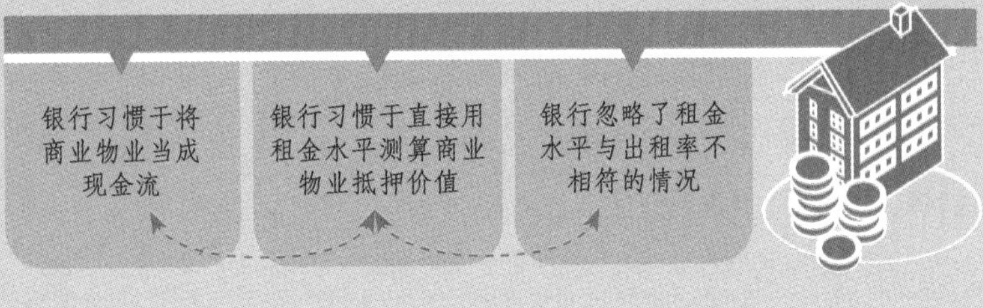

银行习惯于将商业物业当成现金流

银行习惯于直接用租金水平测算商业物业抵押价值

银行忽略了租金水平与出租率不相符的情况

图4.27 银行房产抵押的“当铺文化”

随着银行系统业务经验的成熟，一种以地产经营现金流作为风险评估标准的贷款原则正在一些商业银行中开始流行。目前民生银行等多家商业银行已经开始尝试这种新的风险防控机制，即根据商业地产的现金流估算项目贷款规模。而这种对现金流的测算和把握能力，又要求从事地产信贷的银行人员对商业房地产有更深入的专业了解。现在，除了简单的项目地段、开发商资质、经营前景等内容考核外，银行向商业地产贷款的前期评估还包括项目是否有确定的租贷对象，经营规划是否合理并能够实现较好的现金流收益预期等。甚至有些项目要求以其10年现金流作为偿还贷款的专户资金，这样既解决了商业地产长期贷款的需求，又保证了银行收益。而实际上则是银行参与了这个商业地产项目的投资。

第五章

企业文化与品牌：富而思进，力创新高

创业型企业靠个人，成长型企业靠制度，成熟型企业靠文化。

类似富力这样的成熟型大企业，企业文化在企业运营中占有很大的比重。“创新”是富力地产的核心发展观，也是富力企业文化的精髓。从企业文化的角度看，“富而思进，力创新高”是对富力精神最高度的概括。迄今为止，富力企业文化经历了从雏形到发展，到形成核心，再到发展创新的过程。

文化理念与人才观：创新、成长

ONE
第一节

本节观点

富力的企业精神可以概括为富有战斗力、富有创新力、富有凝聚力和富有生命力。

富力非常注重团队精神，其近乎严厉的管理方法让每个员工的潜力得以最大程度地释放出来，形成了一支能打硬仗、富有凝聚力、战斗力和生命力的“铁军”。

一 文化理念的宗旨：创新工作、快乐工作

富力地产在企业文化中尤其强调的是创新，创新是企业的生命之源，创新是企业发展的第一动力，创新与否，决定了谁是引领者，谁是追随者，只有富有创造力的企业才能进一步地发展壮大。

同时，富力公司文化提倡快乐工作原则，公司视每一位员工为“大家庭成员”之一，希望工作着的每位“家庭成员”能够快乐工作。富力为了提供融洽的工作环境，特别制订了二十四字家训作为普通职工的“护身符”，这二十四字是：“多沟通，少埋怨；多自省，少斥人；严律己，宽待人；多绿灯，少红灯。”

图5.1　富力的二十四字家训

此外，公司根据自身的实际情况，采取了一套科学合理的绩效考核和薪酬制度，保证了员工工作与收入的公平、公正、合理。公司鼓励员工进修，除公司提供的内部培训课程之外，员工利用业余时间的进修课程，公司报销一定额度的费用；公司给予员工必要的工作工具和资源，同时有透明、公开、明确的管理制度，让每位员工在其拥有的授权范围内充分发挥创造力；公司还为员工提供带薪假期、年假、节日聚会、生日聚会等福利措施。这一切就是要使员工始终感觉到，在富力生活快乐，工作快乐。

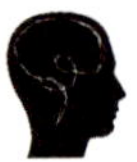

管理反思

快乐的工作文化

企业文化可以是快乐的？没错，优秀的企业文化不只涵盖了正确的价值观念、道德规范、思想意识和工作态度，它还可以是一种积极的心态，我们甚至可以简言之，某种程度上说企业文化就是企业的心情。

微软、谷歌等大企业的文化一直为人津津乐道，微软的员工可以不用打领带，谷歌的员工可以带宠物到办公区域，并且有20%的工作时间自由支配，玩游戏、纸牌，甚至去保健室按摩、蒸桑拿。

我们谈到这些企业文化的表现形式，言辞中总是透出羡慕，而本质上说，谷歌们让人羡慕的并不是那些游戏机或按摩椅，而是他们营造出的自由、快乐、让员工感同身受、融入其中的家庭式的氛围。

管理反思

但是值得注意的是，快乐的企业文化并不等同于“让员工感觉到开心”，欧美发达国家已经将企业文化作为一种常规的管理工具，通过这一工具，将精心拟定的企业目标和策划转换为实实在在的业绩。因此，为玩而玩是不可取的。每一家企业都有其不可复制性，其企业文化的精髓也应当是独一无二的。

当然，中国企业有其文化层面的特殊性，受到国情、国力和古老含蓄的东方文化的直接或间接影响，不能照搬西方国家的企业文化形式。但有一点是肯定的，如果想要让员工快乐工作，企业就必须要与员工进行顺畅的沟通——这才是快乐文化的核心。

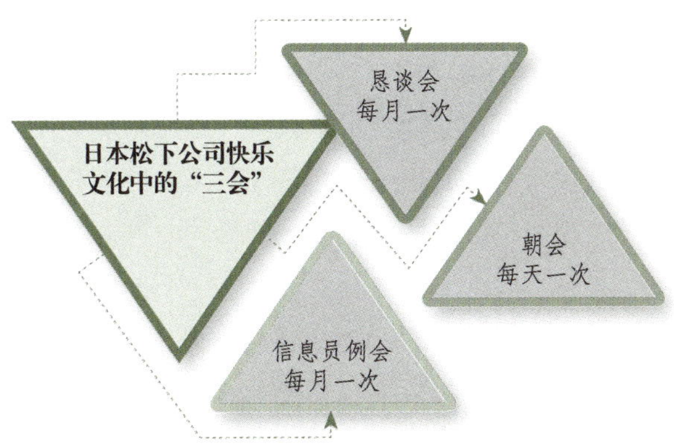

图5.2　日本松下公司快乐文化中的“三会”

值得借鉴的是日本松下公司，为了使同事间加强沟通，亲密无间，公司特意制定了朝会、恳谈会和信息员例会的“三会”制度。朝会每天召开，会议时间长短不一，内容五花八门，气氛轻松愉快，家长里短无话不谈。恳谈会一个月举行一次，让员工聚餐唱歌，踢球联谊，娱乐放松，相互增加了解，舒缓心情。信息员例会也是一月一次，是专门让职工发泄情绪的，哭爹骂娘都在合理范畴之内。

企业文化或许可以归结为一种规章制度，但其核心归结点并非服务于企业，而是服务于员工，通过服务员工换取员工之于企业的向心力——必须要强调，如果员工在企业身上可以看到“我的未来在哪里”，那么他就一定能工作得快乐。

二 企业文化之雏形：家文化

1.奉行家长式的管理文化

富力奉行家长式的管理文化，两位创始人就是“父母”，而每位员工就是富力大家庭的一分子，在这里不会随意开除员工，当员工犯了错误，老板会耐心地开导教育他们，让他们热爱这个“家”。家训的精神很简单，就是要大家在一个“大家庭”里生活，每个人都是“大家庭”中的成员，而两位老板——李思廉和张力不仅是“大家庭”的成员，更是这个大家庭的“家长”。

2.家庭式管理文化的具体要求

（1）四点具体要求

要求一：像家庭就要团结，要和睦相处。富力常强调员工之间要多沟通，少埋怨；多自省，少斥人，部门之间要多沟通，多绿灯、少红灯，不能互相扯皮。公司的结构就像一个机器一样，一环扣一环。

要求二：在为人上，富力要求员工多自律、宽待人，要求自己严格一些，对同事要宽容一些。作为富力人要讲原则，要严格一点，每做一件事情都要想到公司的利益高于一切，家庭是核心，要围着这个核心转，做好事情。

要求三：要互相学习，提高自己，富力有很多培训课，配发培训教材给员工，富力有一个必读书——西点军校的《不要有任何借口》。富力会要求员工写一些关于这本书的学习感想，然后再作一些有针对性的思想辅导。

要求四：要勤奋工作。通常公司五点钟下班，到六点钟还有很多人在工作，很多人自觉加班到六点钟才走。

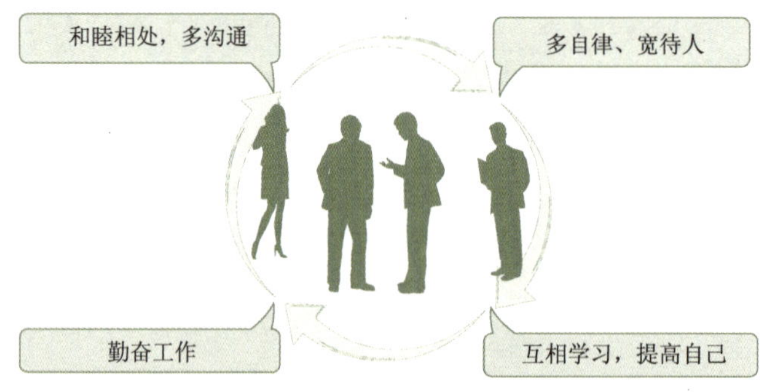

图5.3 富力家庭式管理文化的四点要求

（2）“大家庭”文化的重要补充：没有任何借口

随着企业的发展壮大，对企业文化的要求也进一步提高。2002年，富力地产提出了一个新的口号：“没有任何借口”。虽然是新口号，却也是富力坚持多年的传统。

很多员工往往受不了张力在视察工地时的“严厉”：富力半岛花园人行道石缝中间夹了些泥，马上让人来洗；北京富力城门槛质量不对，立刻要求更换；北京富力城大量的工地用水无法积蓄，要求工程部门在24小时内必须给出解决方案。

因此，在公司快节奏的工作中，为了实现外界看似不可能完成的任务，就不能容忍任何寻找客观原因的推诿。于是，富力人都知道，“老板不会听你讲办这事的过程经历了多少难关，他只关心你是否按要求达到了预期目的。”这就是“没有任何借口”的要求！

3.高层身体力行

富力的企业文化并非刻意塑造出来的，而是以老板为模板，在工作中渐渐形成的。在企业中，员工都习惯称张力为“张生”。在广东话里，这是“张先生”的简称，透着亲切。富力到北京来发展，北京的员工也跟着这么叫，广东过来的员工说：“大家都已经习惯了，张生也喜欢我们这么叫他。”

富力的员工认为：张力虽然势大，但并不霸气，很能接受他人的意见。员工如果没有把事情做好，他会很不留情面，但如果确实不是你的错误，他会表示理解。大家的经验是，如果有问题，要先自己想办法，当自己的力量实在无法完成的时候，就应该向张生求助，他会尽可能地给予帮助。

管理反思

亲力亲为沦为企业惯性病之后

是病当然会有危害。

我们不妨试想：当一个项目小组的组长、一个部门的负责人或者是一个更高层的管理者把持住大小事务忙得一塌糊涂的时候，下属们不但得不到锻炼、而且还缺乏放手去干和成长的机会。即使有了这种机会，也会由于管理者的“贴身”支持，而可能产生压力感和得不到信任的感觉，这又会继续影响团队成员的主观能动性与创造力，并使团队合力作战的精神与默契难以得到培育。而管理者们自身呢？也会很快地陷入孤立无援、顾此失彼、轻重不分、全局观缺失的管理障碍中。

管理反思

图5.4　老板亲力亲为可能存在的四个问题

亲力亲为的管理者不但会影响到企业的管理秩序和管理平台的升级，影响到经营的绩效，还会因为将自己沦陷于完全可以交由职员去办的琐碎事务中，而可能丧失许多使企业发生量变、质变的机会。不论是何种层级的管理者，一旦患上了亲力亲为病，就可能忘掉“让专业的人去做专业的事”的基本管理原则，而使自己及企业陡增更多犯错的可能（如果用对人去做事，这些错本可以避免）。与此同时，在对一些属于自己正常事务范畴之“大事”的处理上、在对市场机会的把握上，进一步错失机会、延误战机。说直白点，就是越想通过亲力亲为做好一点，就越做不好事情，越想眉毛胡子一把抓，就越难提升团队及企业的经营、管理绩效。

三　企业文化之人才使用：给能人一个空间

富力地产之所以能够在中国房地产市场高速稳健发展，得益于一支能为企业创造显著效益、团结奋进、具有综合竞争力且与时俱进的精英团队。

1.人才是富力地产不断向上的动力

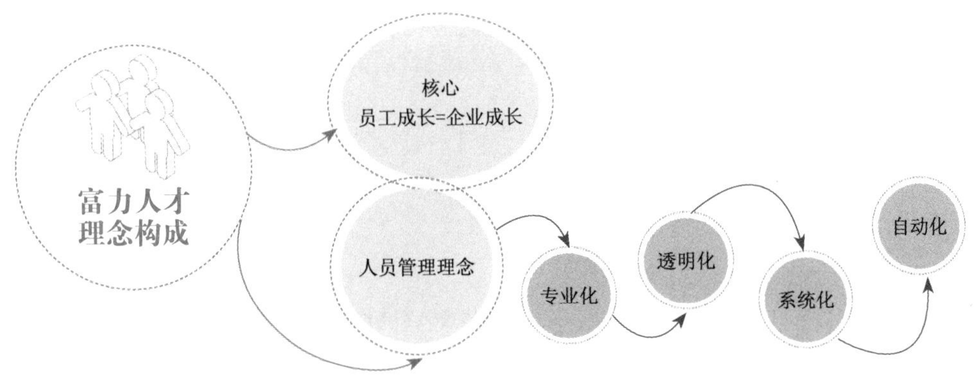

图5.5　富力人才理念的构成

富力的人才理念是：员工成长=企业成长，人才是富力地产不断向上的动力。独有的人才培养模式，使得每一个服务于富力的管理人员都具有很高的综合素质：熟知财务管理、工程监控、销售营运、流程规范，从而能更好地适应不同地区的房地产市场，也为富力在国内赢取更大的市场份额作好人才储备。富力的人员管理理念是：专业化、透明化、系统化、自动化。

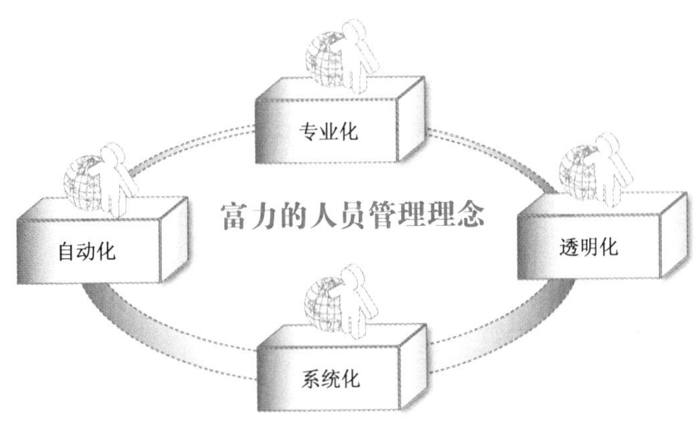

图5.6　富力的人员管理理念

在富力，人力资源被看做是企业的第一资源。在对管理层人才的选用上，富力坚持以内部提拔为主。一方面，企业自己培养的人才更了解企业的运作模式，能够最大限度地保证效率，另一方面，只有给员工更多的机会，企业才会更有凝聚力和向心力。

2.富力的用人之道

图5.7 富力用人的五个特点

（1）人才选用注重文化水平

富力选人一般选择品牌大学的本科毕业生，另外能不能干具体的实际工作还要经过一系列的考验。所以，富力近几年大量用年轻人，很多重要部门甚至区域负责人不到30岁，却已经工作六七年了，而且公司的一些外来“空降兵”管理人员也能很快上手。总裁张力说：“我本人读书不多，而且是自学成才，所以很注重文化水平。”

富力的员工证实了张力的说法：管理层的员工不但都经过他的亲自面试，而且他对每个人都有印象，都能叫出名字来。

■■ 管理反思

爱护员工，才能得到尊敬

作为老板，应站在员工的角度上思考问题。不能强压于人，不能把错误的选择全部推给员工，为自己错误的抉择寻找“替罪羊”。

作为一个老板，要关心爱护自己的员工，视他们为兄弟姐妹，记住每个员工的名字和其特点，定期找他们谈心，关心他们的生活和家庭。这样的老板才能被自己的员工所爱戴。作为员工，要主动向老板汇报自己的工作，遇到困难，主动去寻找老板给予适当的帮助。这样的员工，也会得到老板的重视与喜爱。

（2）管理层选人以内部提拔为主

富力一直把吸引人才，培育人才，最大限度地发挥人才的作用，作为企业的一项战略任务。定期对员工进行技术和管理培训，不断地提高员工的专业技能和团队协作能力；为鼓励先进，集团每年举行优秀员工评选，在年终总结大会上举行隆重的颁奖仪式；对管理层人才的选用，公司一直坚持以内部提拔为主，将更多的机会留给公司的优秀人才。

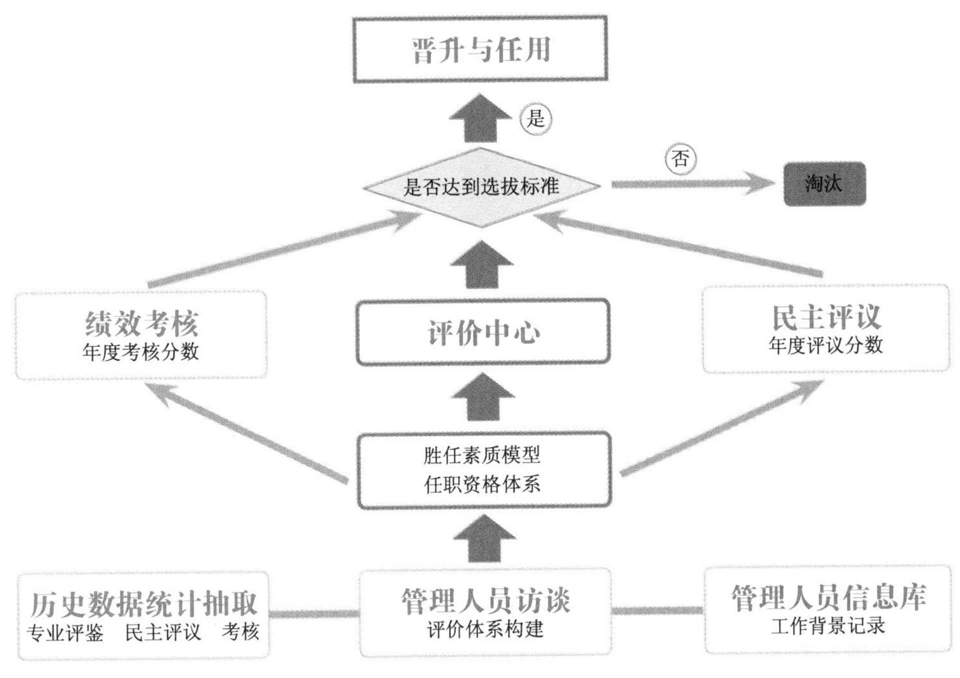

图5.8 内部提拔人才流程

（3）给能人一个空间

“给能人一个空间”，意味着将能人放在最适合发挥其才干的位置上去，这是富力又一个鲜明的企业文化特点；是富力长期坚持的人事管理准则，并且在公司的发展中不断得到强化。

“给能人一个空间”，就是要让能人留下来。公司里很多奋斗了十多年的老员工，如今都已成为公司的骨干，在各个岗位上发挥着关键作用。同时也有很多新员工，凭借着专业技能和开阔的视野逐步成为公司发展的中流砥柱。正是这种企业文化和富力的高速成长，为能人们提供了广阔的空间和舞台，也吸引了更多能人加入到富力这个大家庭。

（4）公平、公正、合理的激励和考核制度

公司根据自身的实际情况，采取了一套科学合理的绩效考核和薪酬制度，保证了员工工作与收入的公平、公正、合理。

正因如此，富力人才的流失率一直是整个地产行业里最低的。

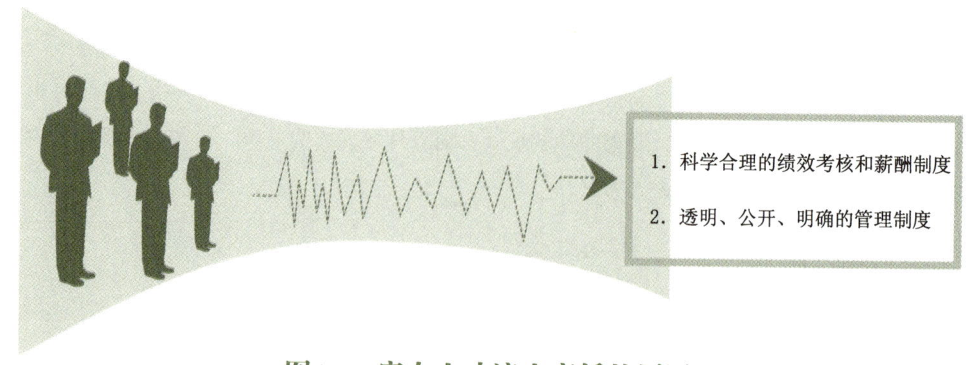

图5.9　富力人才流失率低的原因

（5）建设具有协作精神的精英团队

富力非常注重团队协助精神，开发、设计、工程、销售、财务、后勤等部门都是创造成功的一分子。其中甲级资质的设计团队及技术力量雄厚的工程人员，使公司产品品质及成本控制达到了最佳水平，训练有素的职业销售队伍更确保了专业快捷的操盘速度。同时富力还致力打造团结、务实、向上的企业文化，通过各种培训和内部活动，充分调动起每一个员工的积极性和创造性。

图5.10　富力精英团队的四个特征

总裁张力说："有一次一个新加坡最大的商人问我，办企业最感到满意的是什么。我说最满足的是我建了一个很好的团队，这个团队是最能赚钱的团队，就像'留得青山在，不怕没柴烧'，我这个团队就是青山。"

张力说，如果他离开了，他的这个团队也一样能把富力做下去，因为富力已经有了健全的制度和企业文化。

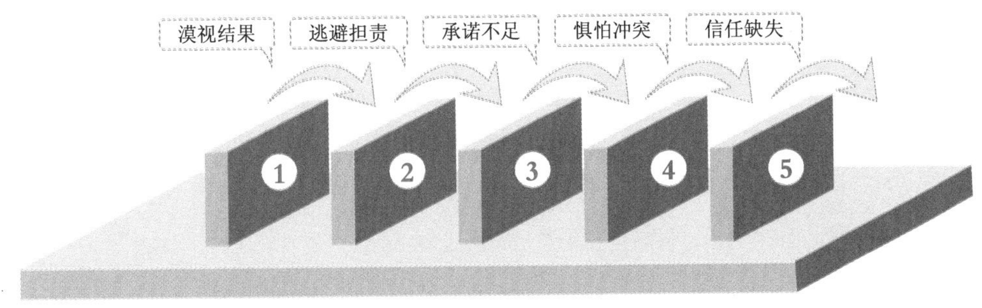

图5.11 企业内部团队协作的五重障碍

3.人才机制关键是做到“能人所不能”

富力企业文化尤其强调的是创新，创新是企业的生命之源，创新是企业发展的第一动力，创新与否，决定了谁是引领者，谁是追随者，只有富有创造力的企业才能进一步发展壮大。

（1）进攻利器——能人所不能

如果说“家文化”是富力企业文化的盾，那么，“能人所不能”就是一个最好的进攻利器。

“能人所不能”与其说是对富力企业文化的描述，不如说是富力地产核心价值观的沉淀。它来自于两位老板处处严格要求自己的工作态度，更被无数富力人在十多年的企业发展中所践行，所验证。富力地产的员工福利好、待遇高，但优厚的薪酬是建立在积极的工作态度和高效的工作业绩基础上的。

（2）文化新高度——富而思进，力创新高

随着富力地产一路高歌猛进，企业文化也与时俱进、不断发展。在现阶段，富力的企业文化又有了全新的诠释——“富而思进，力创新高”。

如果说“家训”的出台是富力企业文化意识的觉醒，那么，“富而思进”是企业客观环境转化后的思考，“创新”则意味着富力地产事实上已经意识到了发展中企业文化存在的问题，开始探索理性地构筑自身系统的企业文化体系。从企业文化的发展角度来看，“富而思进，力创新高”是对富力精神最高度的概括。

人才是企业最大的财富

“留住人才”对企业来说至关重要。企业竞争的因素很多，但究其根本，可从两个指标来加以评鉴：一是人才的量，二是拥有人才之后的整合力量。成功的企业为什么成功，失败的企业为什么失败，差别之处就在于以上两要件是否拥有优势。所谓企业成也在人，败也在人。

现在，普遍存在的“用工难”问题一直困扰着很多的企业：现有的员工频繁跳槽；企业到处招人，却招不到合适的人；招到了却无法把他留住；留住了却留不久……这种情况在珠江三角洲地区尤其显得突出。“用工难”主要存在以下原因：工资太低、农业收入提高、经济中心扩散、农民工供不应求等。据估计，珠三角缺工至少500万，仅东莞一地就缺200万。企业应该怎样建立良性的人才辈出激励机制？优秀人才在追求什么？他们渴望得到什么？只要找到这些答案，并且回答以上这些问题，企业的困惑才能全部解决！

图5.12　用人效能提升的两大策略

企业如何提高用人效能，提高人力资源管理水平？正确使用人才的方式、方法以及留住人才的途径及方法，一直困扰着理论界和实践界。现在的企业在人力资源管理方面存在很大的误区，他们认为人是一种成本，而成本是需要控制的，因而进一步阻碍了企业的发展和壮大。培训过的员工是资产，没有培训的员工是负债。培训的收益率是3000%，没有培训的员工是企业最大的成本。现在的企业需要最大限度地激发员工的积极性和创造性，建设一支稳定、团结、向上的高度职业化的员工队伍，为企业的快速、健康发展提供人才支持与智力保证。此外，只有建立完善的用人管理机制，才能最大限度地挖掘人才，提高用人效能，最大限度地激发员工的工作积极性与主动性，实现员工价值最大化。因为企业的“企”由“人”和“止”组成，失去了人，企业也就停止了，所以，企业应该倡导“人是企业的第一资本”，而合适的人才才是企业的资本。企业应该让每个人都要成为公司的有效资本，不是成为公司的无效成本。

TWO 第二节

品牌与慈善事业：注重无形价值

本节观点

富力品牌具有很明确的标志系统，品牌传播也很明确。

此外，富力通过大量的慈善活动，为其品牌获得了越来越多的无形价值，树立了良好的形象。

通过积极做慈善事业，从而获得企业品牌价值的提升，是国际通行的方式。富力地产在提升自身品牌价值的过程中，积极参与各种慈善活动，树立了良好的企业形象。

一 品牌标志解读

1.富力品牌的基本要素

在企业标志标准应用规范中，以基本要素设计最为重要，这是规范及整体设计的精神所在，并以此标准系统作后续应用要素之延伸，有关富力地产的对外信息的传达、沟通与形象的认知、识别均以基本设计要素为主要核心。视觉核心（即基础系统）包括标志、标准字、标志的彩色和单色形式、组合标准规范、辅助图形与文字的组合规范、标志的用色准则、印刷标准字等。

图5.13　富力地产的品牌标志

2.富力品牌的标志释义

蜂巢，自然界中最不可思议的创造性建筑，异常坚固且空间利用率极高；碳分子，有机世界最不可思议的组合，更是世界上最为坚固的结构，取其二者共通之处“六边形”作为广州富力地产股份有限公司的标志主体，既体现了富力地产的专业特色，也寓意着富力在房地产界稳固的龙头地位以及无坚不摧的发展姿势，而富力人也正以蜜蜂般的勤劳和智慧，为建设人类美好家园不断奋进。同时，富力地产“以人为本”的建筑理念、打造“天人合一”的和谐氛围以及唯才是用的用人之道，均巧妙地被融合于标志中的三条“人”字形线条当中，并呈节节向上的箭头形，象征着富力人不断向高度挑战的勇气和实力；标志底部的“V”字形线条则象征着富力地产扎根于房地产的沃土，在获得社会与市场双赢的同时，实力不断壮大。蓝色象征着博大精深，如同虚纳百川的大海，而纯洁真诚的白色如同潮尖的浪花，活泼跃动，体现出富力地产诚信稳重的企业精神。

来自RICH & FORCE开头字母所写的“R&F”，是对富力“富而思进，力创新高”企业理念的最好诠释，体现了一个冉冉上升企业的雄浑气魄。内涵丰富的富力地产标志无不透析着简洁与和谐，抒发着富力人的信念与理想，表达了富力人对社会的承诺与承担，同时也给富力人一片自由想象、发挥与创造的沃土。

图5.14　富力品牌传播的三个要素

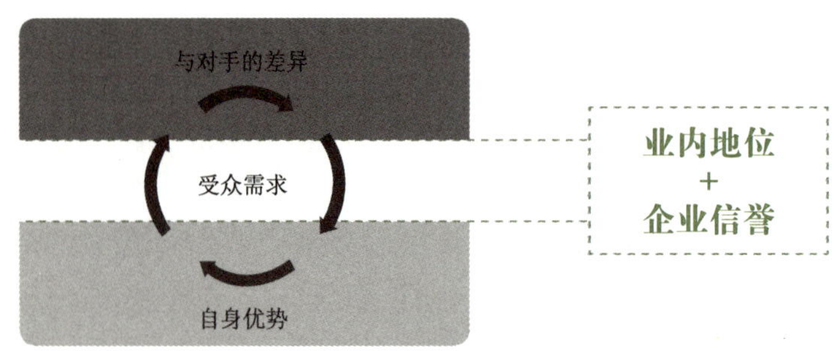

图5.15　富力品牌沟通的三个方向

超级链接

富力地产品牌价值荣登三甲

2009年9月20日，由国务院发展研究中心企业研究所、清华大学房地产研究所和中国指数研究院三家研究机构共同举办的“2008中国房地产品牌价值研究成果发布会”上，富力地产跻身“2008中国房地产公司品牌价值TOP 10”榜单前三甲，以35.31亿元的品牌价值位居混合制房地产企业TOP 10第三名，比2008年排名上升一位。

二 品牌拓展：为慈善添砖加瓦

多年来，富力地产都在慈善事业上努力着，取得了不俗的成绩。

2005年11月，李思廉被民政部和中华慈善总会授予“中华慈善奖”。

“人越富有，他所承担的社会责任也越大。人，不要忘了做人的根本，要回报别人，回报社会，这其实也是在回报自己。”李思廉这样理解慈善的价值。

也正是出于这样的理解，李思廉在获得中华慈善奖之后，还专门发表了题为“捐赠是一种习惯”的获奖感言。“当慈善真正成为人的一种内在习惯后，你会感觉到，慈善已经不再是一句冠冕堂皇的空话。”李思廉说。

实际上，他也一直在用行动证实自己和企业对社会的“诺言”。十多年来，富力地产集团的各类慈善捐赠遍及文教、卫生、治安、敬老、扶贫、赈灾等多个领域，累计逾1亿元。

与很多企业一样，富力也非常关心社会教育。2003年，富力地产集团又率先在“希望工程民营企业助学基金”下增设“富力地产希望工程助学基金”，捐出1500万元帮助失学学生完成学业，造福社会。2004年6月5日，广州慈善会十周年庆典现场，富力地产集团又有惊人之举，现场捐出100万元后，又追加1000万元捐赠给广州市儿童福利院。

2008年5月，在四川汶川地震灾难中，富力地产先期捐款300万元后，又追加捐款1000万元。此外，富力成都分公司还组织了20多位志愿者员工奔赴灾区第一线参与救援。

管理反思

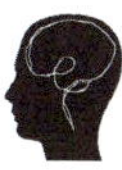

做慈善是企业延伸品牌力量的需要

很多人以为做公益就是付出，其实这是一种超越付出的回报。

根据美国一项对469家不同行业的公司调查表明：资产、销售、投资回报率均与社会公益成绩有着不同程度的正比关系。也就是说，当企业尽力于公益事业，大量的潜在消费者会改变对该企业的看法，萌发一定的好感，并对该企业的品牌形象有一个很好的促进作用。

国外的消费者对企业的公益效应非常重视，同一种产品类别，如果某一家企业的公益活动做得好，消费者会主动选择这家企业，价格上稍微高一点，也不会影响正常的销售。

事实上，一些国际品牌已经深深领悟到了公益行为的巨大价值。

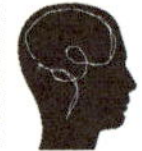

管理反思

雅芳公司针对其顾客主要为女性的特点，在世界各地组织了很多支持女性在经济、文化和体育等方面发展的公益活动，1992年成立的“雅芳全球妇女健康基金会”，迄今已筹集7500多万美元。其下属的“雅芳乳腺癌认识会”，为乳腺癌的早期发现和教育提供了5500万美元的资金支持。

一系列公益活动，为雅芳公司在全球女性中树立了较好的口碑。

公益行为虽然不能直接给企业带来产品销量，但从长远来看，它会改变人们对企业的看法，间接地促进品牌的声誉、形象以及销量的提高。公益营销可以在不经意间以春风化雨的形式在公众心目中树立企业的良好形象，而良好的企业形象同时可以拉动产品的销售，可谓一箭双雕。

这也正是公益营销的魅力所在。

做慈善是加快国际化的需要

在许多人的印象中，与公益事业相连的往往是跨国公司，如诺和诺德公司在中国持续了数年的糖尿病教育工作，可口可乐公司十年如一日支持中国农村教育的希望工程等，而鲜见国内企业的身影。相比之下，国内企业对慈善事业的关注程度远不如外资企业那样热情高涨。事实上，许多跨国公司，在自己的企业文化中打上慈善烙印，增加品牌厚度。中国企业则选择短期公益活动为营销载体，慈善行为表现出一种突发性和短期性。这也决定了其品牌群众烙印的脆弱性。公益行为不等于一个活动、一次捐赠，而应成为企业的一种长期战略。这是由国外广大消费者的消费习惯所决定的，他们更愿意接受具备“社会责任”的企业生产的产品。中国企业想要“走出去”，加快国际化步伐，就必须参与公益活动，通过相关慈善公益活动为企业铸造坚实的品牌壁垒。

THREE
第三节

企业文化灵魂人物：张力和李思廉

本节观点

企业创始人的精神对整个企业影响巨大，富力地产也不例外。在十余年的发展过程中，富力形成了自己独特的企业文化。

企业发展过程中，除了实实在在的物质建设，往往需要精神层面的企业文化主线来为企业发展方向掌舵。

张力和李思廉是富力地产的灵魂人物，他们的言行和经历是富力企业文化的反映。

张力先生和李思廉先生两人之间从未曾签订任何形式的合约，但长期的默契配合使他们形成了一种新型的制衡关系，他们始终以合作的风格经营富力，并以这种精神影响着后来的富力人。富力的企业文化就主要体现在企业的责任心和道德感之上，而核心在于企业的诚信。

一　张力：爽直而心细

张力，男，1953年出生在广东广州。于1988年进入建筑业，1993年开始进行房地产开发，并于1994年与李思廉共同创办了富力地产，任副董事长兼总裁。2005年起任联席董事长，主要负责购地、开发、工程、成本控制和集团架构管理等方面。公务员出身的张力，以其个人财富108亿而位居“2006胡润百富榜”的第9位；“2008胡润百富榜”第28位。

图5.16　富力地产集团联席董事长兼总裁张力

1.经营战略理念：集权管理，当家的说了算数

富力是房地产业仅有的双老板制。有人将李思廉和张力的默契合作戏称为“李张‘二人转’”。李思廉曾说过，“两人从未红过脸”，这样的搭档中国企业界再难找到。

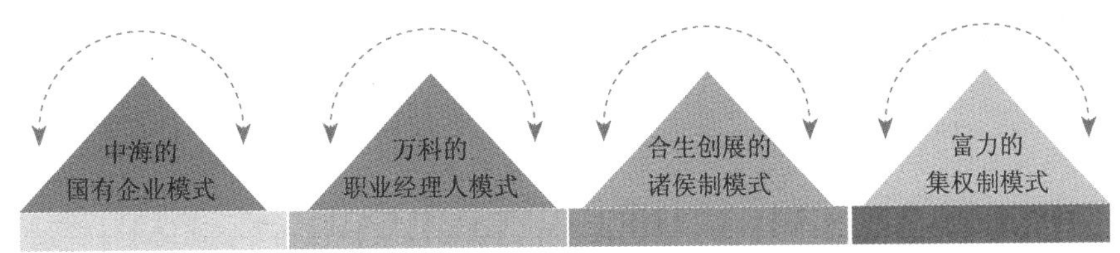

图5.17　张力眼里的房地产企业的四种管理模式

张力干得很辛苦。大到公司的架构、部门的设计以及对公司来讲至关重要的选地拿地，小到人员的调配、新员工的面试，如今已经年过半百的张力凡事都是亲力亲为。每天工作十几个小时的他，连以前常打的网球都很少打了。

谈起中国地产企业的管理模式，诸如中海的国有企业模式以及万科的职业经理人模式，张力坦言自己更加看好的还是合生创展及富力的管理模式。

图5.18　富力集权管理模式的三个重要作用

张力认为，富力的管理机制更贴近市场经济，基本上完全没有计划的那些东西，是很独立的管理模式。有趣的是，合生创展和富力的管理模式恰恰相反。张力将合生的模式归纳为“诸侯式”，即一个地区派一个“诸侯”管理，在一定的监管制度下，给予这个诸侯很大的权力。比合生授权更甚的是顺驰。张力认为，这种管理模式相对比较松散，但它的好处就是很容易扩张。与此相反，“富力模式”则是集权制，就是“基本上都是老板大权独揽”，张力分析说，这种方式对于公司的管理就比较细腻一些，成本控制以及资金链的运作都相对好一点。具体来说，富力的风险会比较少一点，利润要比那种“诸侯式”多20%～30%。但同时，也造成了富力扩张没那么快。

（1）肥水不流外人田

张力更让人称奇的是，其对富力的成本控制极其成功，从上游到下游，他不只做地产，建筑、设计甚至到相关的花木移植，都一手包办，不少的地产企业都从他这里学习经验。1993年，李思廉与搭档张力创建富力时，公司结构松散，业务也杂，科技、实业都做，还经营过餐馆。富力集团是上下游产业链“通吃”的，包括有自己的建筑公司、设计院、监理公司、物业管理公司乃至门窗厂，肥水不流外人田。

（2）力不到不为财

张力说，在公司他是“白加黑，五加二”，很辛苦。广东人说“力不到不为财”，就是你不去用功的话，钱就不会到手，这是很明显的道理。所以，张力觉得任何一个成功的老板首先应该勤奋。包括香港现在第二代的富家子弟，像长江、新鸿基这几家的子弟都很勤奋，还有几家的子弟很懒，他们就走下坡路了。张力对他的公司运营极其集权，事必躬亲，2000元的支出都要他签字。对待事业，他说，我的成功是必然的。对待财富，他说，力不到不为财。

2.张力重要言论摘要

（1）张力：居者有其屋是地产企业的社会责任

2010年1月，由北京大学光华管理学院主办的“领先·十年”新年经济论坛在北大举行。300多名专家、学者、企业界领袖和媒体代表参加了论坛。

图5.19　张力在演讲

张力在发言中明确表明了自己的态度：“居者有其屋是地产企业的社会责任，从这个层面上讲，我反对股东利益最大化。我觉得一个企业的发展要追求稳固发展，它的利润应该是掌握合理的利润，今天追逐太高的利润，这个企业肯定搞不好，今天你骗了民众，这个企业是没有生命力的。真正负责任的企业、有实力的企业、好的企业追求的不是最大的、而是合理的利润。作为一家民营地产企业，富力这几年积极参加了保障性住房、廉租房的建设。”最后他特别强调，现阶段“保证居者有其屋”不是保证让每一个老百姓都买得起房子，而是做到老百姓都有房子居住。

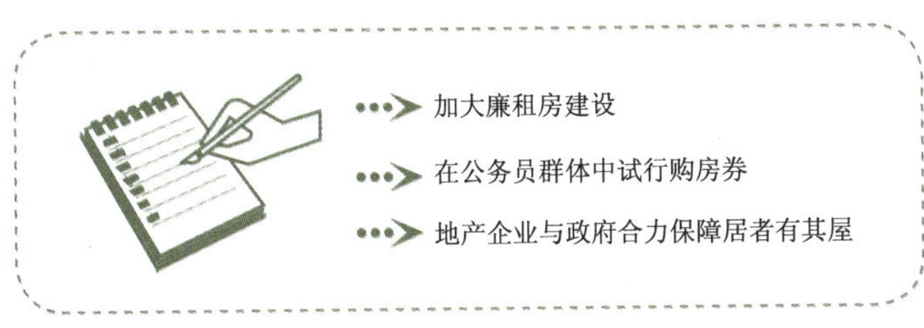

图5.20　张力给政府的建议

（2）可在公务员群体试行购房券

在我国最初的房改设计方案中，保障性住房被“钦定为主角”。按照当时执行文件中的规定，我国住房是“以经济适用房为主的多层次住房供应体系”。房改政策执行十多年后，住房改善需求与高房价之间的矛盾，使住房保障再次成为社会普遍关注的话题。2009年3月8日下午，全国政协委员、富力地产联席董事长张力在接受记者采访时建议政府对部分低收入家庭发放购房券，以货币补偿的方式让中低收入家庭购买商品房。

（3）建议政府加大廉租房建设

张力在2009年3月的全国政协会议期间接受记者采访时表示：居者有其屋并不都要求有产权。廉租房既解决了低收入人群住房问题，又避免了经济适用房的诸多诟病，从社会保障的意义上讲，廉租房应作为保障性住房的主要形式。建议政府对廉租房加大建设。

张力指出，廉租房的管理主要是租户管理。通过合理的机制建立租户的进出制度就可以实现良性运作。首先，应完善适租者信息统计，严格审查申请人条件，防止“富人搭穷人的班车”，再根据需要合理安排廉租房建设；其次，应动态跟踪租户信息，建立退租机制，当租户经济状况改善，不符合保障对象要求时，一定要及时搬出。政府主管部门既要“管进”，还要“管出”，才能确保廉租房的合理使用，将有限的房源留给最需要的人。

二　李思廉：儒雅温厚

李思廉，1957年出生，中国香港人，毕业于香港中文大学数学系。现任富力地产集团董事长，广州

图5.21　富力地产集团董事长李思廉

富力地产股份有限公司董事长。李思廉大学出来的第一份工作是证券金融从业员，后来慢慢做起贸易，最后转向房地产。李思廉于1993年与他的搭档——富力地产集团副董事长、总裁张力以2000万元资金携手进军广州房地产业，拆迁广州嘉邦化工厂建设富力新居，成功掘得“第一桶金”。之后，富力“拆旧厂，建新房”，走上一条独特的快速成长之路。2002年3月，建设北京富力城，取得辉煌成就。并在之后的一系列项目中获得丰硕果实。

李思廉仅用了短短十余年时间，以合理的价格、完善的配套、快节奏的产销模式快速占领市场，将富力地产建成为一个全国综合实力最强的地产业之一。他领导下的富力地产，以成本管理、稳健经营、资本经营著称。在公司发展同时，李思廉还热心公益事业，他先后在文教、卫生、治安、敬老、扶贫等多个领域，总共捐款超过5000万元人民币。

1.经营哲学：将“步步为营”实践为“步步为赢”

从创办富力地产到成功上市，李思廉几乎走赢了每一步。十几年来，正是李思廉本着步步为“赢”的战略，富力才有了发展、壮大的今天。如今，回想这其中的每一步，李思廉仍然感慨良多。

关于李思廉的创业史，现在流行最广的版本是：李思廉从大学毕业后，做过各种小生意，经常往返于内地和香港之间。直到结识他的搭档张力后，李思廉的人生，才开始了根本转折。

（1）不走出广州，就会困死

“在2001年，我们感觉到整个广州市对房地产的宏观调控控制比较严，土地投放量很少。同时我也预感到未来几年，广州市市政府只会收紧土地投放量。”李思廉说。在这种宏观形势下，李思廉认为，公司要发展，必须要向外，不向外的话可能要困死在广州。

“在我决定走出广州的时候，我还在犹豫，下一步究竟是迈进上海还是北京。在这个时候，北京赢得了奥运会，使我坚定了进入北京的决心。”李思廉回忆说。

（2）成功复制到广州以外的城市

李思廉在广州的经验被成功复制到了北京。北京富力城拿地以后仅仅9个多月的时间，即以惊人的速度热销京城。仅在2004年，北京富力城就已经取得超出30亿元的销售业绩。随即，李思廉趁势而进，相继在北京成功开发了富力爱丁堡、富力信然庭、富力又一城，屡战屡胜。

2004年，富力正式进入毗邻北京的天津市场，并取得了天津市西北部南开区中心地块，命名为天津富力城。2005年10月，天津富力城开盘，开辟了李思廉北伐的又一战场。

（3）策略明确：步步为营

“富力策略明确，北京、广州两大根据地做大做强后再去其他城市，总体扩张的城市应该有六七个。作为上市公司，一定要稳扎稳打，步步为营。”李思廉说。

作为香港名牌学府数学系的高才生，李思廉对数字极为敏感，因为在他看来，稳扎稳打，步步为营，就是要坚持以利润为核心，而利润最直接的体现就在数字上。只有从数字上算赢了，才能从步步为营转化为步步为“赢”。

2.李思廉重要言论摘要

（1）地王问题见仁见智

2009年8月，富力地产董事长李思廉在接受媒体专访时，首度回应了佛山退地一事。李思廉指出，金融危机之后，如果把公司的大部分资源投资在商业地产会比较吃力，所以才决定退还佛山地块。

谈到国有企业高价拿地问题，李思廉认为，这一问题见仁见智，要等两三年之后才知道是否正确。

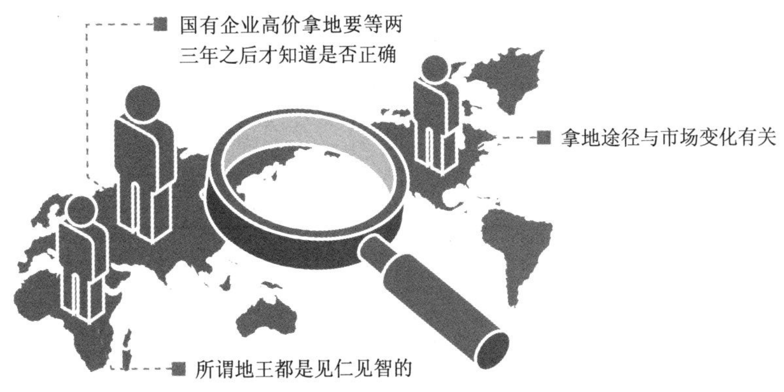

图5.22　李思廉对地王问题的逻辑

李思廉指出，取得土地的途径与市场变化有关，比如2008年市场好像碰到世界末日，就没有了协商这个途径了。而2009年的房价上升，发展商又开始活跃买地。其实，所有企业都不愿意高价买地，富力的看法比较简单，不会去预测两年后的市场好或不好，是用目前市场的价格去考虑地价是否合理。

（2）负债未必是坏事

曾经，对于外界对富力地产高负债的担扰，李思廉说：“其实可以乐观一点看这件事，现在所有银行要贷款给房地产企业都要‘四证’，审批严格。如果能够从银行拿到钱出来，企业就会增加所谓的‘负债率’，不过这也代表一个企业有大量的施工面积，换个角度可以理解为这个公司有着充足的开发能力和施工能力。”

- 高负债率也代表了充足的开发能力和施工能力
- 看见的高负债率只是会计报表上的，实际有所不同
- 算账的时候土地只能按成本价算，会拉高负债率
- 富力的很多资产因会计准则的原因没有体现真正价值

图5.23 李思廉的“高负债率未必是件坏事”的逻辑

李思廉认为，富力高负债率是一种财务会计上的呈现，但在考察一个企业的时候，不能单纯用数字来衡量。他说富力的钱都放在了正规的财产土地里，按照政府法规，企业是不能压住土地不动的，“所以从另一个角度来看，（恰当的负债率）代表你这个企业更有动力，更有增长性。”

（3）让慈善成为习惯

李思廉说：“我没有办法去阻止别人怎么想，我只求按着自己的信念去做事，这就足够了。在富力，不仅仅是我，每当捐赠时，每一个员工都会以个人的身份积极参加。公益捐赠、奉献爱心、回报社会对于我来说已经是一种应尽的义务，是一种习惯，现在这不仅是我个人的信念，也是富力企业文化和企业精神的重要组成部分。”

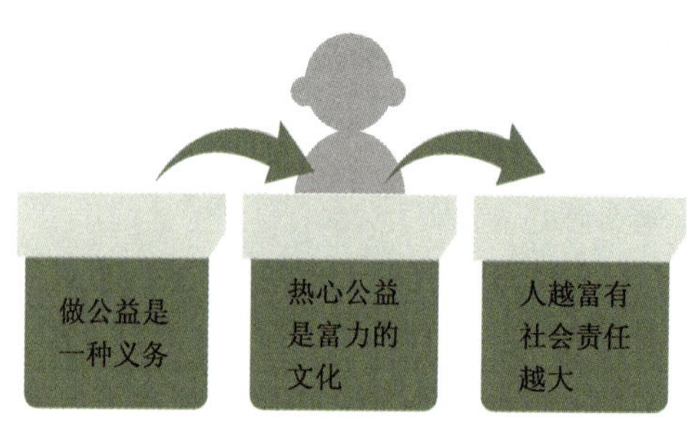

图5.24 李思廉的“让慈善成为习惯”的逻辑

“人越富有，他所承担的社会责任也越大，现在，我经常用这句话提醒自己，告诫自己，不要忘了做人的根本，要回报别人，回报社会，最后，这其实也是在回报自己。”李思廉说。

也正是出于这样的理解，李思廉在人民大会堂获得了中华慈善奖之后，还专门发表了题为“捐赠是一种习惯”的获奖感言。“当慈善真正成为人的一种内在习惯后，你会感觉到，慈善已经不再是一句冠冕堂皇的空话。”李思廉说。

领导者对企业文化与品牌形成重大影响

领导者的行为模式会对企业的文化产生直接的影响。

有这样一个总经理，他曾经这样要求，经理以上主管每月只开一次例会，会上只允许讲本月完成的重大事项及下个月计划完成的重大事项。将近十几位高级主管，要在一个半小时内把会开完，每个人的时间最多五分钟。会议上只能讲这些东西，部门间协调的事情一律自行沟通解决。这样一个简单的举措，却有意想不到的良好效果，对形成沟通文化产生了很大的促进作用。

成功经理人召开的会议特点

◎每月只开一次例会，一个半小时完成

◎例会中只讨论重大事项

◎每个人的发言时间最多五分钟

图5.25　成功经理人召开的会议特点

为什么会有好的效果呢？还得从人追求利益的本能分析。如果开这个大会的时候，允许讨论需要部门间协调的事务，肯定会有部门间不同的利益而出现矛盾冲突，总经理及其他主管都在旁边，这时候的协调与沟通就演变成有裁判的比赛，因为显出弱态的一方会被大家看轻或在总经理心里产生不好的影响。因此，沟通的双方必然会想尽一切办法要表现出自己是正确的，并且会拿出能攻击对方弱点的论据来；被攻击的一方就会拼命反击，造成敌意上升，失去主动的一方会怀恨在心，伺机进行报复。人的内心一旦隔膜形成，就很难消除，矛盾会愈演愈烈。

而双边协调的形式却避免了上述的情况，其他人都不在场，不会形成评判压力，没有功利思想作怪，这个时候的讨论会变得很理性，双方就很容易达成妥协。即使争论得很激烈，也不会伤感情，因为这个争论不会对他们的形象和利益产生损害。

这位总经理的做法，对部门间的沟通协调起到了很大的促进作用，各部门主管的沟通非常顺畅，工作关系也很和谐，团队的工作绩效非常优秀。总经理每天做得很轻松，各部门都不会拿烦心的事去找他，早早就可以下班，还可以轻松去度假，因为他们已经协调沟通好了，已经解决好了。

另有一位总经理，很喜欢开会，并且开会时没有什么主题，而是让各部门的主管随便说，如果谁没有说什么，会被视做不动脑观察事物，不关心公司发展。于是，每次开会都是开得没完没了，时间拖得很长，效率很低。各个主管没什么可说的，就只说自己部门做得好的方面，说别的部门存在的问题，然后被说的部门就开始进行解释、反击，总经理进行评论，然后再有人进行解释，如此纠缠不休。最后形成的文化是，大家平时相互之间不进行沟通，有意见也不提，看见问题就记着，只等着开会的时候作为武器去攻击他人。工作气氛变得很沉重，大家都不喜欢沟通，就喜欢打小报告。部门主管之间互相提防着，工作中遇到的问题不及时去解决，等开会的时候让总经理出面来协调。这样做的结果是，总经理做着也很不舒服，加班加点，做不完事情，员工还总是抱怨。后来这个总经理自己也做不下去了，被董事会扫地出门。

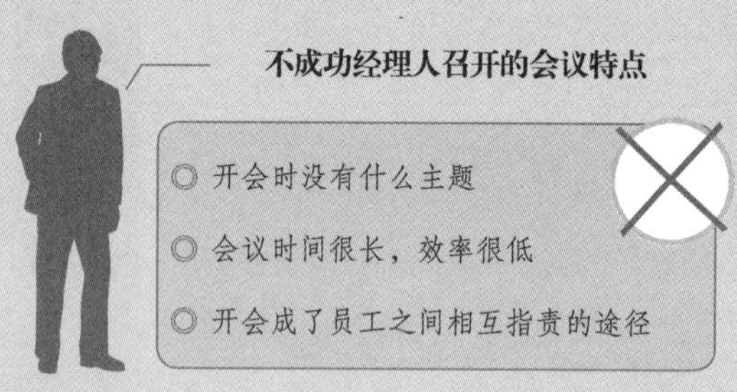

图5.26　不成功经理人召开的会议特点

作为一个领导者，自己的好恶会成为员工行动的指南，领导者的价值选择是员工行为的风向标。员工是打工者，他到公司里面做事首先是为了自己的利益，他们会评估自己的行为是否有利于保障利益和争取更大的利益，会随时调整自己的行为模式来迎合上司的好恶。有的企业领导喜欢听小报告，于是公司里面就会形成打小报告的习惯；领导不喜欢听难听的实话，于是大家都开始学会说好听的假话；上司做事拖拉，下属们效率也不会高；上司做事不诚信，也别指望下属们很诚实；领导不把客户当回事，下属们也不可能把客户当回事；领导使用有重大价值观问题的员工，就等于向其他员工表明自己对这种价值选择的默许，就会鼓励别的员工采取同样的选择。

还有一种情况，领导者自己的职业发展经历，会影响自己价值判断和行为模式，从而影响到企业的文化。营销出身的企业总经理很自然地会把营销部门摆在最重要的位置上，财务出身的总经理会特别重视财务，他们都会不自觉地在各种资源上对自己认可的这些部门进行倾斜。因为人们都倾向于认为自己做的事情才是最重要的事情，所以对自己没有做过的事情有一种不自觉的轻视行为。而领导者以前的行为模式也同样影响企业的文化，营销出身的总经理，思维跳跃，做事容易变化，就会使企业内部经常处于变化之中，这些变化如果使用在市场上会很好，但是如果运用于公司整体的管理上，就会形成一种变动和混乱的文化，造成很多的资源浪费，会造成一定程度的工作混乱，因为公司日常管理适合保持一定的稳定性和条理性。而财务出身的总经理，工作作风上会相对强调规则和纪律，条理清楚，稳定务实。但是针对外部的变化和变通方面，会显示出一定的排斥。这会使公司的文化显示出稳定有余，变通不足的特点。

领导者的性格也会影响企业的文化。雷厉风行的外向型领导者，他在择人的时候也会比较喜欢和他相似性格的人，这样的人和他的节奏比较一致。而他的这种性格特点，会影响他下面的团队，团队的成员也会改变自己的性格特点，向老板的特点靠拢，这会形成快节奏的文化。而比较内向一点儿的领导，会倾向于使用比较安稳一点儿的下属，太有挑战精神的下属可能不太受欢迎。他这种特点也会使自己的团队更加追求稳定、含蓄，形成平稳有序的文化。咄咄逼人的领导者会培养出强势文化，而彬彬有礼的领导者，则容易带出专业细致的团队。

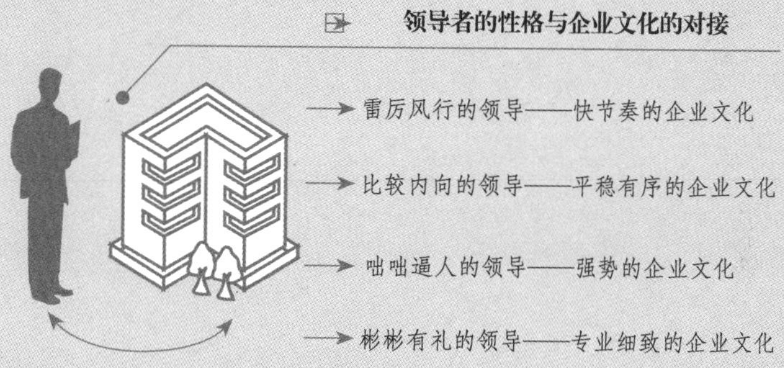

图5.27　领导者的性格与企业文化的对接

碰到有些职场人士讲某个企业，会说这个企业没有文化之类的言语，其实任何企业都有文化，只是文化有好有坏而已。有些朋友说某个企业没有文化，其实他想说的是这个企业的文化很不好，不能有利于企业的蓬勃发展。

企业文化的好坏不是总经理办公室或是人力资源部几个人搞出来的，实际上是企业领导者自己培养起来的。从企业文化的好坏，直接可以看出领导者自身的人品、修养、行事风格、个人历练等方面的沉淀。所以，企业文化没有做好，千万别怪哪几个部门的工作没做好，首先要反省的应该是企业的领导者本人。如果下面有问题，肯定是上面出了问题。如果下面做得都很好，说明这个领导者做得很好。上下两方面一定是相辅相承的关系，不可能上下的表现相背离。

第六章

旅游地产开发：提前布局海南

生活的理想，就是为了理想的生活。

海南建设国际旅游岛是国家政策、国家战略，而政策的实施和战略布局的推进都有相对应的国家和政府资金、优惠的政策的跟进和出台，这对于商业进步和企业发展来说都是巨大的机遇，任何从事商业的人士一旦听到这一消息都会大为震惊，并强烈地被这一消息所吸引，而富力是最早、也是对这一利好消息体会最深的企业，富力地产管理层相信，在国家宏观政策的大力支持下，未来海南的发展远景将是不可估量的。

随着海南知名度的不断提升及国内外市场对海南度假、度假产品需求的急速膨胀，海南的有限的资源就越发显得珍贵。因此，先发制人，有预期地作好海南战略布局，抢占市场制高点，对富力集团海南分公司及整个富力集团未来的发展来说都尤为重要。

ONE
第一节

进一步推进布局海南战略

本节观点

富力地产在海南的下一步计划是尽快实施战略布局，尽可能多地拿到适合自己的土地，特别是一线海景地，都将大规模争取，并且只要具备可开发条件就动工，绝不囤地、圈地。

截至2009年年底，富力在海南拿地已超过1333.4万平方米，建筑面积超过200万平方米。

仅仅是2010年的1月，富力地产在海南就劲收5.2亿元，占其全国销售额的1/5。

2010年年初，富力地产已经明确表态，2010年将在海南继续大举买地、大笔投资，将战略重点向海南倾斜。富力·红树湾单个项目的投资额就过百亿，富力还将有大笔资金投向海南，并将落实一个大项目的规划。

作为一个新兴省份，海南经历过20世纪90年代初期的金融危机和泡沫灾难，将更加珍惜这来之不易的机会，在这波经济高速增长的过程中，海南各级政府大力引导、积极配合，为企业发展提供各种高效、便利的优质服务，使富力在海南开发项目时轻装上阵。对于房地产企业来说，政府的支持对于项目的成败、建设速度和效益来讲都是至关重要的，因此，富力也没有理由不来海南，将海南作为重点发展区域是适时之举。

图6.1 海南富力湾示意图

表6.1 富力在海南的主要项目概况表

项目名称	地块位置	占地面积	项目规划的主要功能	位置优势
1.富力湾	海南陵水香水湾B区	约166.7万平方米	酒店式海景住宅、别墅、精品商铺	拥有4.2千米海岸线
2.富力·红树湾	海南澄迈	约547万平方米	生态度假屋、高尔夫景观度假屋、五星级度假酒店	超大水域面积，规划水域面积约达100万平方米
3.富力·盈溪谷	海口粤海大道	约45.3万平方米	住宅、花园洋房、水岸别墅	富人区聚居地段

一 提前布局，大力“圈地”

1.富力在海南“跑马圈地”已经超过1333.4万平方米

对于海南前景，富力地产非常看好。在拿下陵水香水湾的这块地后，富力地产决定全面进军海南。其后，富力高层又连续接触海南各市县，又选择海口、澄迈拿下大量土地。到2009年，富力地产在海南的土地总开发建设面积可超过200万平方米。

2.富力海南业绩紧追大本营广州

广州是富力地产的大本营，也是富力地产最重要的区域市场。在富力地产2009年230亿元的销售额中，广州公司贡献了80亿元。

但在宏观调控之下，随着国内一线城市的“量价齐跌”以及“国际旅游岛”催生的海南地产热潮涌起，2010年，海南也许将晋升为富力最重要的区域市场。

根据富力2010年1月的销售情况公布，2010年1月，富力地产的合同销售收入共约25.64亿元，合同销售面积约21.75万平方米。与2009年同期相比，分别增长106%和69%。

其中，富力在海南市场的销售“异军突起”，高达5.2亿元，占1月富力公司销售额总量的20%。而2009年12月，富力在海南的销售额仅为0.85亿元，全年的销售也只有8.8亿元。1月，富力在海南的销量同比足足增长了511%。

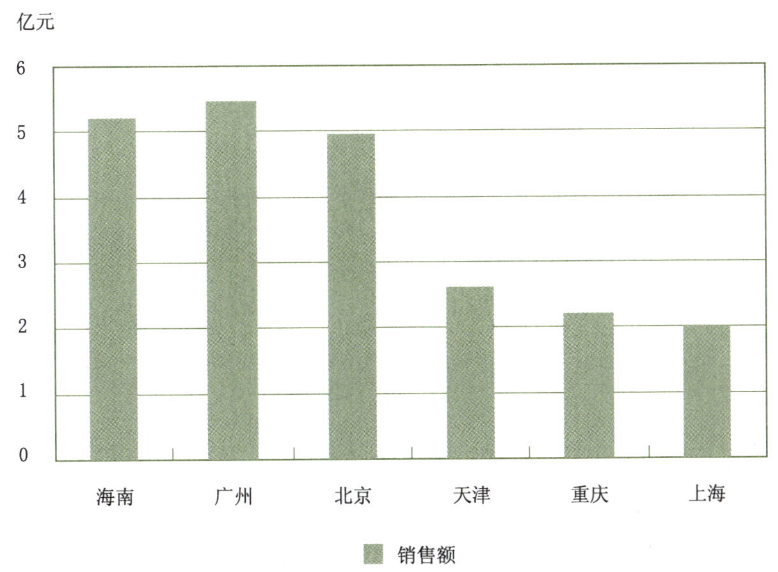

图6.2 富力2010年1月销售额对比

从上图可以看出，富力在海南的业绩已经直追广州，远超北京、上海、重庆和天津等其他市场。

截至2010年1月，富力在海南只有三个项目，分别是陵水县香水湾占地约166.7万平方米的富力湾项目、在海口占地约45.3万平方米的盈溪谷项目和澄迈占地约547万平方米的红树湾项目。

其中，富力在香水湾打造的旅游地产项目富力湾，总投资从最初的15亿元变更为40亿～50亿元，并吸引了13家大公司进驻。盈溪谷项目和红树湾项目分别计划投资8亿元和100亿元。

其实，1月，富力在海南仅以两个项目就取得骄人业绩，其盈溪谷项目因为没有预售许可证在当月没有贡献。

超级链接

富力很后悔卖得太便宜了

盈溪谷是富力地产在海口秀英区开发的一个别墅项目。2009年10月底，推出第一期房源的66栋别墅很快售罄后，由于涉及土地性质变更等问题，第二批房源的预售许可证一拖再拖，直至现在也没有拿到。盈溪谷第一期房源售价在6000～12000元/平方米。2010年1月，海口的房价翻了一倍，“富力很后悔卖得太便宜了”。

可见，国际旅游岛的规划正式获批，极大地推动了富力地产在海南的项目销售，项目增值潜力大大提升。

二 拿地全力压宝“国际旅游岛”

富力一向在开拓新区域市场上富有勇气。富力已经明确表态，2010年的战略重心将向海南倾斜，继续拿地和投资，压宝“国际旅游岛”的心态表露无遗。

在2009年年底富力举行的公司年会上，李思廉和张力也都强调对海南的未来充满信心。随后，富力集团的董事大会也决定，2010年将重点向海南倾斜。

图6.3　富力战略重心将向海南倾斜的表现

2010年，富力将有大笔资金投向海南。同时，结合海南国际旅游岛政策，更好地推动富力地产在海南的发展，2010年富力还将在海南拿地——像文昌、临高、三亚等，富力都已准备拿地。

富力计划投资30亿元，在陵水县开发一个类似迪士尼乐园的大型主题公园，其中包括海洋公园、环球影城等几大部分。该项目还处于前期调研阶段，富力还没有正式公开。

三 轻松坐享百亿土地增值

有业内人士分析，由于"国际旅游岛"概念使海南土地价格暴涨，富力自2006年开始在海南吸入的土地资源，就可坐拥百亿元收益。

2009年的统计表明，在海口市，2005年的平均地价不过600～900元/平方米，2007年的平均地价已涨至3300元/平方米，到2009年9月，海口市出让的一幅位于滨海大道、玉沙路口的土地成交价已突破11999元/平方米，不到5年时间，地价涨幅接近20倍。

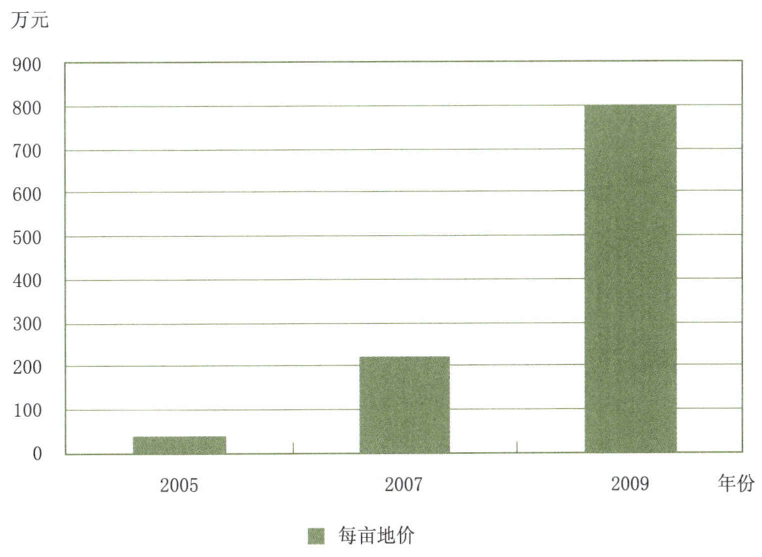

图6.4 海口市三年每亩地价对比

在三亚，2007年，三亚湾成交的最高地价已超过5400元/平方米。而在2009年12月15日，三亚市一幅既不靠海也不在市区的地块则拍出22499元/平方米的天价，涨幅惊人。

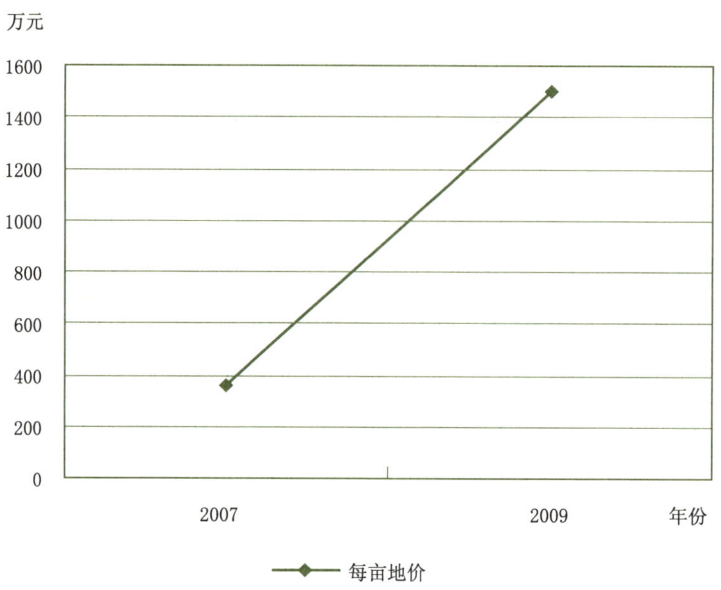

图6.5 海南三亚每亩地价变化

业内人士照此估算，仅富力在海口和三亚两处212万平方米土地，2005—2009年土地增值收益就可达60多亿元。

随着海南土地出让日趋严格，海南的地价还将进一步提升。目前地价还没有体现出海南土地的价值。这意味着，在海南拥有数万亩土地的富力地产，在土地上已经抢占了先机。

四 着力利用海南稀缺自然资源提升房产价值

富力管理层认为，海南的环境价值比房子更值钱。去海南买房子实质上就是买环境、买资源。海南的环境太珍贵了，海南是唯一的热带海岛，未来海南的房地产品是走向奢侈品的。富力在香水湾的建筑将是介于酒店和纯住宅之间的度假产品，即在香水湾畔打造一个持续性的休闲健康养生平台，项目整体规划有3个五星级度假酒店，并在首期规划中已将总建面积达1.6万平方米的风情商业街和运动会所纳入建设计划，包括室内篮球、羽毛球场、SPA会馆、健身中心、超市、艺术精品展览馆、旅游精品商街、各式风味餐厅，以及康体理疗中心等设施。

图6.6　富力海南项目的环境价值

富力地产尽管对海南区域越来越重视，但富力高层认为海南房地产的总体发展是属于渐进式的增长。

国际旅游岛规划会给海南带来什么?

2010年1月4日，国务院发布推进海南国际旅游岛建设的若干意见，将建设海南国际旅游岛列为国家重大战略部署。

长期以来，拥有优厚旅游资源的海南，作为中国最大的经济特区，经济上却相对落后。

建设“国际旅游岛”是否是海南彻底改变的机遇？“国际旅游岛”会给海南带来什么？未来的海南，是否会是世界度假胜地、奢侈品的天堂？

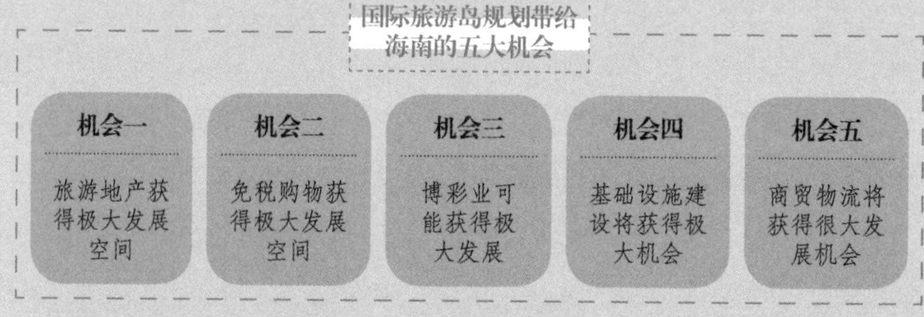

图6.7 国际旅游岛规划带给海南的五大机会

通过国际旅游岛的规划纲要，可以作出如下几方面的预期：

1.海南旅游地产发展空间将极大提升，这对于那些提前布局于海南旅游地产开发的地产商而言，无疑是一个非常重大的利好消息，如富力地产、雅居乐等。

2.免签证和免税购物的政策优惠，将极大地带动海南的消费市场，形成一个前所未有的吸引力。政策推动的作用将有非常大的表现。

3.有可能试行的博彩业也将对旅游业添加重要筹码，活跃海南旅游经济产业。

4.国际旅游岛的规划是将海南建设成为一个美丽的富有吸引力的全球旅游胜地，这势必推动岛内的全面性基础设施建设，这是一个庞大的商业空间。

5.在可以期待的旅游产业的带动下，海南将可能成为一个全球性的商贸物流中心区域。

海南旅游地产项目案例：富力湾

TWO
第二节

本节观点

海南陵水盛产珍珠，20世纪90年代，培育出世界上最大的珍珠王，因此，陵水也被称为“珍珠海岸”。富力地产在海南的富力湾项目拥有4.2千米的海岸线，无疑备受注目。

富力湾所处位置是海南陵水县的香水湾旅游度假区。富力湾延绵近4.2千米私属热带海岸，拥有原生态的山峦风貌、蕴涵浓烈人文气息的田园与村庄。

富力湾规划用地面积166.7万平方米；

总建筑面积约40万平方米，容积率0.24；

建筑密度8.7%，绿化率64.8%。

富力湾项目规划南北长、东西窄，呈现带状分布，背山面海。项目以多元化房地产规划定位，其中涵盖三个精品度假酒店，滨海风情餐饮和商业，休闲运动会所，以及国际游艇港湾俱乐部等经营性配套；度假型房产类型也分成酒店式公寓、海景住宅、情景洋房以及联排、独立海景别墅。大部分建筑依傍山系台地落差，尽可能地获得最大的观海效果，提高产品附加价值。该项目已经列入海南省“十一五”规划重点建设项目。

图6.8 富力湾项目地块地形

一 珍珠海岸线剖析

1.旅游规划板块

珍珠海岸组成：香水湾、清水湾、黎安港、新村港和土福湾；

海岸线总长57.5千米，港湾面积有3200万平方米，100米深以内的海域面积有1225平方千米；

“三湾、三岛、二湖、一山、一水”：分别是“香水湾、土福湾、清水湾”；“南湾猴岛、分界洲岛、椰子岛”；“新村泻湖、黎安泻湖”；“吊罗山国家森林公园”；“田仔高峰温泉”。

表6.2 海南珍珠海岸旅游地产板块

主要板块	占地面积	可利用面积	开发项目
香水湾	733.4万平方米	733.4万平方米	富力湾、红磡香水湾、香水湾1号
清水湾	2266.8万平方米	大于1333.4万平方米	雅居乐地产、两家超五星级顶级酒店
土福湾	466.7万平方米	333.4万平方米	海兴五星级滨海度假酒店、世知度假村第五期项目、中银5家五星级滨海度假酒店

2.珍珠海岸片区迎来投资热潮

陵水县正在打造“珍珠海岸”国际主题型滨海休闲度假区。

（1）陵水县对香水湾景区进行了总的规划，其中景区规划总面积746.7万平方米。建设项目主要是五星级豪华酒店、休闲度假村、特色渔村、原始生态园、山地高尔夫球场，以及具有海南特色的其他旅游项目。

（2）东线铁路落实建设，陵水站台2010年启用。

（3）各湾区进驻投资启动建设，海棠湾土地拍卖价已突破4800元/平方米，珍珠海岸土地将突破1350元/平方米。

（4）珍珠海岸规划已落实至少25个五星级以上度假酒店。洲际、假日、皇冠、万豪、凯莱、喜达屋LC、艾美、喜来登已相继明确选址定位。

二 富力湾项目深度解剖

图6.9 海南陵水香水湾富力湾项目示意图

海南陵水富力湾位于海南东南部沿陵水县香水湾旅游度假区B区南段。

这是海南东部热带滨海沿岸珍贵的旅游风景湾区之一，地处陵水县东部、牛岭南侧的滨海地带，距三亚市66千米，距陵水县城9千米。这里的海上航线通畅，北邻分界洲岛旅游码头，南距新村镇码头约20千米。

轻轨开通后，海口到富力湾约75分钟，富力湾到三亚只需15分钟；三亚绕城高速公路建成后，富力湾到凤凰机场仅需45分钟。

图6.10　富力湾项目海岸景观1

图6.11　富力湾项目海岸景观2

图6.12　富力湾项目海岸景观3

1.开发理念与规划

富力地产在开发富力湾项目时，充分利用了自然景观，体现了4.2千米海岸线的价值。

利用：稀缺且不可再生的原生态资源——4.2千米海岸线、天然山屿；以及蕴涵丰富而有特色的地域人文风情的乡村田园风光。

结合：天然山体坡度地形特点，因势利导；以及正迅速与国际接轨的海南旅游经济发展平台。

打造：一处充分拥揽无极壮阔海景风光，完全依存于原生态自然环境之中，让建筑与自然和谐地融为一体的精品建筑群落；更揉合以富力国际顶级酒店开发运营经验，为海南富力湾度假村提供最有利的持续发展经营支持。

富力湾自北至南分为三个区域：

北区：游艇港湾俱乐部、万豪度假酒店、带码头别墅群、沙滩别墅群。

中区：沙滩别墅群、独栋别墅群、联排别墅群、精品酒店、中心商业街（青年旅馆、美食商业街、休闲会所、医疗会所）、沙滩娱乐区、海景住宅、情景洋房、酒店公寓、湖景别墅群。

南区：山体别墅群、五星级酒店。

图6.13　海南富力湾项目鸟瞰示意图

图6.14　海南富力湾项目部分外观示意图

2.主要规划功能板块

（1）酒店海景公寓（66～146平方米）

位置布局：位于B区组团，毗邻风情商业街，东面俯瞰全景海岸线一览无遗

B1栋（8层）、B5栋（13层）、B6栋（15层）、B7栋（17层）为公寓产品

户型面积：以66～77平方米单间公寓和140～146平方米的一房二厅为主力户型

建筑层高：建筑层高3.3米

单元面宽：4～4.5米

产品特点：奢侈的观景面宽设计，户户拥有无极海景，4进式细化功能布局，全精装交楼，让起居、休闲、睡眠及凭栏远眺美丽风景的功能得以最“奢侈”的演绎。

图6.15　海南富力湾项目公寓产品效果示意图

图6.16　富力湾公寓观景楼台示意图

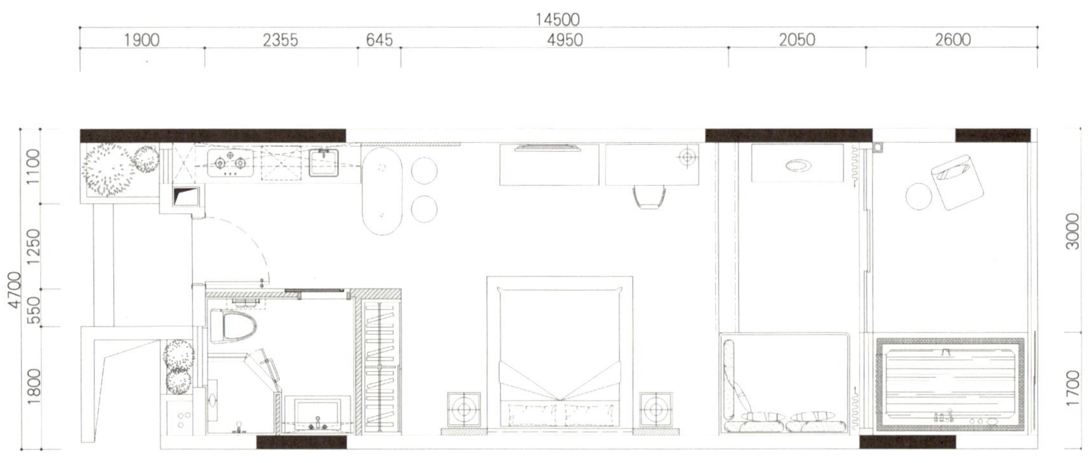

图6.17　A户型（66～77平方米）

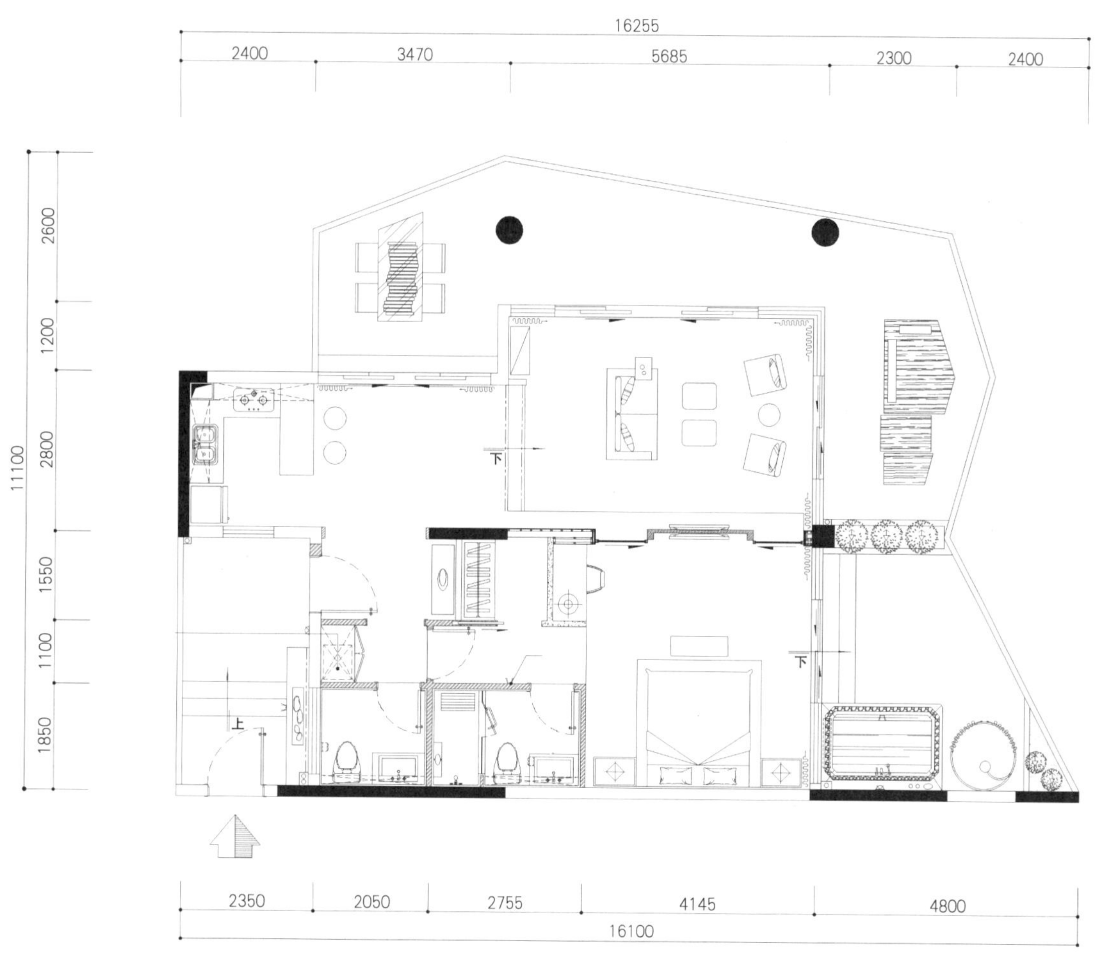

图6.18 B户型（140～146平方米）

（2）海景住宅（109～276平方米）

位置布局：位于B区组团，毗邻风情商业街，南北朝向，俯瞰全景海岸线一览无遗

B2栋、B3栋（均为11层）为住宅类产品

户型面积：主力户型为二房二厅一厨二卫，为109～162平方米；四房二厅一厨三卫，为272～276平方米（复式）

建筑层高：3.3米

厅房开间：全海景厅房累计观海面宽达13.8米

产品特点：一梯两户板楼设计，南北对流，均设入户私家空中庭院，户型方正实用，厅房均以全海景朝向布局，海景面宽广，主卧配步入式衣帽间和化妆台，卫生间干湿分区，特设有海景浴缸。

图6.19　富力湾海景住宅效果示意图

图6.20　富力湾海景住宅室内效果示意图

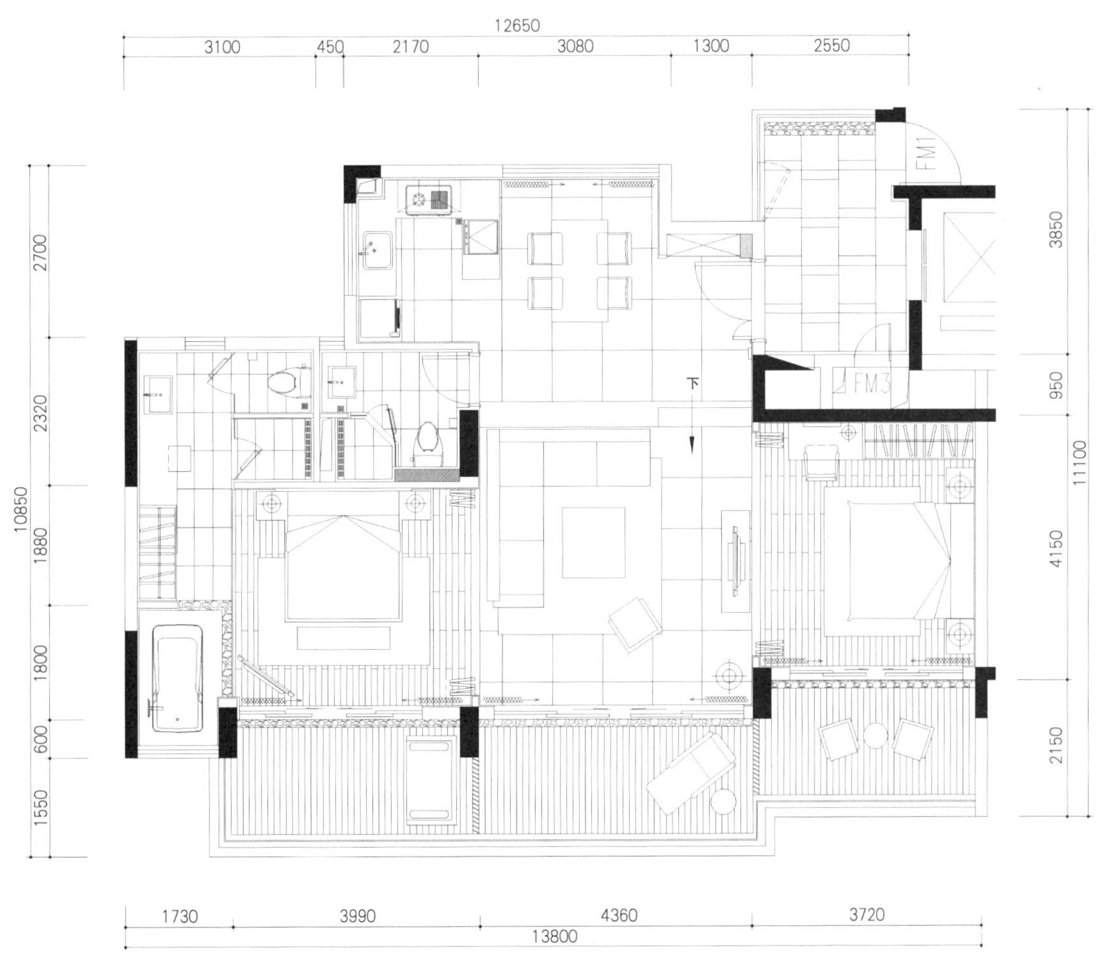

图6.21　A户型（109～162平方米）

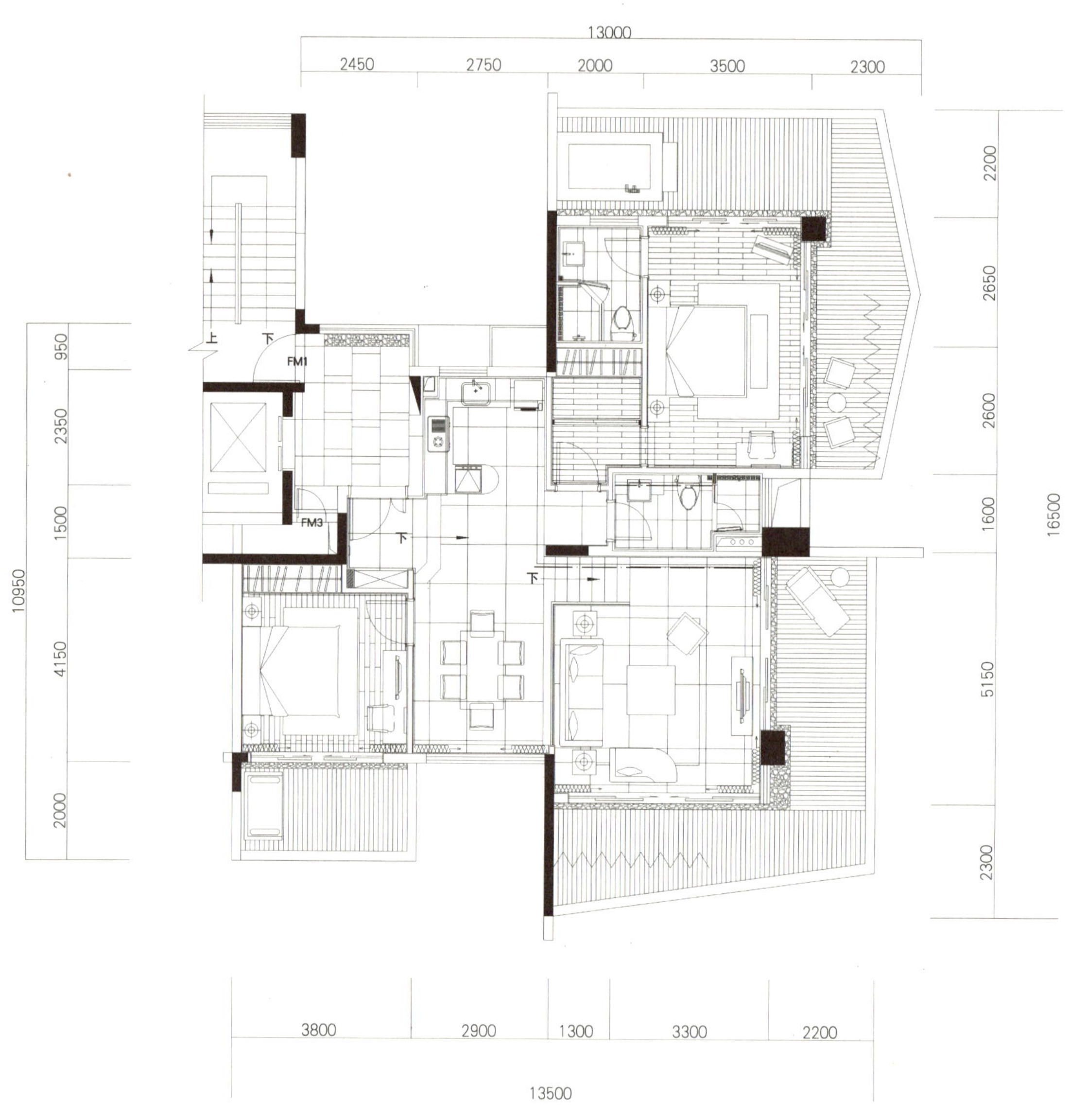

图6.22 D户型（约133平方米）

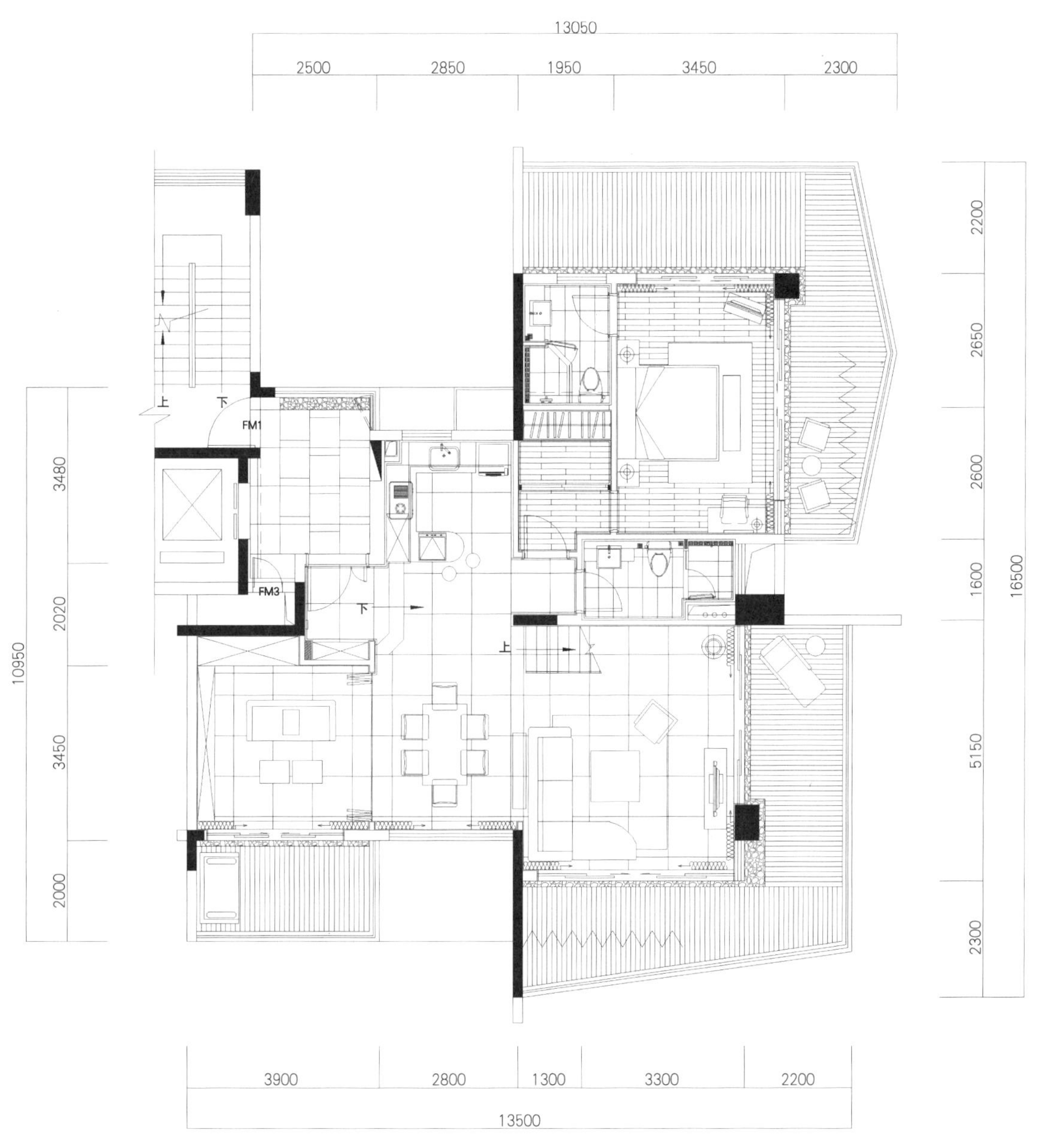

图6.23　E户型（176～272平方米）一层

图6.24　E户型（176~272平方米）二层

（3）情景洋房（170～188平方米）

位置布局：位于B区组团东南侧，由4栋4层4联排式错落布局而成，东南面海，下层单元二楼入户，首层主卧配送过百平方米私家庭院，上层设入室庭院和观海露台，客厅中空高达5～6.3米。

面积户型：三房二厅四卫，170～188平方米

建筑层高：3.3米

厅房面宽：4～4.8米

特点：B区组团仅有32席亚别墅类户型产品，利用台地落差各户配设独立庭院或露台，板楼设计通风采光极佳，全套房设计，彰显高品质休闲度假产品尊贵待遇。

图6.25　富力湾情景洋房效果示意图

图6.26　富力湾情景洋房室内效果示意图

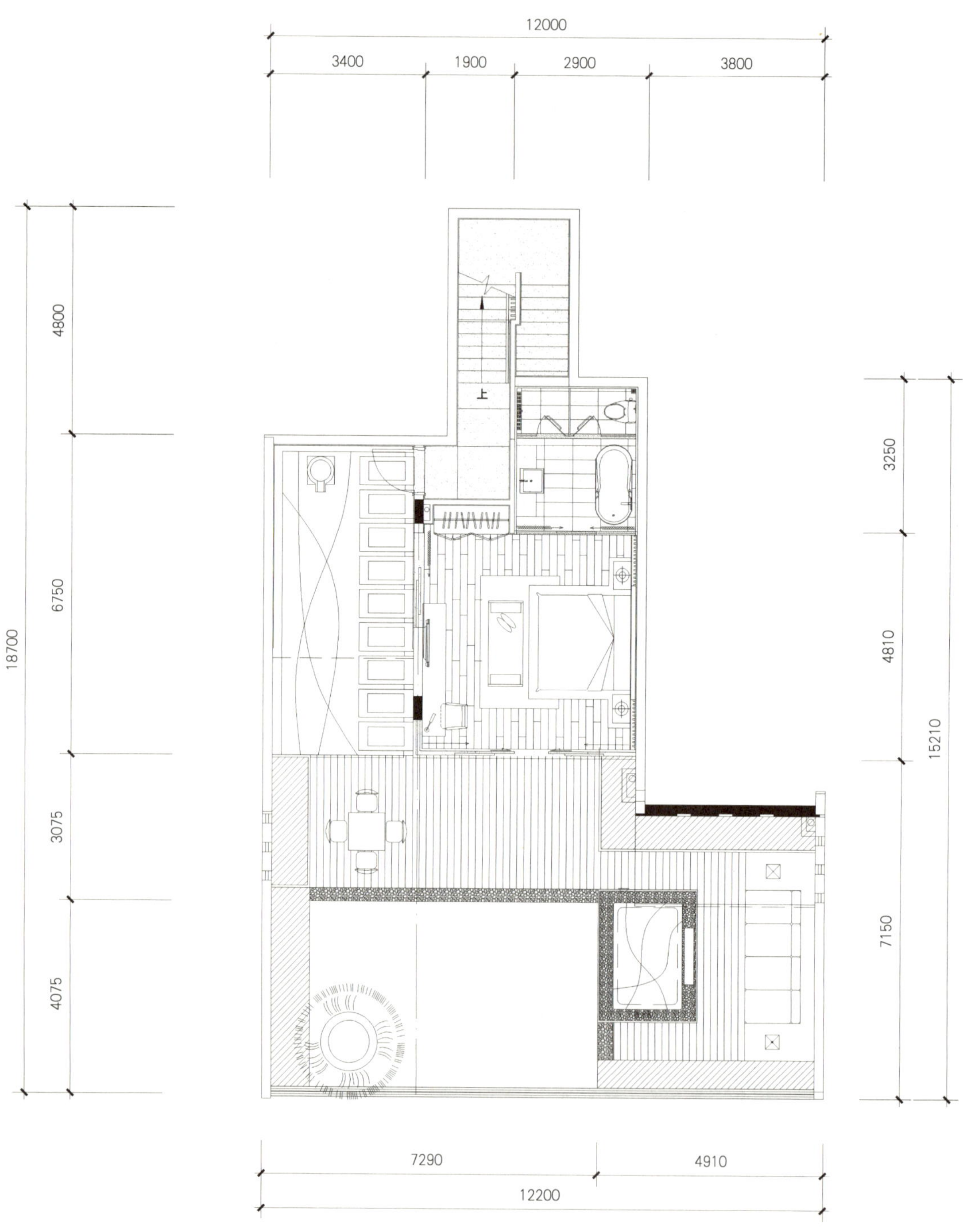

图6.27 A户型（约170平方米）负一层

图6.28　A户型（约170平方米）一层

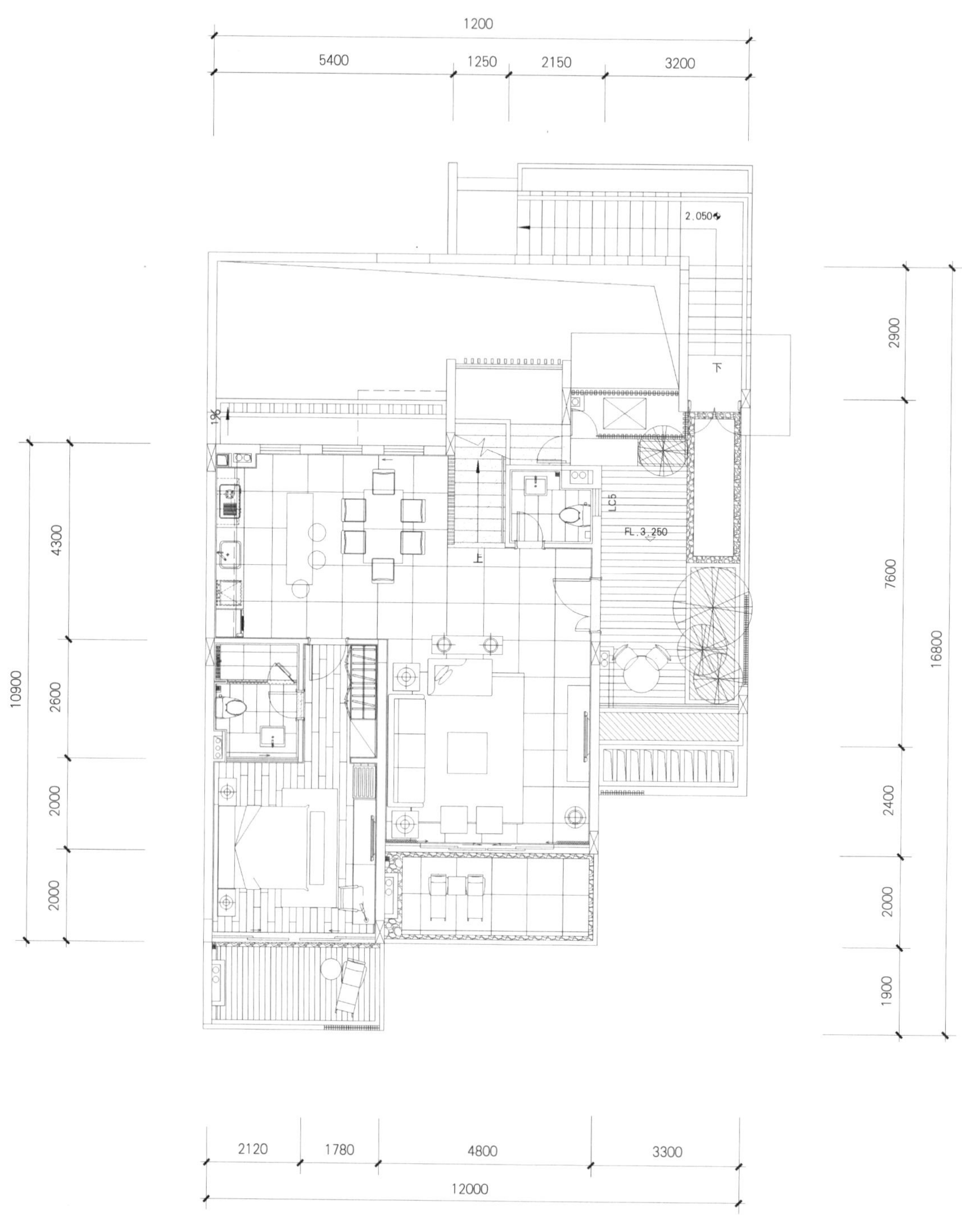

图6.29　B户型（185～188平方米）二层

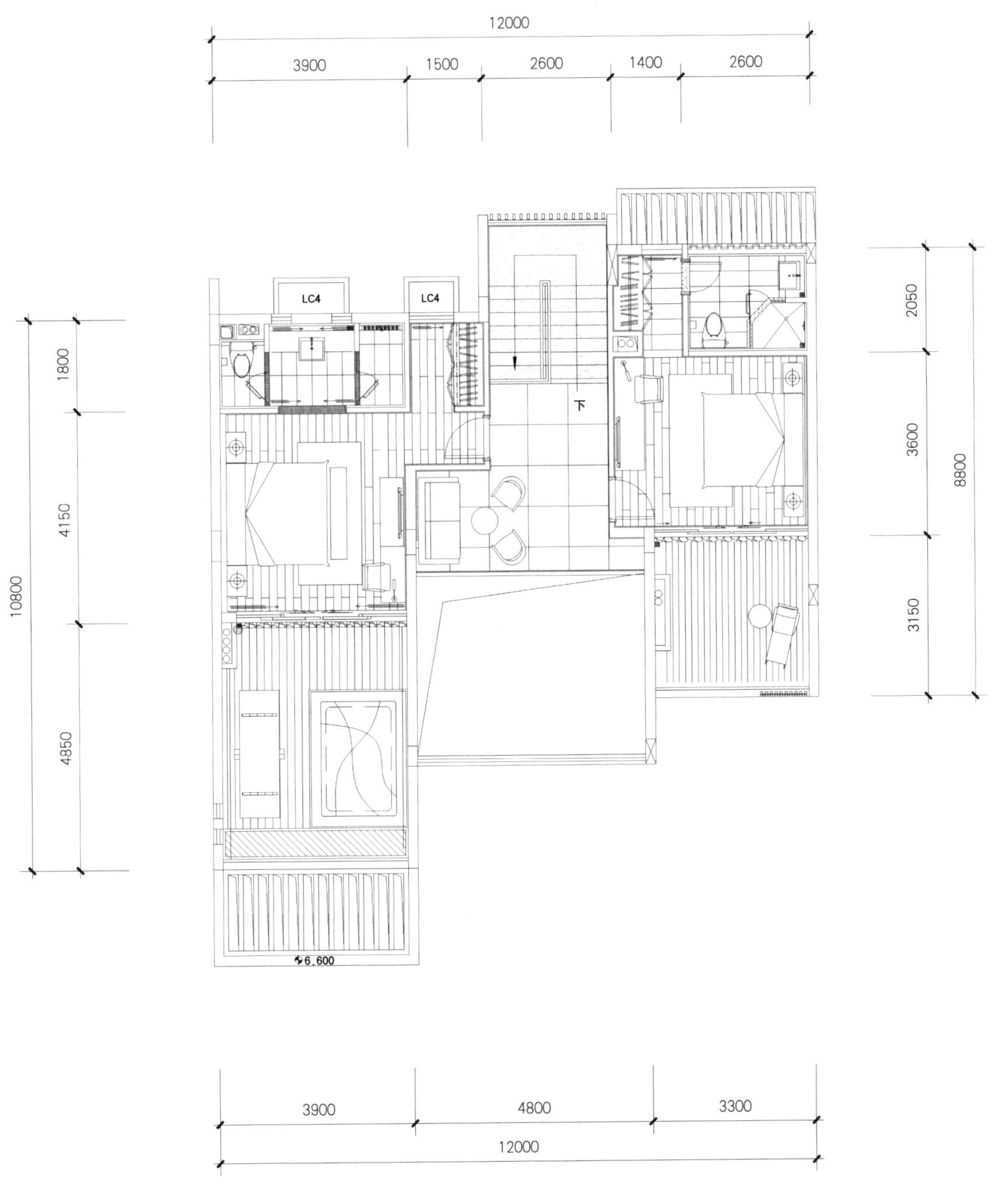

图6.30　B户型（185～188平方米）二层

（4）联排别墅（237～249平方米）

位置布局：位于北区最高台地位置，西临独栋别墅，东面俯览精品酒店别墅群，俯览4.2千米海岸线一览无遗，60席海景精品建筑，均以四联排由南向北错落分布，户户海景。

户型面积：端单元约249平方米，中间户型约237平方米，均为四房二厅四卫布局，三错层设计

建筑层高：客厅4.5米，主卧3.1～3.3米

面宽开间：6.5米客厅，5米卧室的开间

产品特点：法国设计师创意之作，利用台地落差，三错层布局，多元化且得以细分的功能区间布局处处彰显细腻体贴，L形庭院环绕，无极泳池装饰下的客厅更显精致、宜人，全套房设计满足休闲度假群居人士，二层套房观海面均配有泡浴池，让休闲假日凭添奢侈感。

图6.31　海南富力湾联排别墅效果示意图1

图6.32　海南富力湾联排别墅效果示意图2

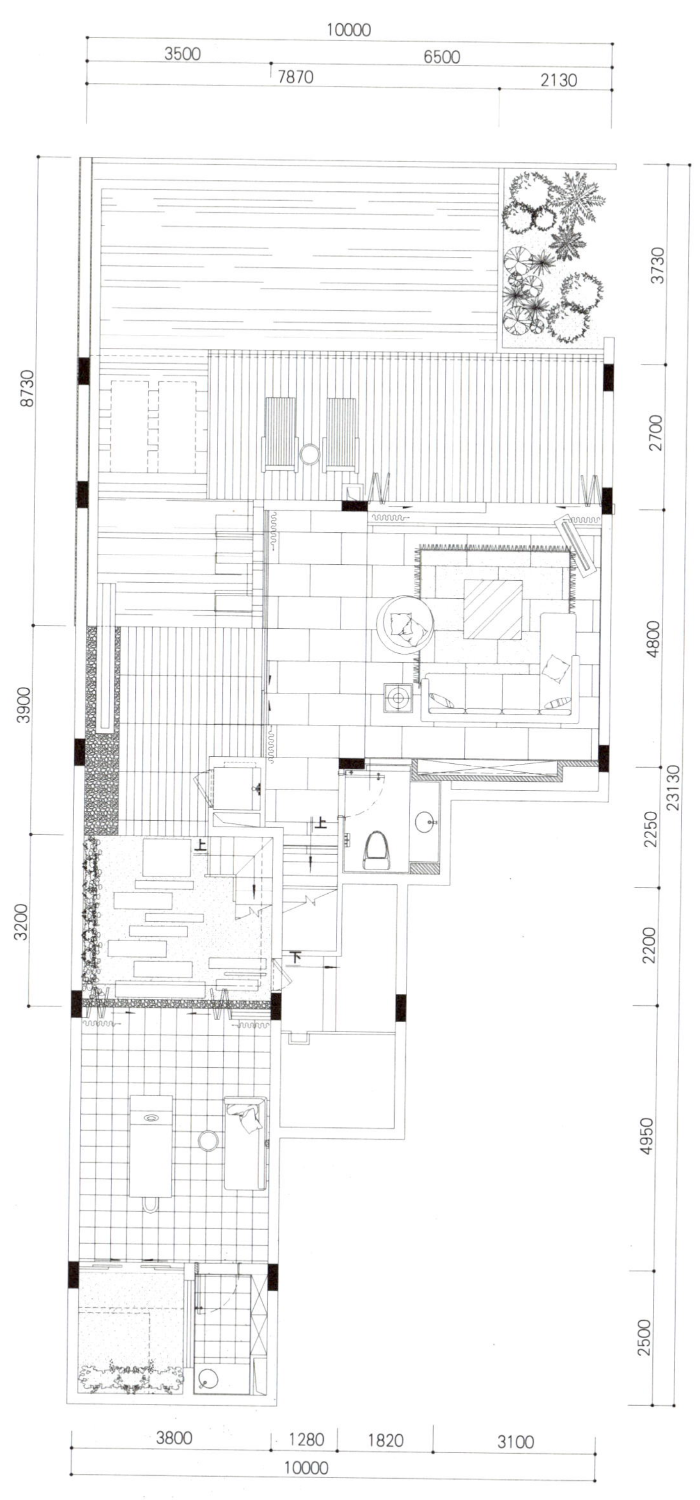

图6.33 联排别墅（中间户型约237平方米/端户型约249平方米）负一层

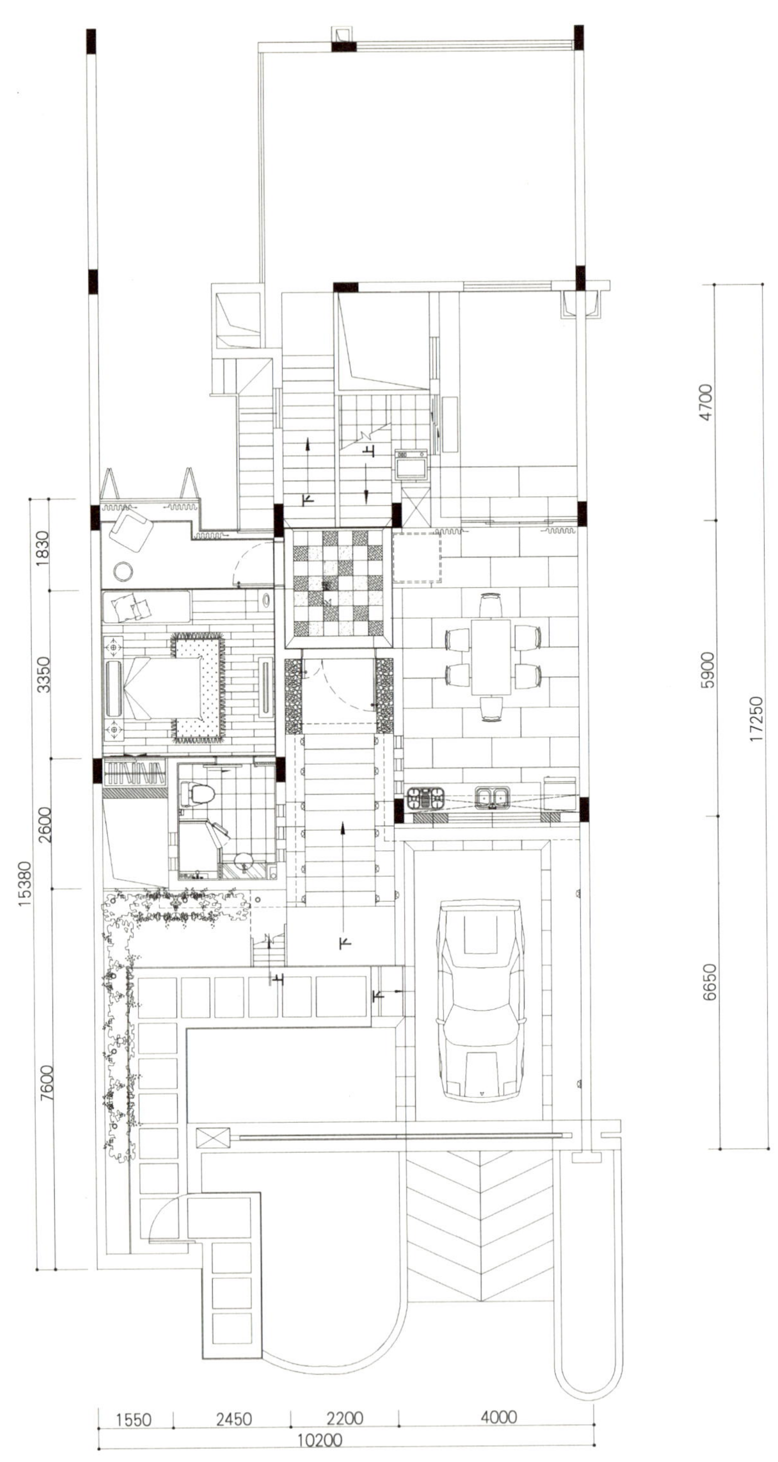

图6.34 联排别墅（中间户型约237平方米/端户型约249平方米）一层

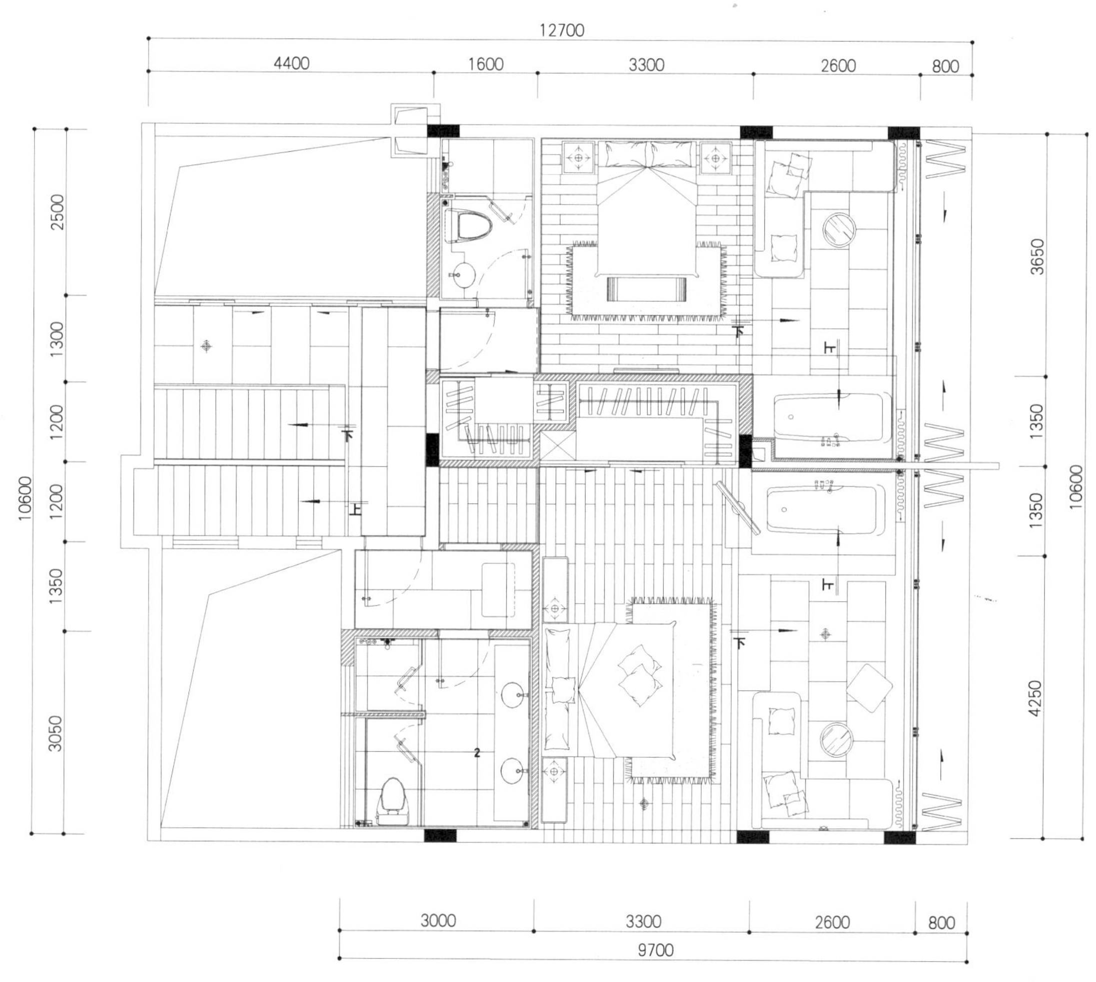

图6.35　联排别墅（中间户型约237平方米/端户型约249平方米）二层

（5）独栋别墅（约349平方米）

位置布局：为处北区最高台地位置，东面大海，西向田园风光，42栋由南向北蜿蜒排布，每栋3层半设计，前庭后院。

户型面积：四房三厅一厨四卫，约349平方米

建筑层高：首层客4.2米，餐厅3.6米，二、三层3.2米

面宽开间：客厅5米，餐厅4.4米，套间卧室达3.1～3.5米

户型特点：新加坡精品酒店设计师设计，立面彰显精品休闲建筑独有气质，规划利用高台地形，户户面海，室内自厅至卧室无不观海，前庭后院总面积基本达到250～300平方米以上，均配有近70平方米独立无边际泳池。

图6.36 海南富力湾独栋别墅效果示意图1

图6.37 海南富力湾独栋别墅效果示意图2

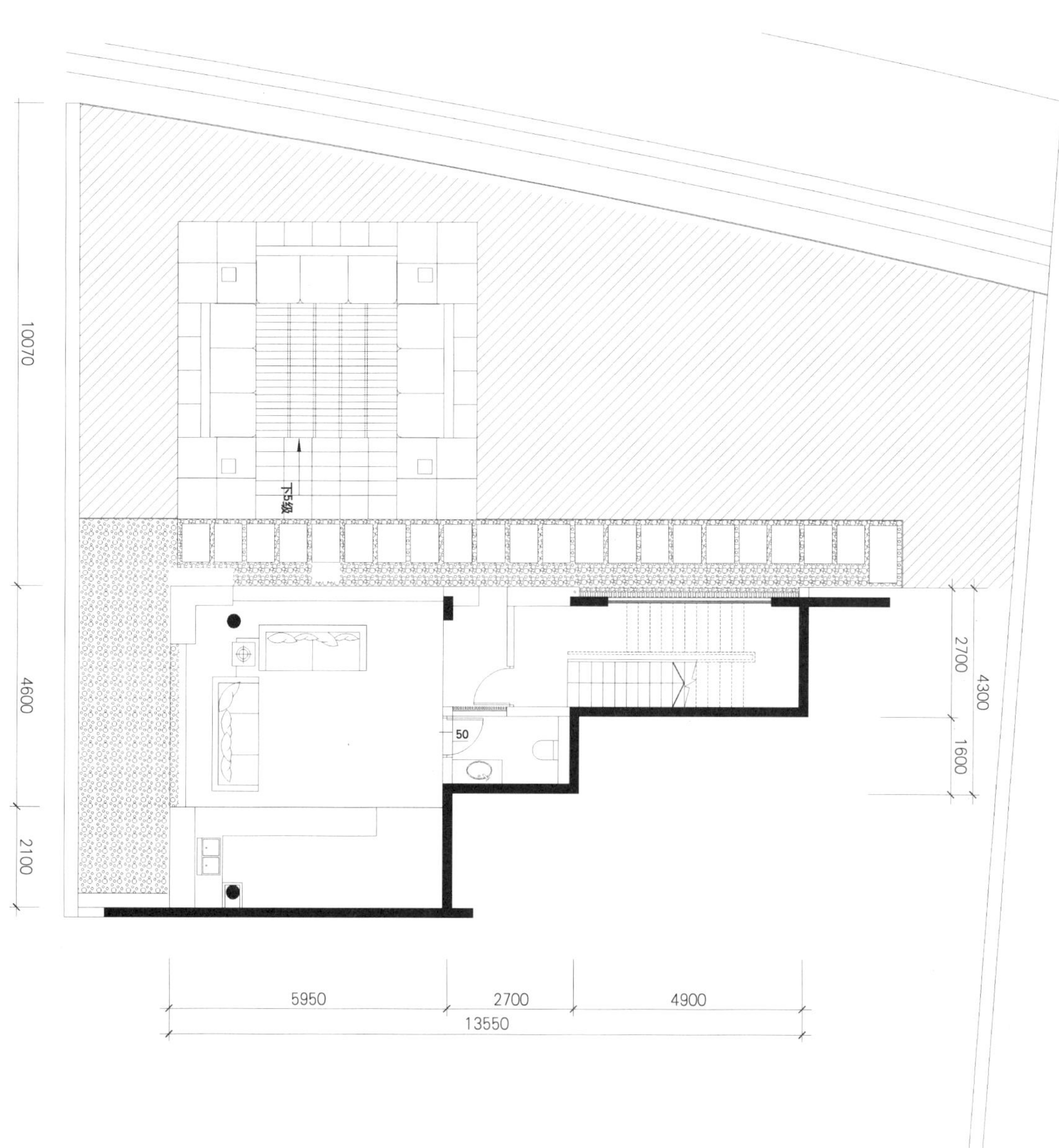

图6.38 G区 独栋别墅（约349平方米）负一层

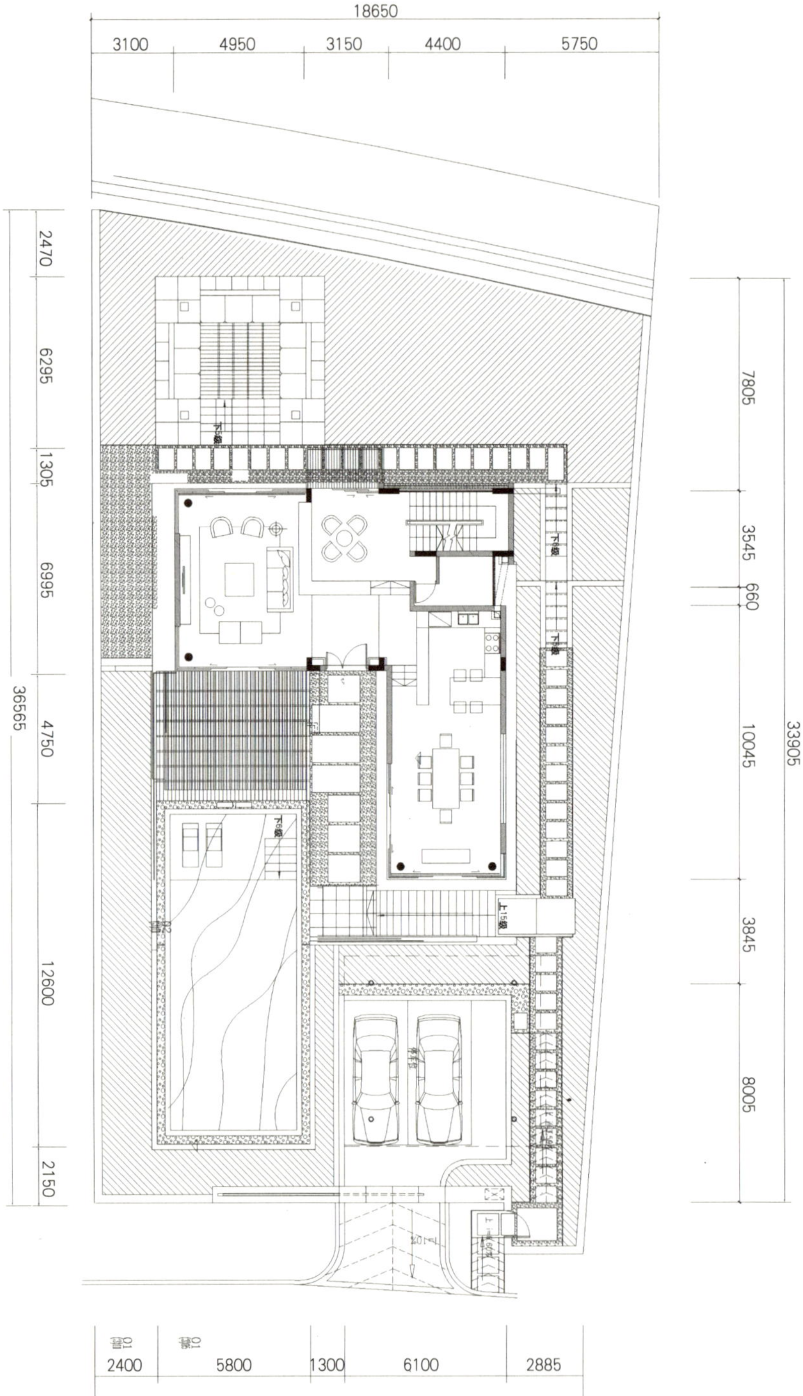

18650
3100 4950 3150 4400 5750
2470 6295 1305 6995 4750 12600 2150 36565
7805 3545 660 10045 3845 8005 33905
2400 5800 1300 6100 2885
18490

图6.39 G区 独栋别墅（约349平方米）一层

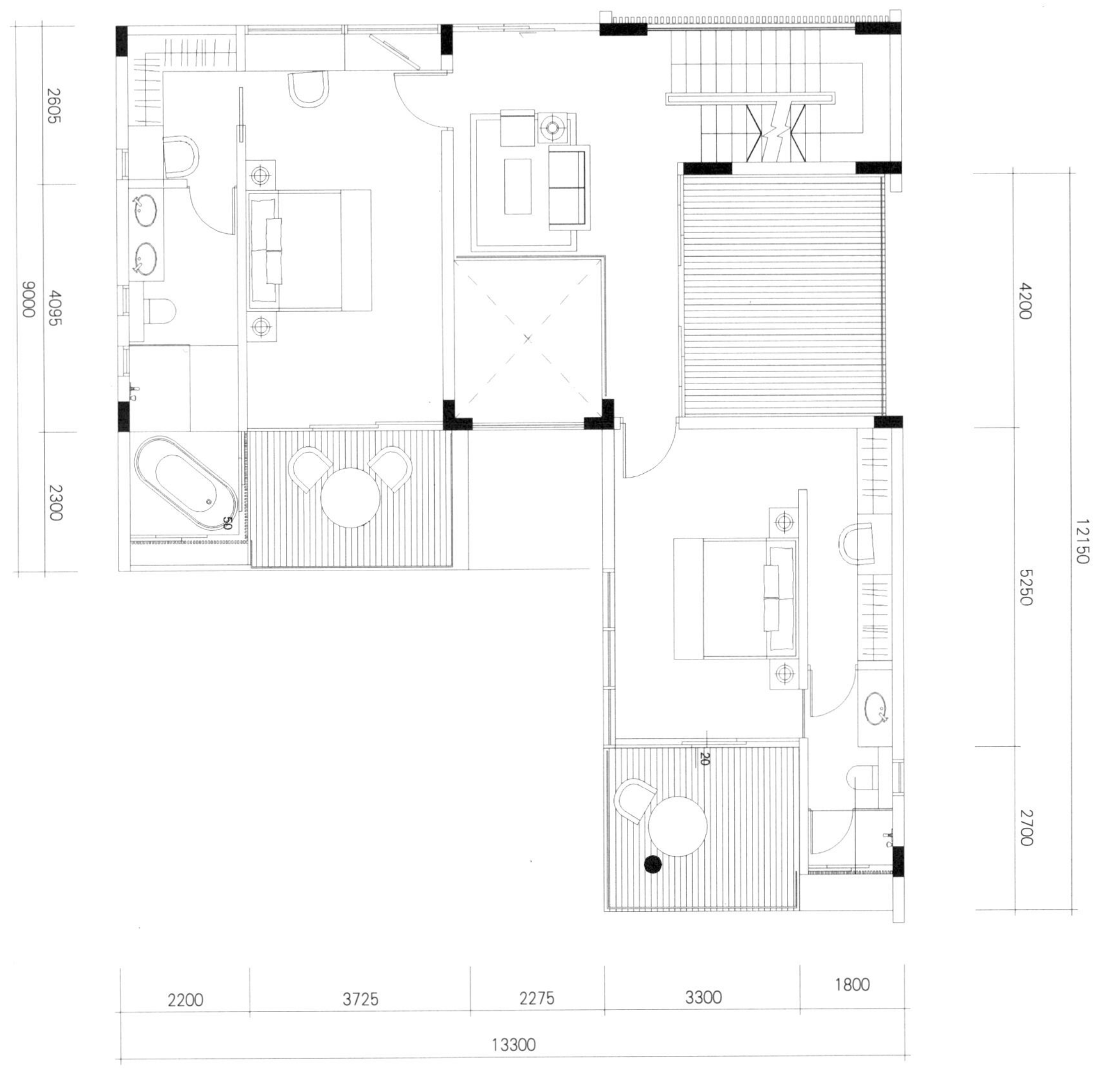

图6.40　G区　独栋别墅（约349平方米）二层

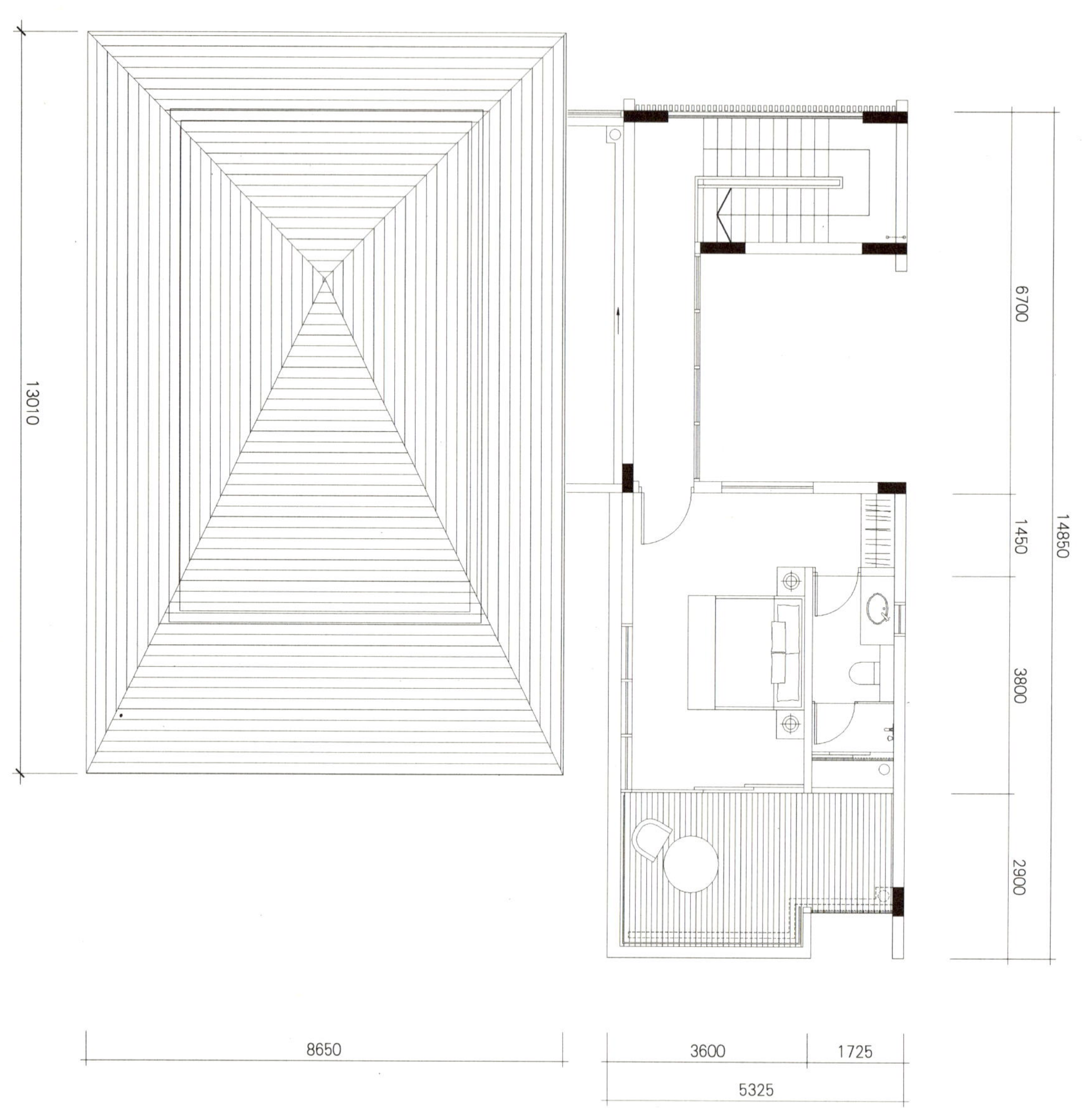

图6.41 G区 独栋别墅（约349平方米）三层

3.园林景观设计：精心规划，精品园林

富力湾的园林设计是新加坡柏景园林担任的，首期园林根据组团和景观布局，划分为8大功能区：

主入口热带雨林区

中心景观区

北区别墅群园林组团区

B区公寓住宅组团园林区

风情商业街园林景区

南区沙滩别墅园林区

湖景别墅园林区

海防林休闲沙滩园林景区

图6.42　富力湾园林景观示意图

（1）主入口热带雨林区

精致的瀑布水景和微微起伏的草地；

婆娑的灌木、乔木和舒展张扬的蕨类；

硬朗粗犷的火山岩和缤纷绽放的三角梅；

悠长复古的木栈道和层叠交错的青石梯。

（2）中心景观区园林景观

地形逐渐向大海倾斜，整体落差高达7米，视觉开放；

开阔的椰林草地、潺潺溪流和密林、景观水面；

宁静的水面很自然地从公共景观区过渡到精品酒店区域，将私密性和公共性这两个看似矛盾的元素有机融合，又有效隔开；

精品酒店区拥有自己独特的环境氛围，潺潺溪流、幽静的景观水面、无边际泳池构成了精品酒店附属的休闲区。

图6.43 富力湾中心区园林景观（局部）示意图

（3）北区别墅区园林景观

东眺大海，西望田野，美不胜收。

采用当地的石材和本地的苗木，创造高端的充满热带风情的巴厘岛式休闲度假环境。

图6.44 北区别墅区景观效果示意图

（4）南区小高层组团园林景观

此处景观设计上以山地建筑景观的概念营造丰富的立面景观；

热带风格，利用现代设计元素，打造宁静安恬的生活环境；

草坪与高大的乔木相互结合，创造出绿色的跌级空间和舒适的疏林草地；

借鉴海南的稻田景观，在为小区创造自然舒适景观的同时，展现海南物产的丰盛与富饶；

溪流由高处流下，汇入热带雨林人工湖，泳池与景观水体无缝衔接；

通过合理组织的人行交通线路，将自然的森林气息延伸到家门口。

图6.45　南区小高层组团园林景观示意图

（5）商业街园林景观

景观设计体现度假气息；

传承海洋元素主题，让细石代替海沙在商业街的每个细节延伸；

处处强调商业与自然的和谐共处，在闲逸中流露出繁华的气息；

体育馆、网球场、SPA和健身中心、泳池（水上乐园）等娱乐休闲设施集美观和功能性与一体，一气呵成；

泳池景观设计根据地形的高差关系、强调细节和功能的应用；

设计加入了热带的基本元素，沙滩椅与太阳伞，椰子树影摇曳阳光点点。

（6）沙滩别墅区和湖景别墅区景观设计

这里将成为整个富力湾一个标志性的区域，为其量身定做的泳池和湖景景观更将其价值提升到了极致。

组团的各栋别墅间用连通的水道串联起来，延伸至各户花园的水道看似一个公共泳池，却能让住户瞬间私享自己的大泳池。

精心布置的平台、亭子、小桥和园路，将一个个半岛连接贯通，产生丰富多样的景观序列变化，移步换景。

宽阔的水面与沙滩、大海一气呵成。

图6.46　沙滩别墅和湖景别墅各类景观拼图

（7）沙滩休闲区景观设计

高密度的林带抵御了海风和烈日的伤害，却没有拒绝阳光和海洋的热情。

沙滩俱乐部提供别具一格的全新休闲体验，力求打造全中国最时尚的休闲沙滩酒吧。

异型创新的钢构架屋面造型，不失现代风格，成为沙滩上一道亮丽的风景。

图6.47 富力湾沙滩景观示意图

4.项目配套：奢侈配置，功能齐全

图6.48 游艇港湾码头示意图

（1）中心区休闲、商业街区配套

商业街总建筑面积达16025平方米，包括约5500平方米的休闲运动会馆，以及与海滩俱乐部直接相连的，面积约1万平方米的风情商业街区。

商业街区主要业态定位包括：功能布局包含超市/便利店、服务控管中心、文化艺术精品展览会馆、特色饮食街区、地域风情精品商业专卖店，以及青年背包旅馆。

休闲运动会馆主要功能区包括：1565平方米的专业体检理疗中心，约2430平方米的室内运动球馆（篮球场、羽毛球场、乒乓球场等），以及约1500平方米的健身美体会所（含国际标准的SPA休闲中心）等设施。

图6.49 中心区、休闲区设计效果示意图

（2）度假村便利店式超市配套

建筑面积：约800平方米；

小规模、大品牌的百货供应满足湾区住户的日常生活需求；

特色风情、精品展示厅配套；

携手海洋保护团体、当地文化组织展示海洋文化、旅游文化、黎苗风情；

精品展示：画廊、生活精品、风情服装和值得收藏一生的奢侈品。

（3）特色餐厅配套

总建筑面积：约1300平方米；

主题餐饮：

快餐类、西餐类、海鲜类及特色主题餐厅；

蛋糕甜品店、冰淇淋朱古力店，特色冷饮屋，酒吧特许经营店等。

（4）青年旅舍配套

总建筑面积：约433平方米；

依傍海滩边缘，比邻商业街区和康体健身会馆，设置仅有22间客房的特色背包旅馆；

以海洋、生态环保为主题设计元素装修的，专为畅享自我天地，追求浪漫、刺激的青年旅游一族而开设的个性化迷你旅馆；

计划引入“国际青旅联盟”，让这里成为国际青年游人的选择焦点。

（5）健康体检中心配套

总建筑面积：1565平方米；

康体中心内设有最先进的健康体检仪器，为客户不同的需求设置各种体检套餐，让客户在度假中轻松对自己的健康状况进行调整。

（6）体育中心配套

总建筑面积：2430平方米；

在体育中心，设置了室内篮球、羽毛球、乒乓球场以及各种健身设备，配套以冲凉房、休息室、小型咖啡吧等设施。

（7）沙滩吧配套

凭借优越的近海地况，结合防风林带在商业街临海的沙滩上面设有沙滩休闲酒吧；

该沙滩吧配备以各色酒水、烧烤、小吃以及歌舞演艺平台和篝火区；

每晚都会提供专业演出团队的歌舞节目以及和游人的互动活动，推动沙滩吧的活跃气氛。

图6.50　沙滩吧

（8）健身中心配套

在康体运动会所中，设置了品牌SPA中心、露天瑜伽平台、跳操室、小型咖啡厅、同时还配备了修脚、按摩、美容、美发等项目，为客户提供一站式美容、健身、保健、放松服务；

计划引入国际一流的品牌，为湾区业主、游人提供高品质的康体、休闲享受。

（9）游艇港湾配套

规划占地：20万平方千米；

游艇俱乐部、渔人码头建筑面积：7000平方米；

游艇泊位：超过230个泊位码头；

游艇尺寸：多以小型游艇或风帆为主，30米长游艇泊位至少6个。

图6.51　游艇码头设计效果示意图

（10）度假酒店配套

北部：50000平方米万豪酒店，约450间客房

中部：17000平方米精品酒店，约88间客房和55套别墅

南部：25000平方米五星级酒店，约220间客房

分别由国际著名酒店管理机构管理，提供不同度假环境和服务档次，满足高品质的度假需求。

（11）海域规划配套

海洋旅游五大功能区：游艇码头区、水上运动娱乐区、沙滩休闲娱乐、探险旅游区、渔业旅游区。

海南大旅游区域旅游规划及功能定位

表6.3 海南大旅游区域旅游规划及功能定位

类别区域	功能定位	规划范围	规划方向	规划重点	旅游线路
海口旅游区	热带滨海度假休闲、观光、会展、商务、购物、文化、娱乐等复合型的都市旅游地	以海口周围的海岸带为中心，向东、西以及南纵深方向延伸，东至东寨港红树林，西至澄迈县的澄迈湾，南至定安的南丽湖	以沿海、沿江为轴线，以提升中心城区功能、推进东西两翼发展、适度向南纵深腹地推进，注重保护生态环境为发展重点，突出发展海口市东、西两岸和南渡江两岸休闲度假旅游。建设老城区步行街、游艇码头、高档购物和文化娱乐中心以及参与性强的大型文化广场等形成辐射带动作用强的都市型旅游区	酒店、旅游吸引物、文化吸引物、城区改造	马鞍岭火山口地质公园和东山湖海南热带野生动植物园、南丽湖、东寨港红树林、海口老城区、粤海铁路南港码头车站、海口药谷、海南汽车厂、力神咖啡厂、椰树椰子汁生产线和各处历史文化古迹等均可作为一日游半日游的观光景点； 椰城水上游：乘水上巴士观赏海口市沿岸景观和世纪大桥，游南渡江和海甸溪。 远期还可在海口市周边修建轻轨铁路，开发沿轻轨的观光旅游线路

续表

类别 区域	功能定位	规划范围	规划方向	规划重点	旅游线路
三亚旅游区	国际性热带滨海度假休闲观光旅游地	以三亚市为中心，包括陵水县和保亭县	以三亚城区为中心，向东西两翼延伸，形成组团式结构。 东部亚龙湾、海棠湾、土福湾、香水湾以及蜈支洲岛、分界洲岛等，突出滨海度假旅游特色，陵水的南湾猴岛以观光旅游为主。 西部天涯海角、南山、海山奇观等，突出海山景观观光旅游和文化旅游特色。 北部腹地的南田温泉、七仙岭温泉、南平温泉、高峰温泉和红鞋温泉等，突出温泉保健康复旅游和绿色生态专项旅游特色	酒店、旅游吸引物、文化吸引物、城区改造	天涯海角和南山文化旅游区； 海棠湾和蜈支洲岛； 西岛水上运动中心； 五指山、七仙岭、吊罗山、乐东县的尖峰岭、毛公山等； 兴隆热带植物园和热带花园； 陵水南湾猴岛和分界洲岛； 三亚市区观光（包括改建的市中心区、鹿回头公园、小东海、崖州古城以及亚龙湾）
五指山旅游区	热带雨林山地度假休闲旅游和黎、苗族文化风情旅游地	覆盖五指山市、琼中县和屯昌县；五指山旅游区的中心是山区，而不是城区	首先强化五指山市作为该旅游区核心城市的作用，将其建成旅游接待服务基地。 其次是在五指山周边的试验区适度发展度假休闲旅游，形成山地度假休闲地	酒店、旅游吸引物、文化吸引物、城区改造	从三亚、七仙岭到五指山的一日游可参观五指山海南省少数民族博物馆； 游览五指山（包括雨林解说中心和水满村附近的雨林栈道）； 欣赏黎族和苗族文化村的文化表演
文昌旅游区	以椰乡文化内涵为主题，集侨乡观光、海上活动、温泉疗养为一体的田园化的、恬静平实的滨海度假休闲旅游地	整个文昌市行政辖区	突出滨海度假休闲旅游和自然景观、人文景观的观光旅游；开发与海口有互补性的旅游项目，成为海口都市近郊旅游目的地	酒店、旅游吸引物、文化吸引物、城区改造	除了通过清澜开展到七洲列岛、八门湾红树林和西沙群岛的海上旅游路线外，还可开发到文昌内陆地区各景点的旅游路线

续表

类别区域	功能定位	规划范围	规划方向	规划重点	旅游线路
博鳌/万泉河	面向国内外高消费市场的国际会展中心和度假休闲与观光旅游目的地	博鳌/万泉河旅游区覆盖整个琼海市行政辖区	以博鳌旅游区为中心，以沿海、沿河和名景为发展空间，形成海滨旅游带、万泉河旅游带以及官塘、白石岭、红色娘子军故乡、加积镇城区等旅游景区的发展格局	酒店、旅游吸引物、文化吸引物、城区改造	高质量的游艇从博鳌沿万泉河而上，游客在观光的同时开展船上或沿河娱乐场所的娱乐活动； 万泉河上游漂流、中下游农家乐乡村游； 白石岭、红色娘子军纪念园等半日或一日游
石梅湾/兴隆	高档次、低密度的滨海温泉度假休闲和热带植物观光旅游目的地	以石梅湾和兴隆为中心，覆盖整个万宁市辖区	以海滨和附近海岛以及东山岭景区周边为开发空间，重点开发滨海度假旅游、温泉度假旅游以及腹地的文化观光旅游，形成海南东部高档次、高品质的休闲度假旅游地	酒店、旅游吸引物、文化吸引物、城区改造	船到洲仔岛和加井岛观光，包括在珊瑚礁边浮潜； 游览兴隆热带花园、热带植物园、东山岭和亚洲风情园等
儋州旅游区	温泉度假为主，文化和工农业观光旅游为补充的旅游地	覆盖整个儋州行政辖区及临高县、白沙县	开发为组团式布局，以儋州市城区、蓝洋温泉区、云月湖度假区以及“热作两院”等为中心区组团。 以南部松涛水库、西部的海头湾海滨、北部的东坡书院和洋浦开发区以及临高的滨海带等为分区组团。 突出森林公园、温泉、水库湖泊的生态特色和地方民俗风情文化特色	酒店、旅游吸引物、文化吸引物、城区改造	从儋州到松涛天湖； 从儋州到东坡书院、鹭鸶天堂、洋浦、古盐田、白马井； 从儋州到八一农场等观赏橡胶林

续表

类别区域	功能定位	规划范围	规划方向	规划重点	旅游线路
棋子湾/霸王岭旅游区	海南西海岸著名的、高档次低密度、远离喧嚣的国际度假休闲旅游地	覆盖整个昌江县和东方市	以昌江县西部的棋子湾和东方市北部为开发重点，在霸王岭开发绿色生态旅游。 昌江县城和石碌铁矿、东方市周边的红兴温泉、大广坝水库、大田坡鹿、天南第一泉、猕猴洞、传统黎寨等，作为棋子湾/霸王岭度假游客开展一日游的景点进行开发，形成以棋子湾/霸王岭为中心的度假休闲旅游区格局	酒店、旅游吸引物、文化吸引物、城区改造	棋子湾到石碌铁矿、霸王岭； 棋子湾到东方市的大田保护区、化工城、大广坝水库等
尖峰岭旅游区	高档次的热带雨林度假休闲和观光旅游地	覆盖尖峰岭林区及乐东县	以天池、尖峰镇以及乐东西海岸为开发空间，以天池度假山庄、热带雨林保护区旅游接待服务设施、尖峰镇旅游接待服务配套设施以及滨海度假酒店等为重点，突出尖峰岭、天池和自然保护区的独特景观，成为国内外闻名的山海互补的热带雨林生态旅游度假区	酒店、旅游吸引物、文化吸引物、城区改造	修一条通向鹿树景点的短距离步行道； 开发有导游带队的游览黎寨活动，但须作社会影响评估； 修一条通向玉女池的短距离步行道，并设方向路标和入口路标； 修一条通向摩崖石刻的短距离步行道，并设一个简要介绍历史的解说牌； 改造由河岸通向虎啸龙吟的步行道，并设置入口路标； 修一条通向马鞍石的步行道，并设置入口路标； 修一条通向朦瞳岭的步行道，并设有方向路标； 游客可根据自己兴趣选择一日游或半日游的线路

续表

类别区域	功能定位	规划范围	规划方向	规划重点	旅游线路
西沙群岛旅游区	海洋观光、科考、探险、水上运动、中高档小规模度假旅游地	西沙群岛位于海南岛东南方大陆架上，西北距三亚市337千米，群岛长约250千米，宽约150千米	西沙群岛一旦获准开放，首先要制定高水平的旅游发展规划，然后按规划逐步组织实施，将其建成国内一流的海洋观光、科考、探险、水上运动、度假休闲旅游胜地		岛上可供观光的景点有收复西沙群岛纪念碑、西沙一条街、将军林、海洋博物馆、南海诸岛工程纪念碑等； 岛周围热带鱼类、贝类繁多；与永兴岛相连的石岛奇洞怪石，千姿百态； 离永兴岛20多海里的东岛群聚着40多种鸟类，有“鸟类天堂”之称； 西沙群岛设立了热带海洋自然保护区（省级）和白鲣鸟自然保护区； 由于西、南、中沙群岛属于军事要地，目前尚未能进行大规模旅游开发

附录——房地产即用流程与图表（节选）

◎1 项目拓展论证管理流程
◎2 项目报批报建管理流程
◎3 方案设计管理流程
◎4 扩初设计管理流程
◎5 项目成本管理流程
◎6 项目动态成本管理流程

说明：

文中流程图框图形状及其含义如下所示：

基础研究 表示操作、申请

判断 表示审核、审批

项目定位 表示支持的流程、作业指引

记录归档 表示记录保存

流程——1 项目拓展论证管理流程

项目拓展论证管理流程			
编制		日期	
审核		日期	
审批		日期	

修订记录

日期	修订状态	修改内容	修改人	审核人	审批人

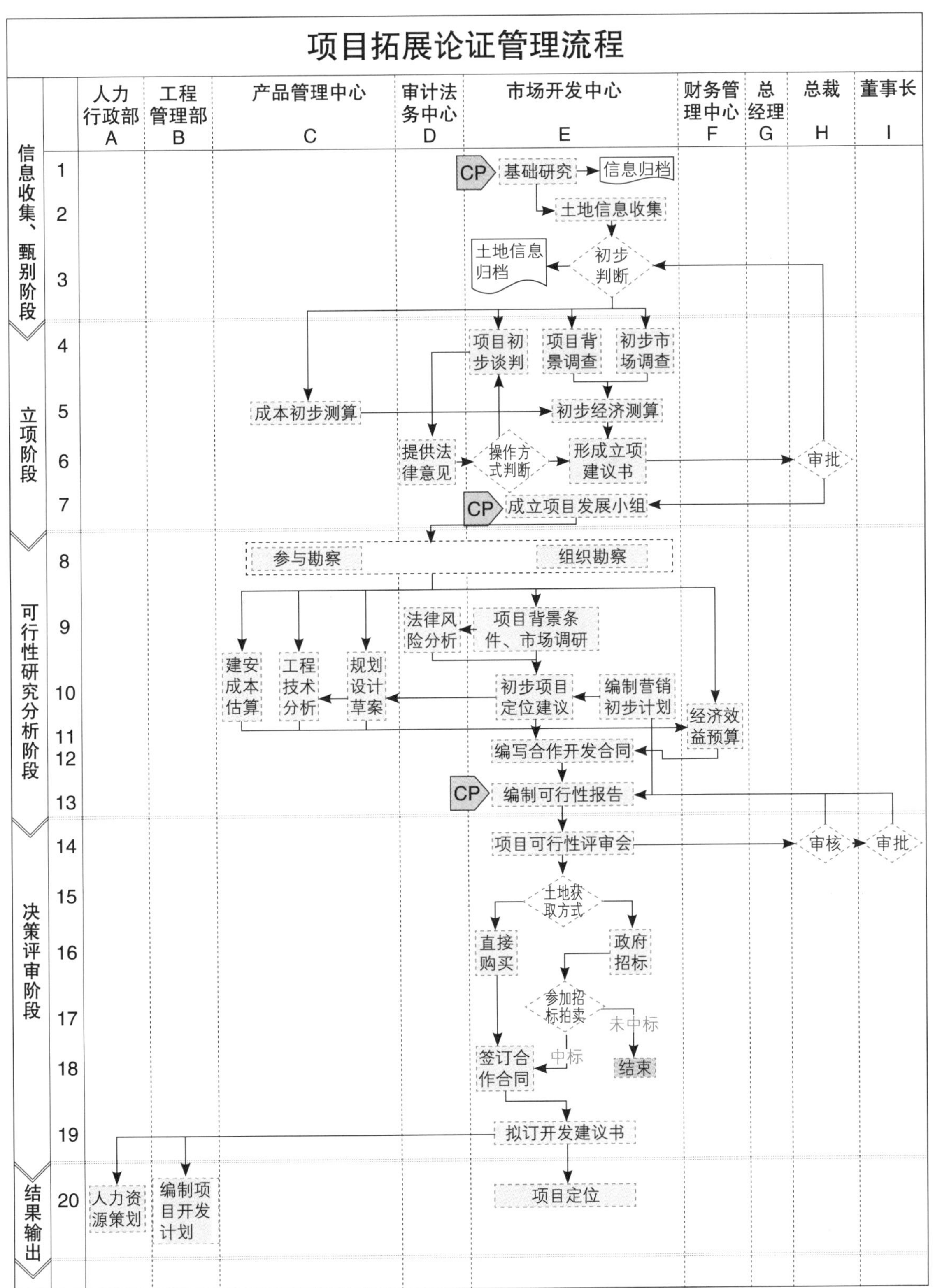
项目拓展论证管理流程
人力行政部 A
工程管理部 B
产品管理中心 C
审计法务中心 D
市场开发中心 E
财务管理中心 F
总经理 G
总裁 H
董事长 I
信息收集、甄别阶段
立项阶段
可行性研究分析阶段
决策评审阶段
结果输出
1
2
3
4
5
6
7
8
9
10
11
12
13
14
15
16
17
18
19
20
CP
基础研究
信息归档
土地信息收集
土地信息归档
初步判断
项目初步谈判
项目背景调查
初步市场调查
成本初步测算
初步经济测算
提供法律意见
操作方式判断
形成立项建议书
审批
CP
成立项目发展小组
参与勘察
组织勘察
法律风险分析
项目背景条件、市场调研
建安成本估算
工程技术分析
规划设计草案
初步项目定位建议
编制营销初步计划
经济效益预算
编写合作开发合同
CP
编制可行性报告
项目可行性评审会
审核
审批
土地获取方式
直接购买
政府招标
参加招标拍卖
未中标
中标
签订合作合同
结束
拟订开发建议书
人力资源策划
编制项目开发计划
项目定位

1. 目的

为保持集团可持续性发展，寻找房地产新项目并在确定项目前对其可行性进行科学论证。

2. 适用范围

适用于房地产新项目拓展论证管理工作，以及相关研究工作。

3. 术语和定义

3.1. 新项目论证：即对影响新项目的各个因素进行充分讨论和预测，最后针对预测的综合效果进行可行性求证；

3.2. 土地储备：为保证集团未来项目开发的土地需求，而预先进行的以控制土地开发权为目的的购买土地的行为；

3.3. 可行性研究：就是对拟购入的土地进行项目技术经济论证分析，并在此基础上对其经济效益进行预测，为投资决策提供依据。

4. 职责

4.1. 市场开发中心

4.1.1 负责组织基础研究，每年末制订“土地储备计划”；

4.1.2 信息收集、甄别阶段：以基础研究为指引进行土地信息收集、筛选；

4.1.3 立项阶段：负责根据项目初步谈判的结果，确定项目的运作方式，并通过初步市场资料研究判断项目的定位，结合项目进行初步经济测算，形成项目“立项建议书”，报管理层审议；

4.1.4 可行性研究阶段：负责根据项目的特点制订可行性研究计划，通过项目背景调研，确定初步项目定位建议，并以其为核心组织各相关部门展开相应流程工作，最终形成项目可行性研究报告；

4.1.5 决策、评审阶段：负责将可行性研究报告报管理层评审；

4.1.6 按照集团通过的项目合作条件取得项目开发权利，并负责合作条件的实施和跟踪。

4.2. 审计法务中心

4.2.1. 立项阶段：参与项目初步谈判，提供法律意见；

4.2.2. 可行性研究阶段：根据项目的背景情况进行法律风险分析，对合作合同等法律文件进行审查，提出法律意见。

4.3. 产品管理中心

4.3.1. 立项阶段：按市场开发中心的要求，根据地块的地理位置、地形地貌、规划设计条件等特征和要求，提供地块初步设计分析；

4.3.2. 可行性研究阶段：现场勘察后根据地块的地形、地貌及周边环境进行项目规划的分析；根据项目定位建议，完成规划草案；根据规划草案完成项目工程技术分析；综合上述资料，完成项目建安成本估算。

4.4. 财务管理中心

在可行性研究阶段，根据各专业部门提供的规划、成本、销售计划等材料，完成经济效益预测和相关分析。

4.5. 副总裁

听取“新项目发展进度通报”，审核“立项建议书”，并参与项目可行性研究听证。

4.6. 总裁

4.6.1. 在立项阶段，听取项目的“立项建议书”，审批是否进入可行性研究阶段，指导项目发展方向；

4.6.2. 在新项目可行性研究阶段，听取项目可行性研究成果的汇报，提出综合调整意见，审核“可行性研究报告”。

4.7. 董事长

听取项目可行性研究成果汇报，审批“可行性研究报告”。

5. 工作程序

5.1. 基础研究

5.1.1. 基础研究是为确定集团房地产土地储备动态计划，提高房地产新项目可行性分析技术水平所进行的持续性动态研究工作；

5.1.2. 基础研究包含土地信息研究、宏观市场研究、城市规划动态研究、经济动态研究、政策法规研究、项目风险研究、集团战略研究和竞争对手研究等分项研究工作；

5.1.3. 各分项研究工作由市场开发中心牵头完成，做到专项专人负责，然后再充分利用内外资源，完善研究工作；

5.1.4. 各分项工作须及时把握动态信息，做到及时收集、及时分析，其研究成果可在即时报告中和以年度为节点的总结报告中体现；

5.1.5. 基础研究的成果向集团副总裁汇报后，最终提炼作为经营计划外部环境分析的主要部分，并在此基础上制订集团土地储备滚动计划，以指导土地储备工作的进行；

5.1.6. 基础研究可指定一人为总负责人，专门负责整个基础研究计划的制订，并负责基础研究库的整理、归档。

5.2. 信息收集、甄别

5.2.1. 市场开发中心可指定土地信息负责人，专项负责土地信息的汇总、整理和总结等。

5.2.2. 土地信息的收集可通过如下几种渠道进行：

a）政府公告收集类：从相关网站或政府部门获得政府出让土地信息公告，从土地储备中心、产权交易中心获取企业转让土地信息招投标、挂牌、拍卖公告，以及从法院公告中获取拍卖土地信息；

b）其他主动收集信息类：主动了解各区域土地利用规划、旧城改造和土地供应计划等信息；收集集团各部门提供的土地信息，参与各类招商会与项目推介会等；

c）其他被动收集信息类：土地信息人来电、传真、约访、推介等。

5.2.3. 了解到有效土地信息后，需于当日最迟不超过两日内填写“土地信息采集表”，市场开发中心不定期对各土地信息进行合议，根据集团土地储备要求对土地信息进行初步判断，会议由土地信息负责人记录并存档。

5.2.4. 通过初步判断的土地信息进入立项阶段，并通过“土地信息采集表”将土地情况通报管理层；未通过的信息由土地信息负责人填写判断意见，存入土地信息库，并统一答复信息提供人，此后由土地信息负责人对该项土地的后续成交情况或条件变化情况加以跟踪记录。

5.3. 立项

5.3.1. 项目负责人按统一格式每月填制“新项目发展进度通报”，交土地信息负责人汇总上报副总裁。

5.3.2. 项目负责人根据项目情况，通过咨询等方式了解该项目的背景资料，初步判断项目的操作方式，资料汇总后提请法律顾问提供意见，最终作出项目用地购买操作方式的选择、判断。

5.3.3. 项目负责人与市场开发中心前期人员进行项目实地勘察和周边市场的简易调查，根据市场情况和项目特点作出初步项目定位，初步项目定位至少需包含以下内容：

a）项目的档次、主要客户群；

b）项目在集团项目组合中的地位和大致开发周期；

c）项目中不同建筑类型的种类和各自面积份额、售价。

5.3.4. 对于新开发区域，产品管理中心根据需要参加项目实地调查，以了解当地项目开发成本相关资料。

5.3.5. 项目负责人可根据项目的情况，进行后续处理：

a）常规项目，易于规划的：可与产品管理中心口头沟通后确定各种形式产品的面积组合，并由产品管理中心成本工程师提交各种形式产品（含基本配套）的成本数据，作为初步经济测算的依据；

b）特殊地形或包含特殊配套的项目：可将项目资料和初步项目定位交由产品管理中心做出规划设计草案，同时进行建安成本的粗略测算，作为初步经济测算的依据。

5.3.6. 项目负责人根据项目情况、初步经济测算及综合项目谈判后确定的操作方式，形成简易的“立项建议书”，经部门内部评审后，申请召开集团专项汇报会。

5.3.7. 专项汇报会由集团副总裁、总裁参加，判断项目能否确定并进入可行性研究程序，根据需要也可邀请其他相关人员参加，会议内容如下：

a）“立项建议书”包括项目简介、周边环境和市场介绍、未来发展趋势和市场定位、合作方式及风险分析、设计要点和成本分析、集团策略和开发周期、经济效益测算等；

b）项目负责人需提前将“立项建议书”发给与会人员，为保密原因，土地方情况和重要谈判条件内容应予剔除；

c）项目负责人根据项目情况，确定参加会议各专业部门的人员，对与会人员须提前通知会议信息；

d）会议首先由项目负责人作介绍，并确定主题，由各专业部门进行讨论和论证，最后综合各部门意见；

e）总裁最终决定项目是否立项并进入可行性研究阶段，同时根据各方面意见指导项目发展方向。

5.3.8. 项目经评审确定后，进入可行性研究阶段，未通过则根据会议意见进行调整或放弃，会议内容应形成会议纪要。

5.4. 项目可行性研究

5.4.1. 项目可行性研究是对项目初步预测的论证并最终形成“可行性研究报告”。

5.4.2. 项目负责人首先将专项汇报会上的意见汇总，根据项目情况向集团总裁申请成立项目发展小组，并制订“可行性研究计划”，该计划需包含各相应工作的责任部门（责任人），达到效果和时间要求，并制订时间节点计划，发相关部门。

5.4.3. 项目负责人根据可行性研究计划，组织各相关部门对项目进行现场勘察，并组织完成如下工作：

a）项目负责人进一步完善项目背景调研，包括：项目获得方式的流程、土地方资信情况、项目所在区域的环境和配套、区域规划和未来发展趋势等；

b）审计法务中心法律顾问参加项目后续谈判，作出法律风险分析；

c）市场开发中心根据可行性研究计划对项目周边市场进行详细调研，反馈给项目负责人，制订初步项目定位建议，由总监确定后形成“新项目初步市场定位建议设计草案任务书”；

d）产品管理中心先期对现场勘察地块的地形、地貌及周边环境进行项目规划的分析，并根据“新项目初步市场定位建议设计草案任务书”，完成规划设计草案，形成“新项目可行性论证规划草案指标说明”；

e）产品管理中心先期对现场勘察地块的地形、地貌进行工程建造的分析，并根据规划草案完成工程技术分析；

f）产品管理中心根据规划草案、“新项目可行性论证规划草案指标说明”和工程技术分析等文件，提供建安成本测算；

g）市场开发中心在产品管理中心完成规划设计草案后，制订营销初步计划；

h）财务管理中心根据各专业部门提供的规划、成本、销售计划等材料，完成经济效益预测分析，进行新项目经济指标测算。

5.4.4. 市场开发中心最终组织各方面材料，形成项目可行性研究报告，经内部审议后，申请召开集团新项目听证会。

5.5. 决策评审

5.5.1. 集团新项目听证会由市场开发中心组织，总裁、副总裁听取项目负责人对项目可行性研究的汇报，由董事长对“可行性研究报告”进行审批；

5.5.2. 若项目在上述环节中未获通过，项目负责人则需要根据会议意见对可行性研究进行综合调整或放弃该项目；

5.5.3. 集团听证会通过后，若没有需进一步解决的问题，总负责人可根据实际情况向集团申请提前启动项目开发的前期准备工作（包括市场营销部提前介入）。市场开发中心按照项目听证会通过的项目合作条件获得项目，并负责合作条件的实施和跟踪；

5.5.4. 集团获得项目土地的开发权后，市场开发中心立即根据可行性研究的情况制订新项目开发建议书，由产品管理中心制订“项目开发节点控制计划”并上报集团副总裁审核、总裁审批。人力行政中心根据审批后的“项目开发节点控制计划”筹划项目管理组织，市场开发中心负责项目相关资料的移交和存档，并进行工作总结。

6. 相关记录

TZ-LC001-01　土地储备计划表

TZ-LC001-02　土地信息采集表

TZ-LC001-03　新项目发展进度通报

TZ-LC001-04　新项目初步市场定位建议设计草案任务书

TZ-LC001-05　新项目可行性论证规划草案指标说明（含建造标准）

表格编号：TZ-LC001-01

土地储备计划表

记录编号：

	年	年（次年）
1. 当年新储备总规模（建筑面积）		
2. 目标发展方向		
A. 目标一		
1）区域位置要求		
2）规模（建筑面积）		
3）楼面地价水平		
4）销售净利润水平		
5）最迟签约时间		
6）最早体现利润时间		
7）备选项目		
B. 目标二		
1）区域位置要求		
2）规模（建筑面积）		
3）楼面地价水平		
4）利润水平		
5）最迟签约时间		
6）最早体现利润时间		
7）备选项目		
C. 目标三		
1）区域位置要求		
2）规模（建筑面积）		
3）楼面地价水平		
4）利润水平		
5）最迟签约时间		

续表

	年	年（次年）
6）最早体现利润时间		
7）备选项目		
3. 关注发展方向		
4. 预计地价支付最大需求		
5. 年末土地储备预计		
6. 预计土地经营成果体现		
A. 增加净利润预计		
B. 增加销售面积预计		
C. 增加销售额预计		
D. 增加剩余资金预计		
E. 增加新开工面积预计		
F. 增加在建面积预计		
G. 增加竣工面积预计		
7. ________ 年土地储备方向与目标设想		

注：1. 本表根据集团确定的年度经营计划分解编制；

2. 记录编号格式：项目名称—类别—年—月—日—序号。

表格编号：TZ–LC001–02

土地信息采集表

信息来源： **记录编号：**

<table>
<tr><td colspan="11">项目联系人：
实地考察日期：</td></tr>
<tr><td colspan="11">宗地基本情况概要</td></tr>
<tr><td>宗地名称</td><td colspan="10"></td></tr>
<tr><td rowspan="3">位置（详见附图）</td><td>区域位置</td><td colspan="4"></td><td colspan="3">土地编号</td><td colspan="2"></td></tr>
<tr><td rowspan="2">四至范围</td><td>东</td><td colspan="3"></td><td>南</td><td colspan="4"></td></tr>
<tr><td>西</td><td colspan="3"></td><td>北</td><td colspan="4"></td></tr>
<tr><td>地段</td><td colspan="10"></td></tr>
<tr><td>土地所有权归属</td><td colspan="4"></td><td colspan="2">土地使用权归属</td><td colspan="4"></td></tr>
<tr><td>土地方</td><td colspan="4"></td><td colspan="2">土地使用年期</td><td colspan="4"></td></tr>
<tr><td>交易方</td><td colspan="4"></td><td colspan="2">土地规划用途</td><td colspan="4"></td></tr>
<tr><td rowspan="4">技术指标
（根据对方阐述）</td><td colspan="3">占地面积（平方米）</td><td></td><td colspan="2">建筑覆盖率</td><td colspan="2">%</td><td>机动车位</td><td></td></tr>
<tr><td colspan="3">建筑面积（平方米）</td><td></td><td colspan="2">其中：住宅</td><td colspan="2"></td><td colspan="2" rowspan="3"></td></tr>
<tr><td colspan="3">容积率</td><td></td><td colspan="2">商业</td><td colspan="2"></td></tr>
<tr><td colspan="3"></td><td></td><td colspan="2">公建配套
公厕垃圾站</td><td colspan="2"></td></tr>
<tr><td>土地渊源</td><td colspan="10"></td></tr>
<tr><td>土地现状</td><td colspan="10"></td></tr>
<tr><td>周边环境</td><td colspan="10"></td></tr>
<tr><td rowspan="5">合作方式及条件</td><td colspan="3">合作方式</td><td colspan="7"></td></tr>
<tr><td colspan="3">土地价格</td><td colspan="7"></td></tr>
<tr><td colspan="3">周边可拓展土地</td><td colspan="7"></td></tr>
<tr><td colspan="3">付款条件</td><td colspan="7"></td></tr>
<tr><td colspan="3">交地标准</td><td colspan="7"></td></tr>
</table>

续表

经济测算	
项目判断意见	
市场开发中心意见	
后续跟进情况记录	
最终成交情况	

附：

1. 项目成本简单测算；

2. 项目利润简单测算；

3. 项目位置图；

4. 项目宗地图。

注：1. 本表由市场开发中心组织填写，并根据内部会议记录初步判断意见，经中心总监审核后存入集团土地信息资料库；

2. 本表可根据项目实际情况，增加表格汇报项目；

3. 后附图片可根据资料掌握的实际情况添加；

4. 记录编号格式：项目名称—类别—年—月—日—序号。

表格编号：TZ-LC001-03

新项目发展进度通报

填报单位：　　　　　　　　　　　　　　　　　　　　　　　　记录编号：

<table>
<tr><th colspan="3">项目进展状况及工作计划</th></tr>
<tr><td colspan="2"></td><td>详细内容</td></tr>
<tr><td rowspan="4">项目进展状况</td><td>接触程度</td><td></td></tr>
<tr><td>谈判情况</td><td></td></tr>
<tr><td>法律手续</td><td></td></tr>
<tr><td>焦点难点</td><td></td></tr>
<tr><td rowspan="6">项目发展环境变化</td><td>竞争对手</td><td></td></tr>
<tr><td>竞争楼盘</td><td></td></tr>
<tr><td>政府政策</td><td></td></tr>
<tr><td>城市规划</td><td></td></tr>
<tr><td>市政配套</td><td></td></tr>
<tr><td>其他因素</td><td></td></tr>
<tr><td colspan="2">下一步计划</td><td></td></tr>
</table>

注：1. 本表由市场开发中心项目负责人每月填报，经中心总监审阅后上报副总裁；

2. 记录编号格式：项目名称—类别—年—月—日—序号。

表格编号：TZ–LC001–04

新项目初步市场定位建议设计草案任务书

项目名称： **填写日期：** **记录编号：**

一、规划要点指标

指标类型	指标	单位	比较	建议数值	备注
用地平衡	总用地面积	平方米			
	计容积率净用地面积	平方米			
	规划容积率	—			
	总建筑面积（计容积率）	平方米			
	其中：商业面积	平方米			
	住宅面积	平方米			
	其他配套面积	平方米			
基本指标	覆盖率	%			
	绿化率	%			
	总户数	个			

二、可售建筑类型分布

住宅分类	建筑面积（范围）	户型大小（范围）	客户定位	景观要求	内外部装修标准、厨卫设置
别墅住宅					
联排住宅					
多层住宅					
小高层住宅					
高层住宅					
超高层住宅					
合计					
总体说明					
备注：属于同种建筑类型但层数差异较大时，或有重大影响成本情况时可单列					

续表

<table>
<tr><td>其他可售物业</td><td>建筑面积（范围）</td><td colspan="2">分层考虑</td><td>客户定位</td><td>备注(含经营模式考虑)</td></tr>
<tr><td>类型一</td><td></td><td colspan="2"></td><td></td><td></td></tr>
<tr><td>类型二</td><td></td><td colspan="2"></td><td></td><td></td></tr>
<tr><td>合计</td><td></td><td colspan="2"></td><td></td><td></td></tr>
<tr><td>总体说明</td><td colspan="5"></td></tr>
<tr><td colspan="6">三、其他配套设施说明</td></tr>
<tr><td>计算容积率部分</td><td>占地面积（范围）</td><td>单位</td><td>比较</td><td>建筑面积建议数值</td><td>备注(含经营模式考虑)</td></tr>
<tr><td>会所</td><td></td><td>平方米</td><td></td><td></td><td></td></tr>
<tr><td>幼儿园</td><td></td><td>平方米</td><td></td><td></td><td></td></tr>
<tr><td>小学</td><td></td><td>平方米</td><td></td><td></td><td></td></tr>
<tr><td>其他</td><td></td><td>平方米</td><td></td><td></td><td></td></tr>
<tr><td>合计</td><td></td><td>平方米</td><td></td><td></td><td></td></tr>
<tr><td>总体说明</td><td colspan="5"></td></tr>
<tr><td>不计容积率部分</td><td>个数/建筑面积</td><td>单位</td><td>比较</td><td>建议数值</td><td>备注(含经营模式考虑)</td></tr>
<tr><td>车位</td><td></td><td>个</td><td></td><td></td><td></td></tr>
<tr><td>室外体育设施</td><td></td><td>平方米</td><td></td><td></td><td></td></tr>
<tr><td>总体说明</td><td colspan="5"></td></tr>
<tr><td colspan="6">四、其他说明</td></tr>
<tr><td>总体市场定位</td><td colspan="5"></td></tr>
<tr><td>总体装修标准</td><td colspan="5"></td></tr>
<tr><td colspan="6">五、签字栏</td></tr>
<tr><td>要求完成时间</td><td>填表</td><td colspan="2">校对</td><td>审核</td><td>签收</td></tr>
<tr><td></td><td></td><td colspan="2"></td><td></td><td></td></tr>
<tr><td colspan="6">备注：本表可根据项目实际情况进行调整，但需作说明。</td></tr>
</table>

表格编号：TZ-LC001-05

新项目可行性论证规划草案指标说明（含建造标准）

项目名称： **记录编号：**

一、指标统计					
指标类型	指标	单位	任务书建议数值	实际数值	备注
用地平衡	总用地面积	平方米			
	建筑用地面积	平方米			
	总建筑面积（计容积率）	平方米			
	其他不计容积率建筑面积	平方米			
用地构成	小区道路	平方米			
	消防道路	平方米			
	人行道	平方米			
	广场	平方米			
	绿化	平方米			
	水景	平方米			
	室外体育设施	平方米			
	室外泳池	平方米			注明个数
基本指标	规划容积率	—			
	覆盖率	%			
	绿化率	%			
	总户数	个			
	车位数（含地面停车）	个			

续表

指标类型	指标	单位	任务书建议数值	实际数值	备注
土方平衡	挖方量	立方米			
	填方量	立方米			
	挖填方差量	立方米			
	边坡支护	米			

二、建筑细部面积指标

可售住宅分类	占地面积	建筑面积	层高	层数	结构类型	电梯个数	户数	内外部装修标准、厨卫设置
别墅住宅								
联排住宅								
多层住宅								
小高层住宅								
高层住宅								
超高层住宅								
合计								

备注：属于同种建筑类型但层数差异较大时，或有重大影响成本情况时可单列。

计容积率配套	占地面积	建筑面积	层高	层数	结构类型	内外部装修标准、设施设置
商业						
会所						
幼儿园						
小学						
物业用房						
其他						

续表

不计容积率配套	占地面积	建筑面积	层高	层数	结构类型	装修标准
架空花园						
架空车库						
地面停车						
地下商业街						
地下室面积						

三、其他说明	
建筑概况	1. 设计概念：项目体现的主题思想、主要设计风格、设计特点； 2. 主要项目类型分布：多层、高层，还是联排别墅，以及各种项目的楼栋数，各个楼栋大堂及电梯装修标准； 3. 各种占地的配比，车位布置； 4. 商业物业独立布置还是沿裙楼布置，商业人流入场考虑，是否布置扶梯、中央空调。
园林小品标准	
其他配套设施内容及规模	
单独占地体育设施规模和标准说明	
总体装修标准	包含内墙装饰、外墙装饰、厨卫装饰的标准，节能和环保型建筑材料选用的考虑
备注	
其他必要文字说明	

四、签字栏		
填表（经办人）	审核（产品管理中心总监）	签收（工程管理部、成本管理部） （未成立城市公司的，由产品管理中心的成本工程师签收）

注：1. 本表由产品管理中心根据“新项目初步市场定位建议设计草案任务书”编制，交工程管理部进行工程技术分析，交成本管理部进行建安成本测算；未成立城市公司的，上述职能由产品管理中心工程、成本工程师执行；

2. 本表可根据项目实际情况进行调整，但需作说明；

3. 记录编号格式：项目名称—类别—年—月—日—序号。

流程——2 项目报批报建管理流程

项目报批报建管理流程

编制		日期	
审核		日期	
审批		日期	

修订记录					
日期	修订状态	修改内容	修改人	审核人	审批人

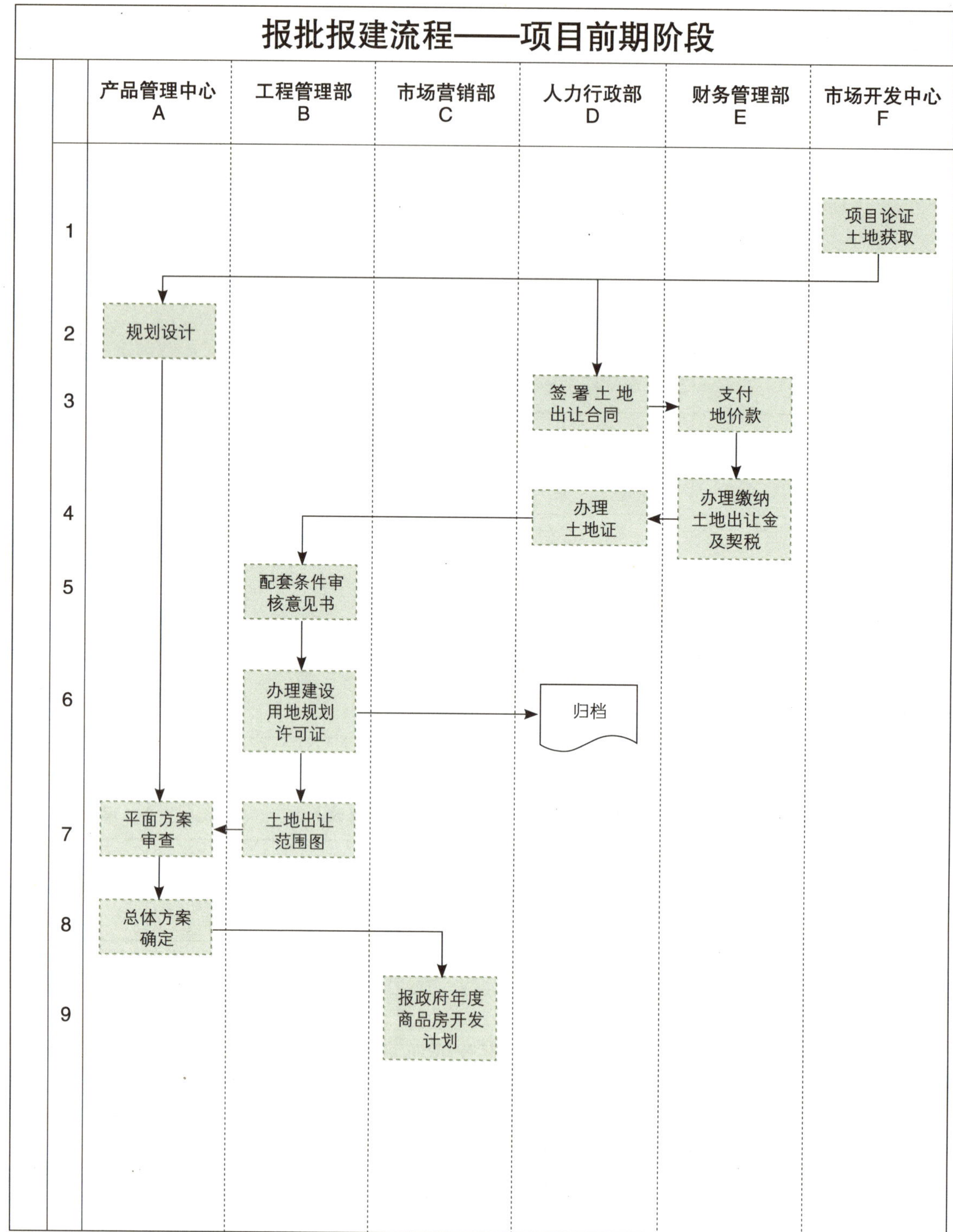
报批报建流程——项目前期阶段
产品管理中心 A
工程管理部 B
市场营销部 C
人力行政部 D
财务管理部 E
市场开发中心 F
1
2
3
4
5
6
7
8
9
项目论证土地获取
规划设计
签署土地出让合同
支付地价款
办理缴纳土地出让金及契税
办理土地证
配套条件审核意见书
办理建设用地规划许可证
归档
土地出让范围图
平面方案审查
总体方案确定
报政府年度商品房开发计划

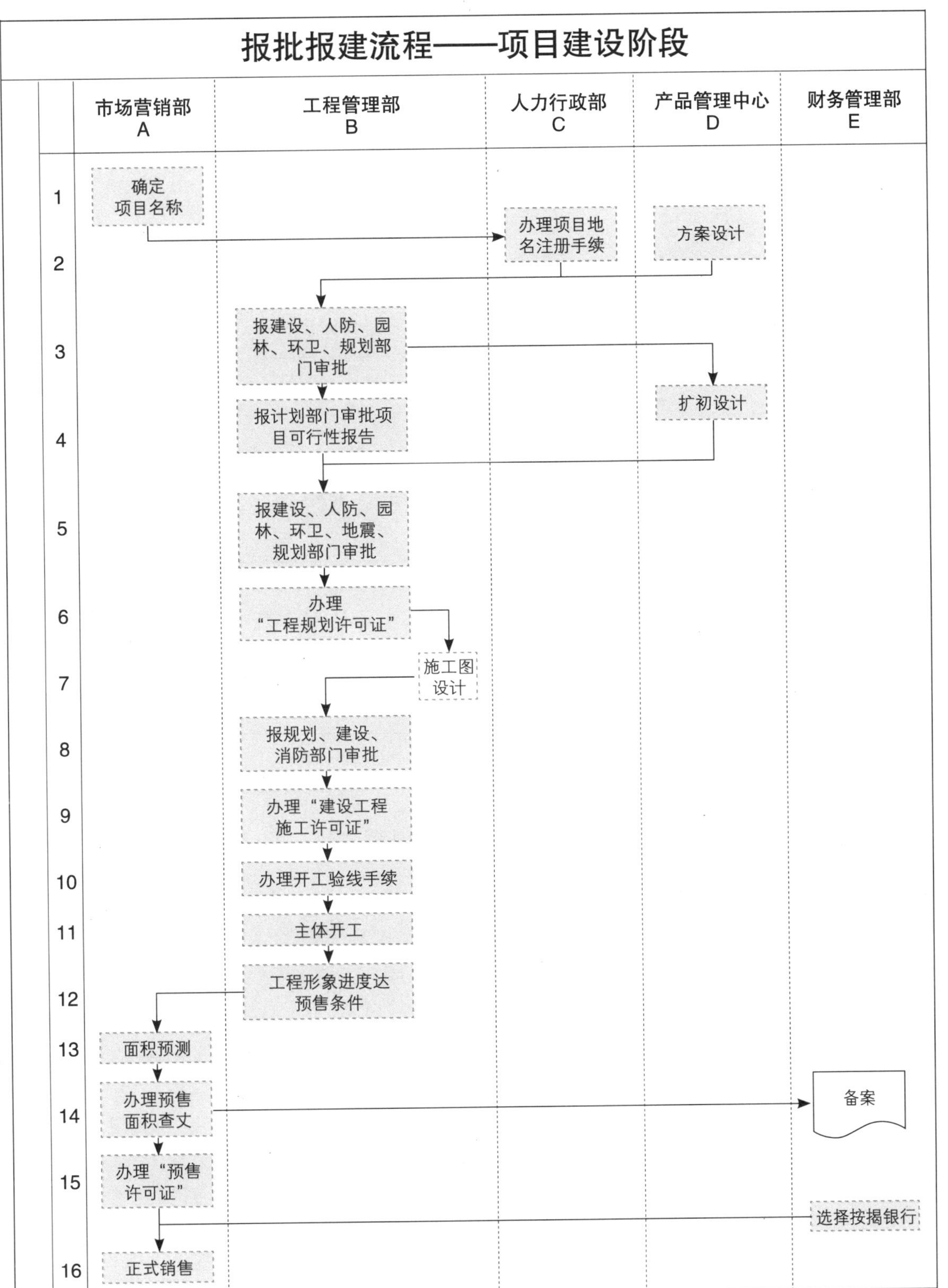

报批报建流程——项目建设阶段
市场营销部 A
工程管理部 B
人力行政部 C
产品管理中心 D
财务管理部 E
1
2
3
4
5
6
7
8
9
10
11
12
13
14
15
16
确定项目名称
办理项目地名注册手续
方案设计
报建设、人防、园林、环卫、规划部门审批
扩初设计
报计划部门审批项目可行性报告
报建设、人防、园林、环卫、地震、规划部门审批
办理“工程规划许可证”
施工图设计
报规划、建设、消防部门审批
办理“建设工程施工许可证”
办理开工验线手续
主体开工
工程形象进度达预售条件
面积预测
办理预售面积查丈
备案
办理“预售许可证”
选择按揭银行
正式销售

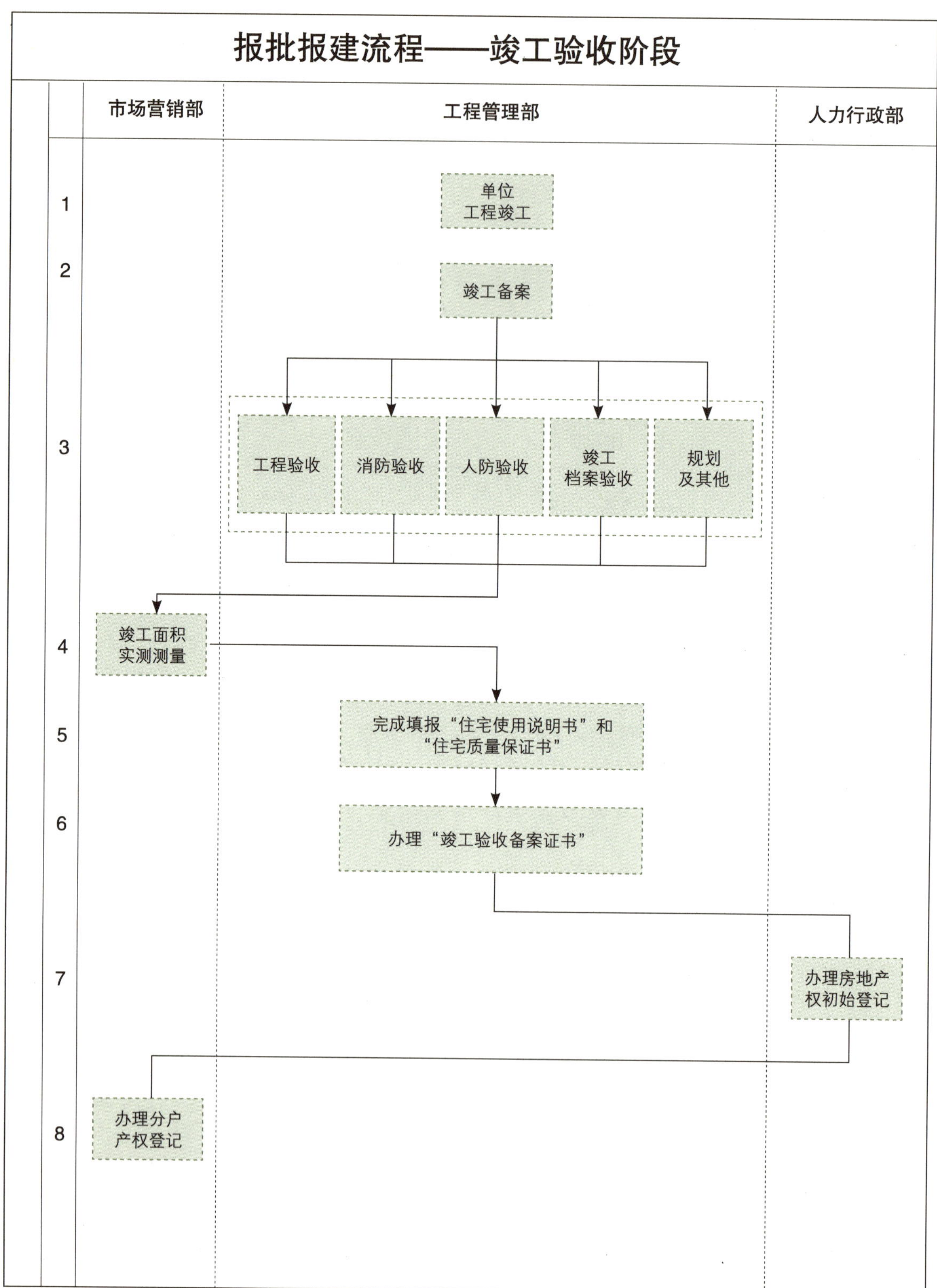
报批报建流程——竣工验收阶段
市场营销部
工程管理部
人力行政部
1
单位
工程竣工
2
竣工备案
3
工程验收
消防验收
人防验收
竣工
档案验收
规划
及其他
4
竣工面积
实测测量
5
完成填报“住宅使用说明书”和
“住宅质量保证书”
6
办理“竣工验收备案证书”
7
办理房地产
权初始登记
8
办理分户
产权登记

1. 目的

确保开发的房地产项目按有关规定进行各项报建。

2. 适用范围

适用于集团开发的房地产项目的报建工作。

3. 术语和定义

大产证：指房地产项目产权初始登记时获得的项目单位整体的产权证，区别于分户业主的产权证。

4. 职责

4.1. 工程管理部

4.1.1. 负责项目的报批报建管理，包括领取项目的各项政府审批文件；

4.1.2. 负责公司对外联络，并与政府相关机构建立良好的关系；

4.1.3. 负责准备报批报建资料并办理项目前期手续及开工验线手续；

4.1.4. 负责办理“建设用地规划许可证”、“建设工程桩基础提前开工许可证”、“建设工程规划许可证”、“建筑工程施工许可证”；

4.1.5. 负责办理其他施工前的报建工作；

4.1.6. 协助市场营销部办理竣工面积实测及竣工验收备案；

4.1.7. 协助人力行政部办理房地产产权初始登记及大产证。

4.2. 人力行政部

4.2.1. 负责办理土地转让手续和土地使用证，并负责项目名称、地名注册申请；

4.2.2. 负责办理“固定资产投资许可证”、“建设项目选址意见书”；

4.2.3. 办理房地产产权初始登记。

4.3. 市场营销部

4.3.1. 负责商品房面积预售查丈及办理“预售许可证”、“租赁许可证”；

4.3.2. 办理抵押登记及业主银行按揭手续；

4.3.3. 负责竣工面积实测，并办理业主分户产权证。

5. 工作程序

5.1. 用地手续办理程序

5.1.1. 工程管理部根据规划部门“规划选址意见书”，办理“建设项目用地预审报告书”(附土地利用现状图)，同时办理用地“建设用地规划许可证”及红线图、项目设计要求通知书；

5.1.2. 人力行政部向国土资源部门申请用地，经审批后领取“土地使用确认书”，需要拆迁安置的，到拆迁部门办理拆迁补偿、安置手续；

5.1.3. 人力行政部到相关部门缴纳税费，办理用地分期手续，到国土资源部门领取“关于同意分期办理用地手续的通知”；

5.1.4. 人力行政部到国土资源部门办理评估土地使用权出让金的通知并凭通知办理“国有土地出让合同”，在缴纳土地使用权出让金后，申请领取“建设用地批准书”、“国有土地使用证”；

5.1.5. 人力行政部到土地估价部门办理土地使用权出让金的评估手续；

5.1.6. 人力行政部负责申请土地登记。

5.2. 人力行政部负责办理土地的相关交易(拍卖\挂牌\招标等)手续

5.2.1. 人力行政部凭“国有土地招拍挂成交确认书”及相关税费单据到国土资源部门办理“国有土地使用证”更名手续，然后到规划部门办理变更“建设用地规划许可证”建设单位手续，再凭规划部门同意变更用地单位名称的文件到国土资源部门办理“建设用地批准书”变更手续；

5.2.2. 人力行政部凭法院发出的“协助执行通知书”或“强制执行通知书”到国土资源部门办理“国有土地使用证”更名手续，然后到规划部门办理变更“建设用地规划许可证”建设单位并申请规划条件，再凭规划部门同意变更用地单位名称的文件到国土资源部门办理“建设用地批准书”变更手续；

5.2.3. 项目建设阶段报建程序：

5.2.3.1. 人力行政部到建设部门办理成立公司批文，办理“房地产企业开发资质证”；

5.2.3.2. 人力行政部负责向计划部门办理投资计划任务书，办理预备项目立项，领取立项书；

5.2.3.3. 工程管理部协助设计和工程供应商到招投标主管部门办理招投标登记，办理勘察设计及施工招投标；

5.2.3.4. 在规划设计方案审批后，由工程管理部向规划部门送审，由规划部门在“配套设施总平面图”上签字确认；

5.2.3.5. 产品管理中心完成小区排水设计后，由工程管理部协助设计供应商向规划部门送审，领取排水审核批准文件；

5.2.3.6. 产品管理中心完成单体建筑设计后，工程管理部负责向规划部门送审，由后者签字认可；

5.2.3.7. 产品管理中心完成小区人防地下室建筑设计后，由工程管理部协助设计供应商向人防部门办理人防报建，领取“关于小区人防地下室建设规划的意见”、“人防工程设计专项审查意见书”；

5.2.3.8. 产品管理中心完成初步设计中的建筑工程消防设计后，由工程管理部协助设计供应商到公安消防部门办理消防报建，领取“关于建筑工程消防设计的审核意见”、“关于自动消防系统设计的审核意见”；

5.2.3.9. 工程管理部负责完成环保报建资料后，协助环保设计供应商向环保部门办理环保报建，领取“有关环保问题的意见”、“关于建设项目环境影响报告书的审批意见”；

5.2.3.10. 工程管理部完成防雷设施图纸后，由工程管理部负责向防雷设施检测部门办理防雷报建，领取“防雷设施设计审核书”；

5.2.3.11. 工程管理部负责办理电梯等专业的报建工作，领取各部门批复意见；

5.2.3.12. 人力行政部到民政部门办理路牌名命名，领取“路名命名批复”；

5.2.3.13. 在财务管理部负责提供资金证明后，由人力行政部负责到计划部门办理项目的正式立项，领取“商品房建设正式项目计划备案回执”，并办理“固定资产投资项目许可证”；

5.2.3.14. 在工程管理部完成建筑施工报建图后，向规划部门送审，协助资料室办理档案合同手续，在完成余泥排放图纸后，到市容环卫部门办理“余泥排放证”；

5.2.3.15. 工程管理部负责到建设部门办理缴纳市政配套费、散装水泥基金、新型墙体材料使用基金，领取相关证明，并负责到规划部门领取“建设工程报建审核书”、“建设工程规划许可证”及附图；

5.2.3.16. 工程管理部负责向建设部门办理施工图审查手续，领取“建设工程施工图设计文件审查批准书”；

5.2.3.17. 成本管理部向招投标管理部门办理施工招投标，领取“建设工程施工中标通知书”；

5.2.3.18. 人力行政部到建筑行业劳动保险管理部门办理缴纳劳保金，领取“建设项目劳保金预缴证明”，并向建设部门办理民工工资保证金缴纳手续；

5.2.3.19. 工程管理部到建设工程质量安全监督部门办理“建设工程质量安全监督登记表”；

5.2.3.20. 工程管理部到建设部门办理“建筑工程施工许可证”；

5.2.3.21. 工程管理部完成放线测量图纸后，负责到规划部门领取放线卡，再到勘察设计供应商处办理“放线图”，“放线图”完成后，提交规划部门备案；

5.2.3.22. 人力行政部负责办理门牌、供电、供水、供气、电话、有线电视、燃气安装及通邮安装等报批工作；

5.2.3.23. 工程管理部负责到规划部门办理公示牌手续并协助工程供应商处理城管部门问题，同时负责办理交通工程划线工作；

5.2.3.24. 市场营销部向房产测绘部门办理项目预测绘手续，并向规划部门、房管部门办理预售手续，领取“商品房预售许可证”；

5.2.3.25. 项目竣工验收阶段报批报建手续按“工程竣工验收作业指引”规定执行。

6. 相关表格及记录

TZ-LC002-01　　报批报建手续及所需资料一览表

表格编号：TZ-LC002-01

报批报建手续及所需资料一览表

报批报建事项	所需资料	办理部门	受理部门	备注
土地转让合同		人力行政部	国土资源部门	
土地证	支付土地价款证明	人力行政部	财政部门 国土资源部门	办理缴纳土地出让金及契税后
	办理缴纳土地出让金及契税			
	国有土地使用权出让合同			
项目名称	申请书	人力行政部	民政部门	
建设项目选址意见书	申请书	人力行政部	规划部门	
	土地资料			
	1：500地形现状图（需标明用地范围）及其电子文件			
建设项目单体方案审查	红线图一份（原件）	工程管理部	规划部门	
	选址意见书及设计要求通知书一份（复印件）			
	单体方案两套（原件）及电子文件			
	比选方案根据项目情况补充相关图纸资料			
建设用地规划许可证	土地出让合同	工程管理部	规划部门	
	经审签的方案图一套			
	红线图一份			
	选址意见书及设计要求通知书一份（复印件）			
申办项目地名注册	项目名称及释义	人力行政部		方案报建前
设计方案报审	设计方案文件	工程管理部		审核后
初步设计报审	初步设计图	工程管理部	建设部门	审核后
	已通过的方案图一套			
	初设说明			
	设计合同			
	工程概算			
	初设图三套			
	地勘报告			
散装水泥	散装水泥专项资金专用缴费单据（复印件）	工程管理部	建设部门	
墙体建筑材料节能费	墙体建筑材料节能	工程管理部	墙改部门	

续表

报批报建事项	所需资料	办理部门	受理部门	备注
建设工程规划许可证	规划（建筑）方案设计图和文件	工程管理部	规划部门	审核后
	申请表			
	配套费及散装水泥专项资金缴费单			
	建设用地批准书（附国土资源部门地界图原件、复印件各一份）			
	初设审查意见书			
	经校核签字的建施图一套			
施工图审查	施工图一份 设计合同 勘察报告、勘察合同 计划部门批文	工程管理部	审图部门	
招投标申请	申请表	成本管理部 工程管理部	建设部门	
	建设工程规划许可证（复印件）			
	施工图审查备案登记（复印件）			
	监理备案登记表（复印件）			
	建设工程招投标单位资格审查备案登记表			
办理施工图审查意见备案登记	施工图（建、结、水、电）三套	工程管理部	建设部门	
	初设批复			
	设计合同			
	消防审查意见书			
	建设工程规划许可证			
	施工图审查报告书			
	设计审查回复意见、设计跟踪表			
	建筑节能设计备案地勘审查报告			
节能备案登记	设计供应商出具的节能设计计算书	工程管理部	建设部门	
	施工图审查机构出具的节能审查意见报告			
	审查机构出具的节能登记表			
办理消防审查登记	申请表	工程管理部	消防部门	
	建、结、水、电、暖施工图各一套			
用电申请（临电）		人力行政部	电力部门	

续表

报批报建事项	所需资料	办理部门	受理部门	备注
办理质监登记	建设工程质量监督登记书	工程管理部	质监部门	
	见证取样授权书			
	施工图			
	施工图设计文件审查报告和备案通知书			
	施工、监理合同			
	施工组织设计和监理规划（监理实施细则）			
	建筑节能登记表			
	建设工程规划许可证			
施工许可证	审图公司审核后的施工图	工程管理部	建设部门	审核后
	中标通知书			
	建设工程规划许可证			
	建设工程投标单位资格审查备案表			
	施工图审查备案表			
	施工许可证申请表			
	施工许可证审批表			
	文明施工现场责任书			
	安全目标责任书			
	施工安全评价指导书			
	安全监督申报备案表			
	安全申报评价表			
	质监登记表			
	人身意外伤害投保单			
	投标单位廉正责任书			
	根据项目规模提交各类操作人员上岗证			
取水许可证 地下水资源费		人力行政部	水利、国土资源部门	
气象防雷		工程管理部	气象部门	
人防		工程管理部	人防部门	
办理放线卡	规划许可证	工程管理部	规划、国土资源部门	
	土地现状图			
	施工许可证			

续表

报批报建事项	所需资料	办理部门	受理部门	备注
放线	放线卡	工程管理部	规划部门	
	施工图			
	红线图			
	规划许可证及施工许可证			
	规划签字的建施图			
建（构）筑物定位放线、验线		工程管理部	规划、市政设计、城管部门	
办理消防验收备案	申请表	工程管理部	消防部门	
	消防审查意见			
	红线图			
	总平面图（需标注室外消火栓分布图）			
	平、立、剖竣工图（需建设、施工、监理单位签章）			
	水、电竣工图（需建设、施工、监理单位签章）			
	防雷检测报告			
办理项目规划验收	两证一书原件	工程管理部	规划部门	
	红线图			
	申请表			
	规划审签的建施图			
	竣工图			
	经规划部门签字的放线图及竣工测量图			
	测绘单位出具的房屋预测绘报告			
	人防部门出具的人防备案登记表			
市政公用设施配套竣工备案	书面申请一份，“建设项目市政公用设施配套竣工备案申请表”一份	工程管理部	建设部门 城管部门	
	符合要求的室外道路、广场、给水、燃气、排水、化粪池、路灯等市政公用设施竣工图及监理、质量监督等部门出具的竣工验收相关手续			
	经规划部门、建设部门审核签字的红线图和方案总平面图、底层平面图、负层平面图及方案说明原件一份 经规划部门、建设部门审核签字的施工总平面图、底层平面图、负层平面图、水施说明、水施总平面图、水施底层平面图、水施负层平面图、室外市政公用设施施工图等原件各一份			

续表

报批报建事项	所需资料	办理部门	受理部门	备注
市政公用设施配套竣工备案	供水、供电、供气、电话、电视、燃气等安装工程竣工入网手续完善情况证明	人力行政部	相关部门	
消防验收		工程管理部	消防部门	
气象验收		工程管理部	气象部门	
商品房面积预测	施工图及电子文件	市场营销部	房管部门	开盘前60天
申办“商品房预售面积查丈报告”		市场营销部	房管部门	
申报年度预售计划、办理“预售许可证”和“租赁许可证”	预售合同示范文本	市场营销部	房管部门	开盘前30天
	有资质的测绘机构出具工程进度鉴证报告	市场营销部		开盘前15天
	物业公司的前期物业管理服务合同	市场营销部		开盘前30天
	公安部门批准的门牌号码批文及附图	人力行政部		开盘前20天
	建筑面积预测报告	市场营销部		开盘前30天
	与资金监管机构签订的预售监管协议	财务管理部		开盘前20天
办理抵押登记及业主银行按揭手续		市场营销部	国土资源部门/银行	
竣工面积实测	建筑图纸	市场营销部 工程管理部	房管部门	竣工验收前15天
竣工面积查丈报告	规划验收通知书（原件） 建设用地规划许可证（原规划设计要点、市政设计要点） 经批准的总平面图（原件） 土地使用权出让合同中相关部分及宗地图 房屋竣工面积查丈所需用地资料 经批准的建筑施工图（盖规划部门、国土资源部门公章的原件） 建设工程规划许可证（复印件）	工程管理部	建设部门	
竣工验收备案	竣工验收备案表 建筑工程竣工验收报告 建筑工程规划验收合格证 建筑工程消防验收意见书 电梯（扶梯）验收结果通知单 工程验收档案认可书 燃气工程验收证书 工程供应商签署的工程质量保修书 住宅使用说明书 法律、法规、规章规定的其他材料	工程管理部	城建档案部门	

续表

报批报建事项	所需资料	办理部门	受理部门	备注
房地产权初始登记大确权	房地产初始登记申请书 土地使用权属证明 身份证明 建设工程规划许可证 施工许可证 建筑物竣工验收证明 规划验收证 登记机关许可的测量机构出具的查丈报告 宗地图及证书附图 建筑设计总平面图 建筑物竣工图	人力行政部 工程管理部	国土资源部门 规划部门 房管部门 建设部门	
申办项目永久用水、用电、用气手续		人力行政部	自来水部门 供电部门 燃气部门	
申请转移登记，办理业主“房地产证”		市场营销部	房管部门	

说明：1. 各部门收集到报批报建所需资料后，按照政府部门要求递交资料；

2. 政府部门窗口收文后，各部门主办人员在取得批文前，至少与政府经办人联系一次，了解办文进展或按对方要求进行配合工作；

3. 政府部门承诺的办文时限到期当日或次日，各部门主办人员到指定地点领取批文，并交人力行政部存档；

4. 对于上述列表中的顺序，可按照工程进度进行调整和修改；列表之中未列出之项目可按实际情况进行整和修改；报批报建资料乃为参考，各部门须向相关政府部门了解最新详细情况后，再进行资料收集、准备、递交工作。

流程—— 3 方案设计管理流程

方案设计管理流程

编制		日期	
审核		日期	
审批		日期	

修订记录

日期	修订状态	修改内容	修改人	审核人	审批人

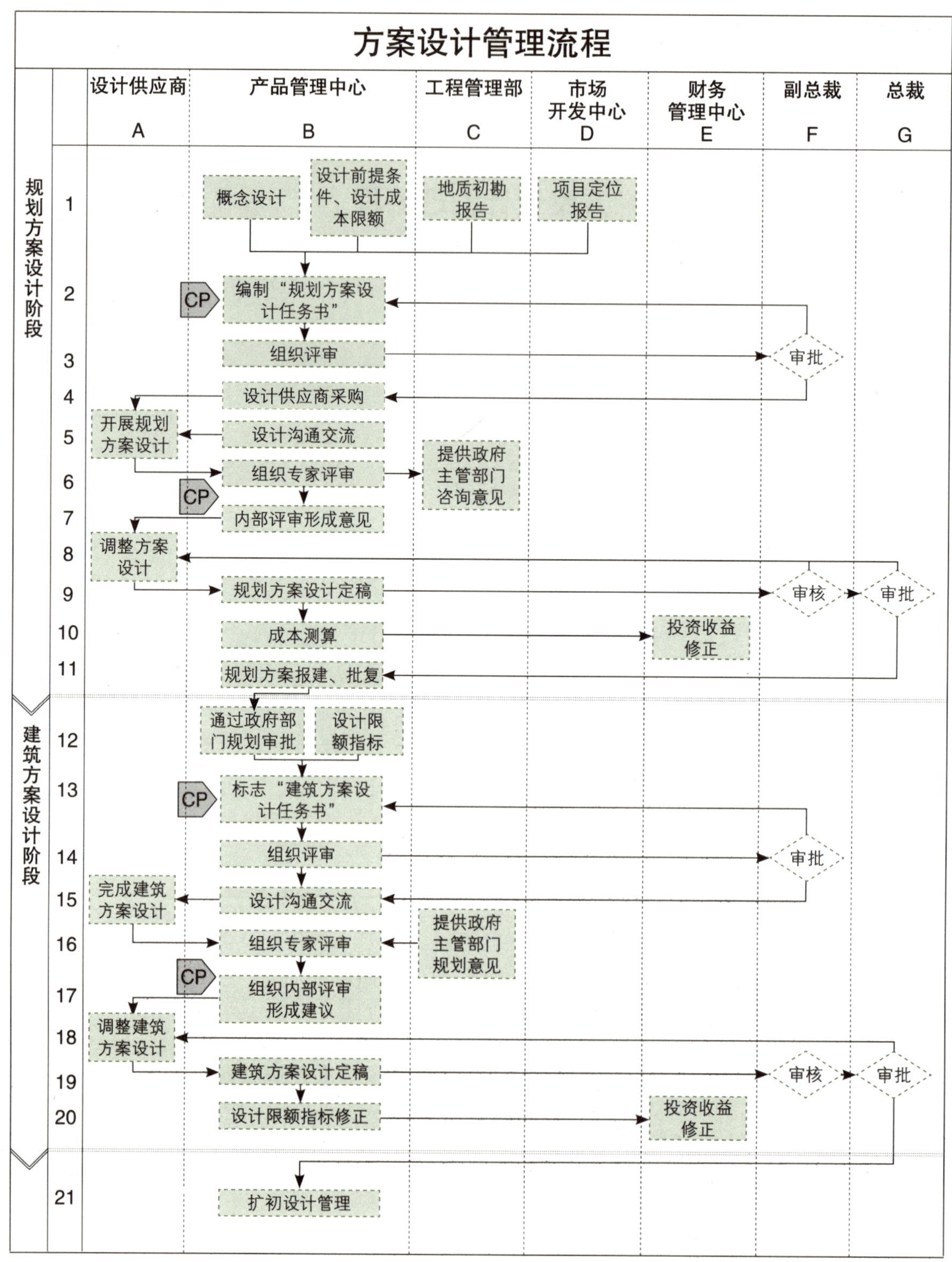
方案设计管理流程
设计供应商 A
产品管理中心 B
工程管理部 C
市场开发中心 D
财务管理中心 E
副总裁 F
总裁 G
规划方案设计阶段
建筑方案设计阶段
1
概念设计
设计前提条件、设计成本限额
地质初勘报告
项目定位报告
2
CP
编制“规划方案设计任务书”
3
组织评审
审批
4
设计供应商采购
5
开展规划方案设计
设计沟通交流
6
组织专家评审
提供政府主管部门咨询意见
CP
7
内部评审形成意见
8
调整方案设计
9
规划方案设计定稿
审核
审批
10
成本测算
投资收益修正
11
规划方案报建、批复
12
通过政府部门规划审批
设计限额指标
13
CP
标志“建筑方案设计任务书”
14
组织评审
审批
15
完成建筑方案设计
设计沟通交流
16
组织专家评审
提供政府主管部门规划意见
CP
17
组织内部评审形成建议
18
调整建筑方案设计
19
建筑方案设计定稿
审核
审批
20
设计限额指标修正
投资收益修正
21
扩初设计管理

1. 目的

规范集团项目方案设计阶段的操作流程，加强监控，保证设计质量、进度并控制成本。

2. 适用范围

2.1. 本流程适用于在政府控规基础上进行的项目规划及建筑方案设计阶段的工作；

2.2. 本流程适用于政府未进行规划的地块并进行规划报批和报建。

3. 术语和定义

方案设计：按规划部门提供的规划设计条件对项目进行规划方案和建筑方案的设计。

4. 职责

4.1. 产品管理中心

4.1.1. 负责编写“规划方案设计任务书”、“建筑方案设计任务书”；

4.1.2. 负责根据项目“设计节点控制计划”编写实施阶段设计计划；

4.1.3. 负责设计过程中设计方案调整、设计成果的管理；

4.1.4. 负责组织集团管理层、相关部门人员或外部专家对规划及建筑方案设计成果进行评审；

4.1.5. 负责提供景观设计师、室内设计师所需的设计图纸，提供成本测算所需的各阶段设计图纸；

4.1.6. 负责提供规划、建筑方案设计限额指标；

4.1.7. 负责对规划及建筑方案设计进行设计概算，并负责调整方案设计后设计概算修正。

4.2. 工程管理部

4.2.1. 负责了解项目当地政府开发操作流程，获取当地各类地方性的建筑规范；

4.2.2. 负责提供当地各政府部门对项目开发的要求；

4.2.3. 负责了解总体规划趋势，对方案设计提出设计要求；

4.2.4. 负责就市政配套情况向有关政府部门了解、征询，形成设计要求；

4.2.5. 负责提供项目地块及周边管网情况资料；

4.2.6. 负责向产品管理中心提供政府部门对项目方案设计的批文；

4.2.7. 负责提供地质初勘报告并参与规划方案、建筑方案设计成果的评审。

4.3. 市场开发中心

负责提交“项目定位报告”；参与规划方案、建筑方案设计成果的评审，同时确认实施户型方案。

4.4. 财务管理中心

负责方案设计后项目投资收益修正。

4.5. 副总裁

4.5.1. 负责审批“规划方案设计任务书”、“建筑方案设计任务书”；

4.5.2. 负责审核规划方案设计、建筑方案设计、设计限额指标修正、投资收益修正。

4.6. 总裁

负责审批规划方案设计、建筑方案设计、设计概算修正、项目投资收益经济评价。

5. 工作程序

5.1. 规划设计阶段

5.1.1. 产品管理中心收集设计资料：

a）市场开发中心：“项目可行性研究报告”、“项目定位报告”（户型、公建配套单体建议）；

b）产品管理中心：“建设用地规划许可证”、“地质初勘报告”、规划要点、设计限额指标。

5.1.2. 产品管理中心根据设计资料编写“规划设计任务书”，将规划指标落实确定，规划指标应包含以下内容：

a）土地面积、建筑容积率、建筑密度、绿化率、建筑控制高度、退界条件；

b）设计限额指标；

c）设计成果要求、完成时间。

5.1.3. 产品管理中心组织相关部门人员或专业机构对“规划方案设计任务书”进行评审，并报副总裁审批，然后将“规划方案设计任务书”提交设计供应商进行设计。

5.1.4. 规划方案设计：

5.1.4.1. 产品管理中心安排工程师陪同设计供应商人员勘察现场，并描述现场概况，负责安排设计中期交流，及时沟通解决设计过程中的问题；

5.1.4.2. 设计供应商完成规划方案设计并提交产品管理中心，产品管理中心组织相关部门人员或外部专家进行评审并提出改进意见，形成设计成果评审意见书，报副总裁审核、总裁审批；

5.1.4.3. 设计供应商根据评审意见对规划方案进行调整，产品管理中心对其调整方案审核定稿后，报副总裁审核、总裁审批。

5.1.5. 产品管理中心负责对设计概算进行审核，并对设计概算提出修改建议报副总裁审批。

5.1.6. 财务管理中心根据调整后的设计概算，进行投资收益修正，报副总裁审核、总裁审批。

5.1.7. 规划设计报批报建。

5.1.8. 产品管理中心配合城市公司人员按计划时间完成规划方案的报批报建，同时根据批复情况进行建筑方案设计工作。

5.2. 建筑方案设计阶段

5.2.1. 建筑方案设计资料收集：

a）规划方案和评审意见、政府部门规划审批通过的批文；

b）“项目定位报告”（户型、公建配套单体建议）；

c）建设标准水平的确定（建设地点、建设规模、占地面积、建筑标准、主要设备、配套设施等）；

d）项目技术内容和要求（包括规划、建筑、结构、水、电、暖通、环保等专业的基本要求）、设计限额指标。

产品管理中心根据设计资料编写“建筑方案设计任务书”，然后组织相关部门人员进行内部评审，评审结果报副总裁审核、总裁审批。

5.2.2. 建筑方案设计

产品管理中心将“建筑方案设计任务书”提交设计供应商，并由其完成建筑方案设计。

5.2.3. 建筑方案评审

5.2.3.1. 外部专家评审：

a）资料准备：经济指标文件、图纸文件和建筑方案模型；

b）产品管理中心组织召开建筑设计方案专家评审会，形成方案意见。

5.2.3.2. 内部评审：

a）产品管理中心组织相关部门人员或专业机构对建筑方案进行评审，并根据评审结果填写“设计评审记录”，同时提交设计供应商修改；

b）户型确认后，各相关人员在“实施户型确认表”上签字；

c）建筑方案确认后，各相关人员在“设计评审表”上签字。

5.2.3.3. 产品管理中心将“设计评审表”提交设计供应商，由其对建筑方案进行调整，并提交“建筑方案设计”。

5.2.4. “建筑方案设计”经内部评审或外部专家评审后，产品管理中心将“建筑方案设计”报副总裁审核、总裁审批。

5.2.5. 产品管理中心配合城市公司人员将“建筑方案设计”向政府部门报建。

5.2.6. 本流程完成后，由产品管理中心实施扩初设计，或委派城市公司实施施工图设计。

6. 相关记录

SJ-LC003-01	设计评审表
SJ-LC003-02	设计交流信息记录表
SJ-LC003-03	实施户型确认表

表格编号：SJ-LC003-01

设计评审表

项目名称：　　　　　　　　　　　　　　　　　　　　　　　　记录编号：

<table>
<tr><td>专业</td><td colspan="5">□ 建筑</td><td colspan="3">□ 景观</td><td colspan="2">□ 室内装饰</td></tr>
<tr><td>阶段</td><td>□</td><td>□</td><td>□</td><td>□</td><td>□</td><td>□</td><td>□</td><td>□</td><td>□</td><td>□</td></tr>
<tr><td></td><td>概念设计</td><td>规划方案</td><td>建筑方案</td><td>扩初设计</td><td>施工图</td><td>方案设计</td><td>初步设计</td><td>施工图</td><td>方案设计</td><td>施工图</td></tr>
<tr><td>设计供应商名称</td><td colspan="5"></td><td>参加评审人员</td><td colspan="4"></td></tr>
<tr><td rowspan="5">评审</td><td>序号</td><td colspan="4">内容</td><td colspan="3">实施方式</td><td>完成时间</td><td>责任人</td></tr>
<tr><td>1</td><td colspan="4"></td><td colspan="3"></td><td></td><td></td></tr>
<tr><td>2</td><td colspan="4"></td><td colspan="3"></td><td></td><td></td></tr>
<tr><td>3</td><td colspan="4"></td><td colspan="3"></td><td></td><td></td></tr>
<tr><td>4</td><td colspan="4"></td><td colspan="3"></td><td></td><td></td></tr>
<tr><td colspan="11">记录人：　　　　　　　　审批人：　　　　　　　　时间：</td></tr>
<tr><td rowspan="4">验证</td><td>1</td><td colspan="9"></td></tr>
<tr><td>2</td><td colspan="9"></td></tr>
<tr><td>3</td><td colspan="9"></td></tr>
<tr><td>4</td><td colspan="9"></td></tr>
<tr><td colspan="11">验证人：　　　　　　　　时间：</td></tr>
</table>

注：1. 本表适用于集团内部、外部对设计节点图纸进行评审的记录；

2. 记录编号格式：项目名称—类别—年—月—日—序号。

表格编号：SJ-LC003-02

设计交流信息记录表

项目名称：　　　　　　　　　　　　　　　　　　　　　　　　　　记录编号：

<table>
<tr><td>专业</td><td colspan="5">☐ 建筑</td><td colspan="3">☐ 景观</td><td colspan="2">☐ 室内装饰</td></tr>
<tr><td rowspan="2">阶段</td><td>☐</td><td>☐</td><td>☐</td><td>☐</td><td>☐</td><td>☐</td><td>☐</td><td>☐</td><td>☐</td><td>☐</td></tr>
<tr><td>概念设计</td><td>规划方案</td><td>建筑方案</td><td>扩初设计</td><td>施工图</td><td>方案设计</td><td>初步设计</td><td>施工图</td><td>方案设计</td><td>施工图</td></tr>
<tr><td>设计供应商名称</td><td colspan="5"></td><td>地点</td><td colspan="2"></td><td>时间</td><td></td></tr>
<tr><td>参加人员</td><td colspan="10"></td></tr>
<tr><td rowspan="5">设计信息交流内容</td><td>序号</td><td colspan="7">内容</td><td colspan="2">要求完成时间</td></tr>
<tr><td>1</td><td colspan="7"></td><td colspan="2"></td></tr>
<tr><td>2</td><td colspan="7"></td><td colspan="2"></td></tr>
<tr><td>3</td><td colspan="7"></td><td colspan="2"></td></tr>
<tr><td>4</td><td colspan="7"></td><td colspan="2"></td></tr>
<tr><td colspan="11">记录人：　　　　　　　　审批人：　　　　　　　　时间：</td></tr>
<tr><td rowspan="4">验证</td><td>1</td><td colspan="9"></td></tr>
<tr><td>2</td><td colspan="9"></td></tr>
<tr><td>3</td><td colspan="9"></td></tr>
<tr><td>4</td><td colspan="9"></td></tr>
<tr><td colspan="11">验证人：　　　　　　　　时间：</td></tr>
</table>

注：1. 本表适用于与设计供应商进行设计信息交流的记录；

2. 记录编号格式：项目名称—类别—年—月—日—序号。

表格编号：SJ-LC003-03

实施户型确认表

项目名称： 记录编号：

<table>
<tr><td>开发阶段：</td><td>填表人：</td><td colspan="2">填表日期：</td></tr>
<tr><td colspan="4"></td></tr>
<tr><td colspan="4">描述：</td></tr>
<tr><td colspan="4">所作修改：</td></tr>
<tr><td>产品管理中心：</td><td colspan="2">市场开发中心：</td><td>副总裁：</td></tr>
</table>

注：记录编号格式：项目名称—类别—年—月—日—序号。

流程——4 扩初设计管理流程

扩初设计管理流程

编制		日期	
审核		日期	
审批		日期	

修订记录

日期	修订状态	修改内容	修改人	审核人	审批人

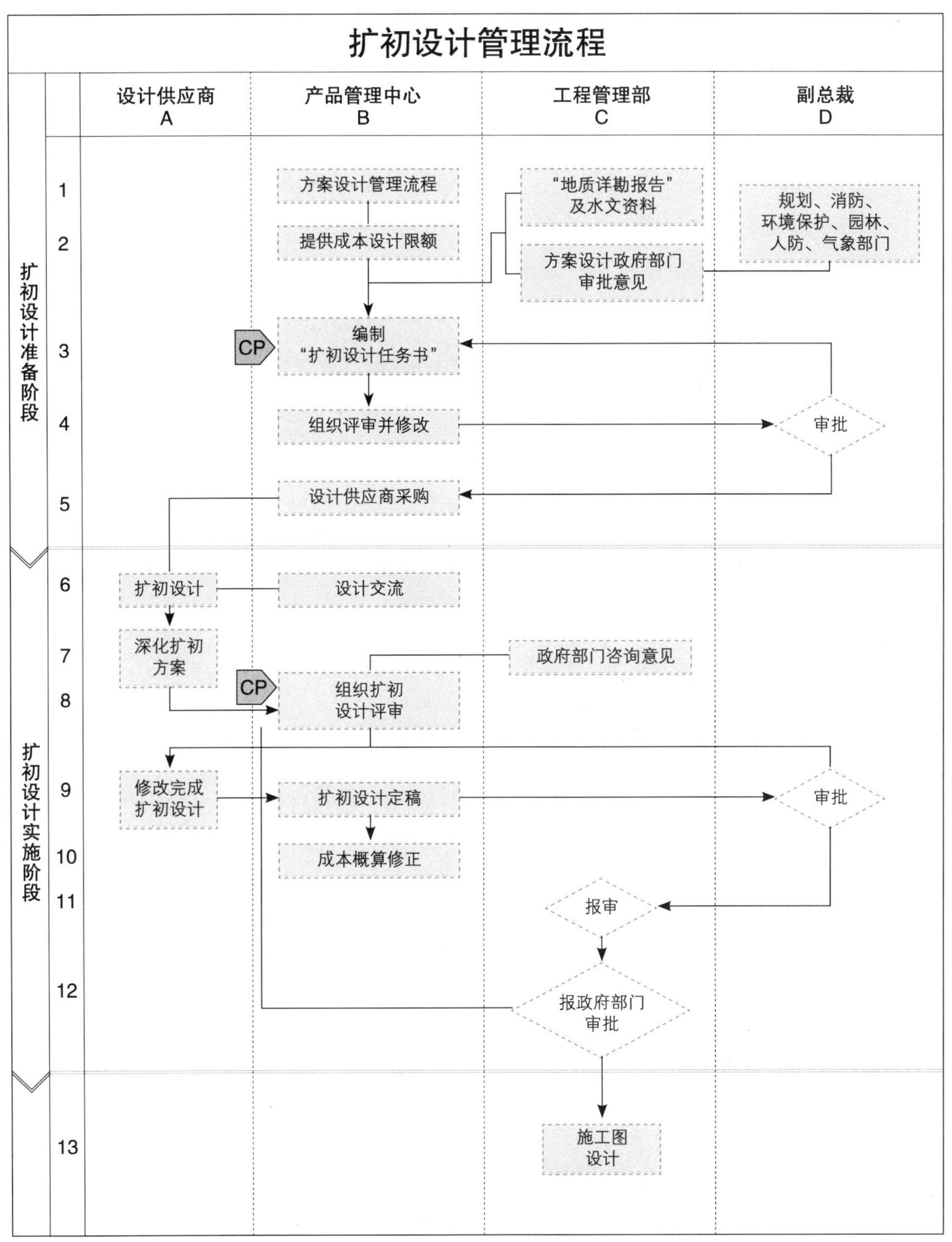
扩初设计管理流程
设计供应商
A
产品管理中心
B
工程管理部
C
副总裁
D
扩初设计准备阶段
1
2
3
4
5
方案设计管理流程
提供成本设计限额
"地质详勘报告"
及水文资料
方案设计政府部门
审批意见
规划、消防、
环境保护、园林、
人防、气象部门
CP
编制
"扩初设计任务书"
组织评审并修改
审批
设计供应商采购
扩初设计实施阶段
6
7
8
9
10
11
12
13
扩初设计
设计交流
深化扩初
方案
政府部门咨询意见
CP
组织扩初
设计评审
修改完成
扩初设计
扩初设计定稿
审批
成本概算修正
报审
报政府部门
审批
施工图
设计

1. 目的

深化方案设计，保证设计质量、进度并控制成本。

2. 适用范围

适用于项目扩初设计阶段的管理工作。

3. 术语及定义

扩初设计：方案评审通过后到扩初设计评审通过之前的设计管理工作。

4. 职责

4.1. 产品管理中心

4.1.1. 负责扩初设计成本概算；

4.1.2. 负责方案深化设计，完成扩初设计工作并组织扩初设计评审；

4.1.3. 负责确定各配套专业（水、电、动力等）设计要求；

4.1.4. 确定主要建材、设备等的设计标准；

4.1.5. 负责方案设计意图的控制，并根据政府部门征询意见，提出设计要求。

4.2. 工程管理部

4.2.1. 负责市场信息收集、汇总，并与各部门沟通；

4.2.2. 根据规划部门批准的方案，进行各政府部门的征询工作；

4.2.3. 根据征询意见，协调各专业的关系，并再次向各政府部门进行征询；

4.2.4. 配合产品管理中心进行扩初设计管理。

4.3. 副总裁

负责审核成本概算修正，审批“扩初设计任务书”及扩初设计定稿的工作成果。

4.4. 总裁

负责审批成本概算修正。

5. 工作程序

5.1. 产品管理中心收集以下设计资料，进行扩初设计委托工作

5.1.1. 工程管理部提供各相关政府部门对方案设计的征询意见，并提供“地质详勘报告”；

5.1.2. 经副总裁审批后的主要建材、设备标准。

5.2. 扩初设计任务书的编制与评审

产品管理中心负责“扩初设计任务书”的编制，并组织相关部门人员或专业机构对“扩初设计任务书”进行评审，将评审结果报副总裁审批。

5.3. 设计供应商的选择

产品管理中心根据“设计供应商管理流程”的要求选择扩初设计供应商。

5.4. 扩初设计管理

5.4.1. 产品管理中心根据设计合同、扩初设计任务书、“设计交流信息记录表”督促设计供应商进行扩初设计工作；

5.4.2. 根据合同要求以及项目所在地政策需要，产品管理中心要求设计供应商提供给排水、供电、消防、人防等相关文档，并转交工程管理部进行征询审核工作；

5.4.3. 工程管理部获得设计资料后，与各相关政府部门保持联系沟通，将获取的反馈信息提交给产品管理中心。

5.5. 扩初设计审核

5.5.1. 产品管理中心组织相关部门人员或专业机构对扩初设计从建筑、使用功能等方面进行审核，对设计概算从成本控制方面进行审核，形成“设计评审表”，提供给设计供应商，并监督其按要求修改、完善扩初设计；

5.5.2. 扩初设计经内部人员或外部专家评审后，产品管理中心将修改后的扩初设计报副总裁审批；

5.5.3. 产品管理中心负责对成本概算进行审核，并对成本概算提出修改建议，并报副总裁审核、总裁审批。

5.6. 扩初设计报批

产品管理中心向城市公司提供完整的扩初设计文件，并配合其向有关政府部门提交。

6. 相关记录

SJ-LC004-01　　设计评审表

SJ-LC004-02　　设计交流信息记录表

表格编号：SJ–LC004–01

设计评审表

项目名称：　　　　　　　　　　　　　　　　　　　　　　　　　　　　记录编号：

<table>
<tr><td>专业</td><td colspan="5">□ 建筑</td><td colspan="3">□ 景观</td><td colspan="2">□ 室内装饰</td></tr>
<tr><td>阶段</td><td>□</td><td>□</td><td>□</td><td>□</td><td>□</td><td>□</td><td>□</td><td>□</td><td>□</td><td>□</td></tr>
<tr><td></td><td>概念设计</td><td>规划方案</td><td>建筑方案</td><td>扩初设计</td><td>施工图</td><td>方案设计</td><td>初步设计</td><td>施工图</td><td>方案设计</td><td>施工图</td></tr>
<tr><td>设计供应商名称</td><td colspan="5"></td><td>参加评审人员</td><td colspan="4"></td></tr>
<tr><td>评审</td><td>序号</td><td colspan="4">内容</td><td colspan="3">实施方式</td><td>完成时间</td><td>责任人</td></tr>
<tr><td></td><td>1</td><td colspan="4"></td><td colspan="3"></td><td></td><td></td></tr>
<tr><td></td><td>2</td><td colspan="4"></td><td colspan="3"></td><td></td><td></td></tr>
<tr><td></td><td>3</td><td colspan="4"></td><td colspan="3"></td><td></td><td></td></tr>
<tr><td></td><td>4</td><td colspan="4"></td><td colspan="3"></td><td></td><td></td></tr>
<tr><td colspan="11">记录人：　　　　　　　　　　审批人：　　　　　　　　　　时间：</td></tr>
<tr><td>验证</td><td>1</td><td colspan="9"></td></tr>
<tr><td></td><td>2</td><td colspan="9"></td></tr>
<tr><td></td><td>3</td><td colspan="9"></td></tr>
<tr><td></td><td>4</td><td colspan="9"></td></tr>
<tr><td colspan="11">验证人：　　　　　　　　　　时间：</td></tr>
</table>

注：1. 本表适用于公司内部、外部对设计节点图纸进行评审的记录；

2. 记录编号格式：项目名称—类别—年—月—日—序号。

表格编号：SJ-LC004-02

设计交流信息记录表

项目名称：　　　　　　　　　　　　　　　　　　　　　　　　记录编号：

<table>
<tr><td>专业</td><td colspan="5">☐ 建筑</td><td colspan="3">☐ 景观</td><td colspan="2">☐ 室内装饰</td></tr>
<tr><td rowspan="2">阶段</td><td>☐</td><td>☐</td><td>☐</td><td>☐</td><td>☐</td><td>☐</td><td>☐</td><td>☐</td><td>☐</td><td>☐</td></tr>
<tr><td>概念设计</td><td>规划方案</td><td>建筑方案</td><td>扩初设计</td><td>施工图</td><td>方案设计</td><td>初步设计</td><td>施工图</td><td>方案设计</td><td>施工图</td></tr>
<tr><td>设计供应商名称</td><td colspan="4"></td><td>地点</td><td colspan="2"></td><td>时间</td><td></td></tr>
<tr><td>参加人员</td><td colspan="10"></td></tr>
<tr><td rowspan="5">设计信息交流内容</td><td>序号</td><td colspan="7">内容</td><td colspan="2">要求完成时间</td></tr>
<tr><td>1</td><td colspan="7"></td><td colspan="2"></td></tr>
<tr><td>2</td><td colspan="7"></td><td colspan="2"></td></tr>
<tr><td>3</td><td colspan="7"></td><td colspan="2"></td></tr>
<tr><td>4</td><td colspan="7"></td><td colspan="2"></td></tr>
<tr><td colspan="11">记录人：　　　　　　　　审批人：　　　　　　　　时间：</td></tr>
<tr><td rowspan="4">验证</td><td>1</td><td colspan="9"></td></tr>
<tr><td>2</td><td colspan="9"></td></tr>
<tr><td>3</td><td colspan="9"></td></tr>
<tr><td>4</td><td colspan="9"></td></tr>
<tr><td colspan="11">验证人：　　　　　　　　时间：</td></tr>
</table>

注：1. 本表适用于与设计供应商进行设计信息交流的记录；

2. 记录编号格式：项目名称—类别—年—月—日—序号。

流程——5 项目成本管理流程

项目成本管理流程

编制		日期	
审核		日期	
审批		日期	

修订记录

日期	修订状态	修改内容	修改人	审核人	审批人

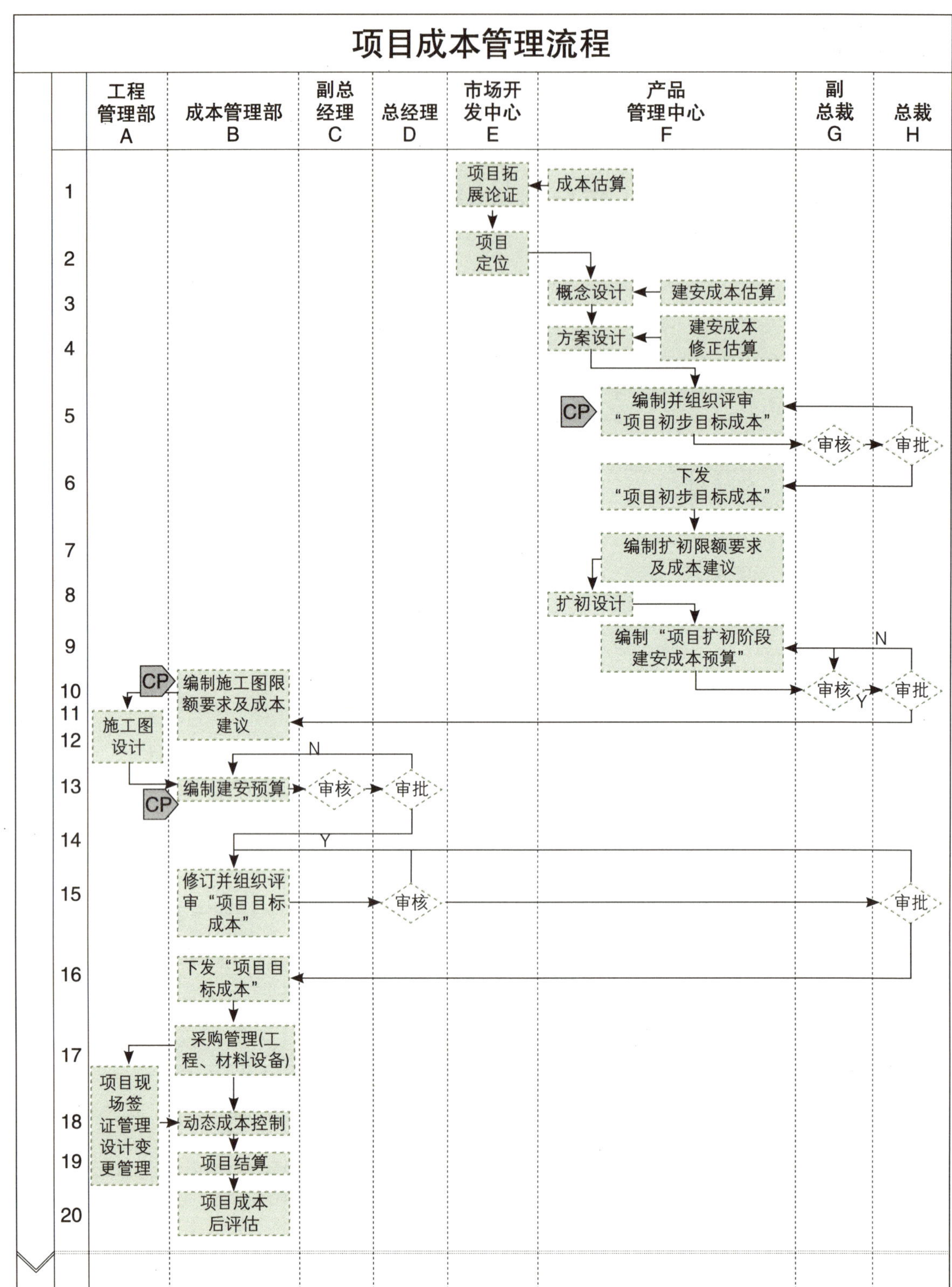
项目成本管理流程
工程管理部 A
成本管理部 B
副总经理 C
总经理 D
市场开发中心 E
产品管理中心 F
副总裁 G
总裁 H
1
2
3
4
5
6
7
8
9
10
11
12
13
14
15
16
17
18
19
20
项目拓展论证
成本估算
项目定位
概念设计
建安成本估算
方案设计
建安成本修正估算
CP
编制并组织评审“项目初步目标成本”
审核
审批
下发“项目初步目标成本”
编制扩初限额要求及成本建议
扩初设计
编制“项目扩初阶段建安成本预算”
N
审核
Y
审批
CP
编制施工图限额要求及成本建议
施工图设计
N
编制建安预算
CP
审核
审批
Y
修订并组织评审“项目目标成本”
审核
审批
下发“项目目标成本”
采购管理(工程、材料设备)
项目现场签证管理设计变更管理
动态成本控制
项目结算
项目成本后评估

1. 目的

确保开发项目的成本控制在成本目标之内。

2. 适用范围

适用于城市公司所开发项目的全过程成本控制工作。

3. 职责

3.1. 产品管理中心

3.1.1. 负责项目拓展、项目定位、项目策划、概念设计、方案设计阶段成本限额要求及成本估算，负责编制扩初限额要求及成本建议；

3.1.2. 负责汇总编制项目初步目标成本及建安成本概算；

3.1.3. 负责按限额设计要求及成本控制要求，完成施工图设计以前阶段的设计管理，并提供施工图之前各阶段成本测算需要的设计文件。

3.2. 成本管理部

3.2.1. 负责编制施工图限额设计要求、成本建议及建安成本预算、项目目标成本；

3.2.2. 组织开展项目结算。

3.3. 财务管理部

负责提供财务及管理费用测算，并根据目标成本进行归口管理。

3.4. 工程管理部

3.4.1. 负责提供施工图及其后各阶段成本测算需要的文件交成本管理部；

3.4.2. 负责围绕项目成本预控目标开展设计与工程管理工作，负责按限额设计要求及成本控制要求开展施工图设计以及施工阶段的设计管理；

3.5. 副总经理参与“项目目标成本”的审议，审核建安成本预算；

3.6. 总经理审核“项目目标成本”，审批建安成本预算；

3.7. 副总裁审核“项目初步目标成本”，审批“项目扩初阶段建安成本概算”；

3.8. 总裁审批“项目初步目标成本”、“项目目标成本”。

4. 工作程序

4.1. 项目拓展阶段成本估算——项目成本预控目标的确定

4.1.1. 对集团有意向参与拍卖或合作开发的地块，产品管理中心在接到市场开发中心提供的“新项目可行性论证规划草案指标说明”、工程技术分析文件、项目方案设计文件及相关土地状况资料、市场研究报告以及竞争楼盘清单后，完成“项目拓展阶段成本估算”；其他相关部门按照“项目拓展论证管理流程”提供成本费用资料，作为“可行性研究报告”的附件；

4.1.2. 集团评审通过“可行性研究报告”后，“项目拓展阶段成本估算”自动成为项目建安成本预控目标。

4.2. 项目策划阶段成本控制

产品管理中心依据成本预控目标及概念设计文件，完成“项目策划阶段建安成本估算”编制。

4.3. 项目方案设计阶段成本控制——项目成本控制目标的确定

4.3.1. 产品管理中心依据成本预控目标、方案设计文件编制“项目建安成本修正估算”；

4.3.2. 产品管理中心负责编制或组织集团/城市公司相关部门编制其他分项成本测算，包括：监理费、管理费用、财务费用、营销费用、项目勘察设计费用、土地成本、报批报建费用及政府工程管理费等；

4.3.3. 产品管理中心把各部门提交的分项成本汇编成“项目初步目标成本”，报集团评审会评审；

4.3.4. 评审会由产品管理中心组织各相关部门人员参加，必要时可邀请外部专家参加评审；

4.3.5. 评审会后三个工作日内，各部门根据会议决定，调整其负责的分项成本，产品管理中心收集调整结果并汇编成“项目初步目标成本”报总裁审批，并作为该项目的初步成本控制目标，并由产品管理中心传达给各成本责任部门。

4.4. 项目实施各阶段的成本控制

4.5. 扩初设计阶段

4.5.1. 产品管理中心在扩初设计开始前编制“扩初设计限额要求及成本控制建议表”，作为扩初设计阶段的成本控制依据；

4.5.2. 产品管理中心在接到扩初设计文件后完成“项目扩初阶段建安成本概算”编制，作为评审扩初设计成本控制质量的依据。

4.5.3. 施工图设计阶段

4.5.3.1. 成本管理部在施工图设计开始前，提出“施工图设计限额要求及成本控制建议”，建安成本目标限额及设计成本控制建议按专业具体提出以下几点：

a）土方及挡土工程：该工程成本容易流失，建议土方综合考虑场内平衡及挡土墙多方案的经济比选，土方主要控制挖运总量、挡土支护依据方案应提出成本限额指标；

b）桩基工程：不同的桩基形式对成本及工期影响较大，且成本容易流失，重点建议桩基选型多方案比较，优化设计，据不同的桩基形式提出相应的限额指标值或分项成本目标；

c）结构工程：该部分约占建安成本比重较大，且对销售没有直接的影响，是成本控制的重点，在满足设计规范的最低要求下，尽可能地降低成本，主要对钢筋、混凝土技术含量提出技术指标数值；

d）建筑、装修工程：其质量及效果对售楼影响较大，占建安成本比重较大，影响成本的主要因素为材料选型，对外墙砖、铝合金门窗、电梯前室装修、防水工程等制订合适的经济指标值；

e）安装工程：主要控制安装工程的设备及材料选型，对电梯、机房设备等建议采用国产或中外合资优质产品，管线选用合适的中档材料；

f）景观工程：景观工程成本波动性、弹性较大，设计质量、材料的选型是该部分成本控制的重点。

4.5.3.2. “施工图设计限额要求及成本控制建议”作为施工图设计任务书附件，成为施工图设计阶段的成本控制依据，由工程管理部具体落实。

4.5.3.3. 成本管理部在施工图设计完成后编制“施工图建安成本预算”，经副总经理审核、总经理审批后，作为评审工程管理部施工图设计成本控制质量的依据。

4.5.3.4. “施工图建安成本预算”审批后，成本管理部修订确定正式“项目目标成本”，并组织相关部门人员召开评审会进行评审；评审结果报总裁审批后执行，作为各项成本控制和责任部门考核的依据。

4.5.4. 施工阶段动态成本控制

设计变更的成本控制按有关“设计变更管理流程”执行，现场签证成本控制按有关“工程现场签证管理流程”执行。

4.6. 结算后评估阶段

4.6.1. 项目结算

按有关“项目预结算编制及审核作业指引”执行。

4.6.2. 项目后评估

按有关“项目成本后评估作业指引”执行。

5. 相关记录

CB-LC001-01　　项目设计限额要求及成本控制建议表

表格编号：CB-LC001-01

项目设计限额要求及成本控制建议表

记录编号：

序号	分项工程设计名称	设计合同编号	总价（万元）	经济指标		技术指标		材料		设计阶段成本控制要点建议
				经济指标	经济指标值	技术指标	技术指标值	材料名称	材料单价	

注：1. 不含为满足售楼需要发生的设计费用（售楼处、样板房、装修套餐、销售模型等）；

2. 技术指标填写可另附页；

3. 记录编号格式：项目名称—类别—年—月—日—序号。

流程——6 项目动态成本管理流程

项目动态成本管理流程

编制		日期	
审核		日期	
审批		日期	

修订记录

日 期	修订状态	修改内容	修改人	审核人	审批人

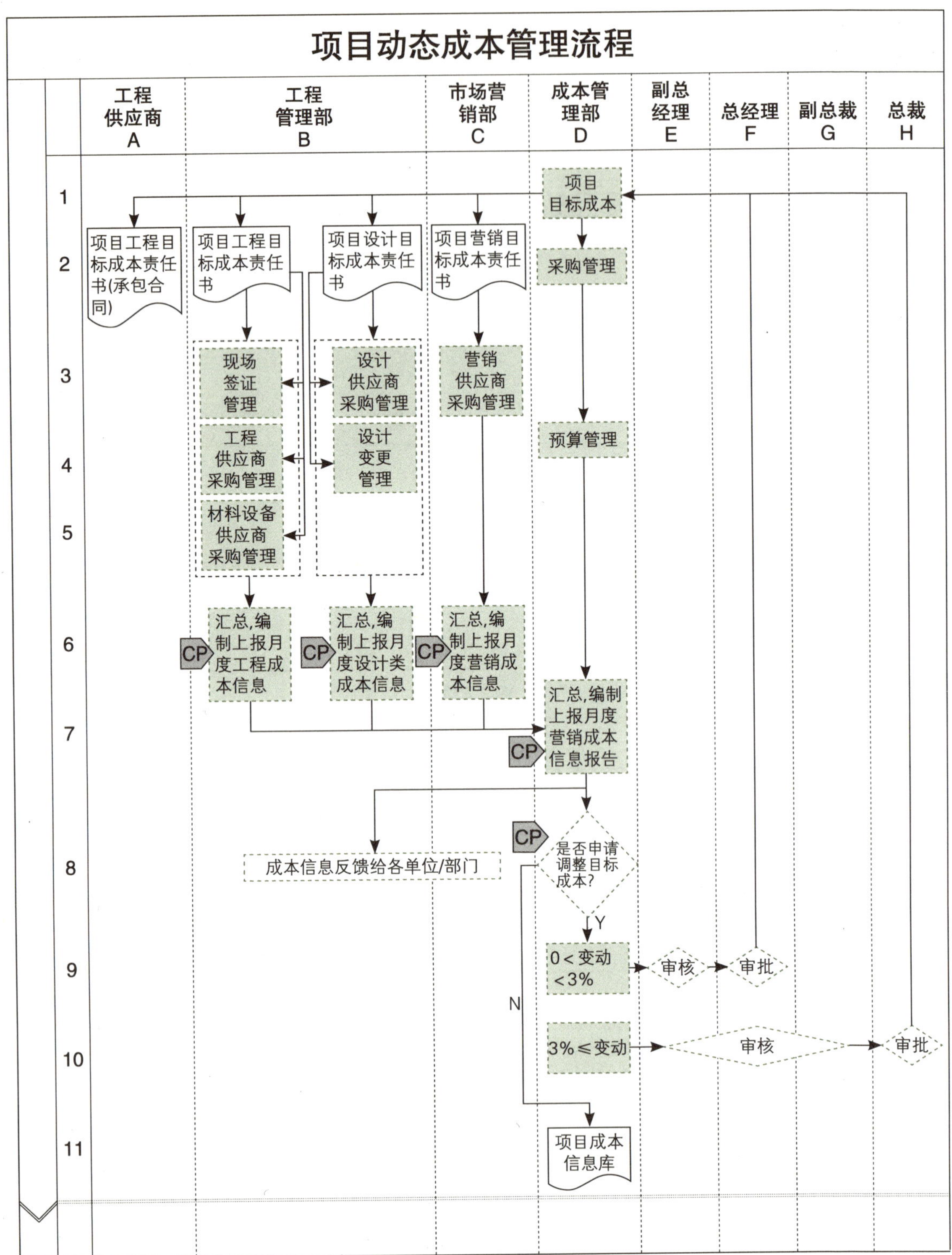
项目动态成本管理流程
工程供应商 A
工程管理部 B
市场营销部 C
成本管理部 D
副总经理 E
总经理 F
副总裁 G
总裁 H
1
2
3
4
5
6
7
8
9
10
11
项目目标成本
项目工程目标成本责任书(承包合同)
项目工程目标成本责任书
项目设计目标成本责任书
项目营销目标成本责任书
采购管理
现场签证管理
设计供应商采购管理
营销供应商采购管理
工程供应商采购管理
设计变更管理
预算管理
材料设备供应商采购管理
CP
汇总,编制上报月度工程成本信息
汇总,编制上报月度设计类成本信息
汇总,编制上报月度营销成本信息
汇总,编制上报月度营销成本信息报告
成本信息反馈给各单位/部门
是否申请调整目标成本?
Y
N
0＜变动＜3%
审核
审批
3%≤变动
审核
审批
项目成本信息库

1. 目的

规范项目开发过程中的成本管理，加强动态成本控制，建立动态成本监督预警机制。

2. 适用范围

适用于开发项目实施阶段动态成本的管理控制工作。

3. 术语和定义

动态成本：指工程项目中的即时成本，主要包括项目工程成本、设计成本和营销成本。

4. 职责

4.1. 成本管理部

4.1.1. 负责项目目标成本综合管理，并协助各部门完成其成本控制任务；

4.1.2. 负责根据项目开发目标成本及实际运行情况，每月30日前编制完成“项目动态成本记录表”；

4.1.3. 根据项目开发阶段，负责审核项目相关责任主体的目标成本调整申请；

4.1.4. 对各项目成本责任主体的成本执行情况进行考核；

4.1.5. 负责管理项目工程目标成本，对设计变更、工程进度款、材料进度款、现场签证进行成本审核。

4.2. 工程管理部

负责项目设计类目标成本控制，并于每月25日前向成本管理部提交相关成本信息资料。

4.3. 市场营销部

负责项目营销类目标成本控制，并于每月25日前向成本管理部提交相关成本信息资料。

4.4. 副总经理/总经理

负责按权限审核/审批目标成本的调整申请。

5. 工作程序

5.1. 项目目标成本制订

5.1.1. 在施工图设计结束后，成本管理部根据已审批的施工图预算确定项目开发目标成本，编制项目目标成本控制指导书，分解目标成本并与相关部门签订目标成本控制责任书；

5.1.2. 各责任部门主要负责的项目成本费用如下：

a）工程管理部：负责控制设计变更、设计费用等设计成本；

b）市场营销部：负责控制项目营销成本；

c）在签订目标成本控制责任书后15天内，各责任部门编制工作进度计划表和费用支出计划表，作为资金支付计划需求表。

5.1.3. 各责任部门是本部门目标成本控制第一责任主体，成本管理部是项目成本整体管理与控制的责任主体。

5.2. 项目工程成本动态控制

5.2.1. 工程进度付款控制

5.2.1.1. 在工程开工前，工程管理部编制工程施工进度计划表，拟订单位工程进度计划；

5.2.1.2. 工程供应商按照合同提出工程进度款支付申请，工程管理部进行工程进度付款审核，成本管理部负责复核工程进度和目标成本，并按照“资金费用审批权限表”办理工程进度款支付手续；

5.2.1.3. 成本管理部每月定期向副总经理报送下述报表：

“工程总进度计划表”、“工程进度月报表”、“工程进度与付款台账”。

5.2.2. 甲购材料设备成本控制

5.2.2.1. 在工程开工之前，工程管理部根据施工组织设计编制工程施工进度计划表，拟订单位工程的甲购材料设备供应计划、投资计划；

5.2.2.2. 成本管理部根据供应计划按照“材料设备采购管理流程”按期完成甲购材料设备的准备工作，按需供应；

5.2.2.3. 成本管理部按照相关材料设备验收资料并按照“资金费用审批权限表”办理甲购材料设备款支付手续；

5.2.2.4. 成本管理部每月定期向副总经理报送“甲购材料进度月报表”。

5.2.3. 现场签证成本控制按照“工程现场签证管理流程”执行。

5.2.4. 设计变更成本控制按照“设计变更管理流程”执行。

5.2.5. 工程管理部、市场营销部每月向成本管理部报送“成本费用月报表”。

5.2.6. 成本管理部监控管理项目各项工程成本费用，每月完成“项目动态成本记录表”，向经理办公会汇报项目工程成本的动态运行情况，每季度对各责任部门的成本控制成效进行评价和考核。

5.2.7. 在相关部门支出成本可能超出成本控制目标时，成本管理部及时启动预警机制，向责任部门发出预警通知书，并要求提出改进措施。

5.3. 项目工程目标成本调整

5.3.1. 成本管理部在项目开发的主要阶段审核目标成本的执行情况，并根据实际情况提出相关目标成本调整建议，并按照目标成本调整审批权限，经审批后，作为新的项目目标成本控制考核目标执行；

5.3.2. 因外界影响在项目工程成本可能发生重大变化时，相关部门提出申请，经成本管理部进行审核，并经城市公司或集团管理层审批后，办理项目的目标成本手续，并及时更新项目成本信息库；

5.3.3. 对于未经目标成本调整的、无补充预算的项目而且未在工程量清单中列出的其他项目成本，在竣工结算中不予考虑。

6. 相关记录

CB-LC002-01　目标成本控制责任书

CB-LC002-02　成本费用计划表

CB-LC002-03　成本费用月报表

CB-LC002-04　项目动态成本记录表

CB-LC002-05　成本预警通知书

CB-LC002-06　目标成本调整申请表

CB-LC002-07　工程总进度计划表

CB-LC002-08　工程进度月报表

CB-LC002-09　工程进度与付款台账

CB-LC002-10　甲购材料进度月报表

表格编号：CB-LC002-01

目标成本控制责任书

记录编号：

项目名称	
责任部门	

成本管理部		日期	
副总经理		日期	
总经理		日期	

序号	成本费用名称	目标成本	备注

有关说明：

接收部门			
经理		日期	

注：1. 本表流向：成本管理部→相关责任部门；

2. 记录编号格式：项目名称—类别—年—月—日—序号。

表格编号：CB-LC002-02

成本费用计划表

责任部门：　　　　　　　　　　　　　　　　　　　　记录编号：

序号	成本费用名称	目标成本	年度计划												
			年度合计	进度计划											
				1月	2月	3月	4月	5月	6月	7月	8月	9月	10月	11月	12月

注：1. 本表流向：相关责任部门→成本管理部；

2. 记录编号格式：项目名称—类别—年—月—日—序号。

表格编号：CB-LC002-03

成本费用月报表

责任部门： 记录编号：

序号	合同号	成本费用名称	目标成本	合同额	单位名称	工作进度	应付款	累计付款	欠款	本月付款	备注

注：1. 本表流向：相关责任部门→成本管理部；

2. 记录编号格式：项目名称—类别—年—月—日—序号。

表格编号：CB-LC002-04

项目动态成本记录表

记录编号：

项目名称							
考核期							
序号	成本费用名称	目标成本	预测动态总成本	实际已发生成本	实际已支付款项	成本偏差额	责任部门
有关说明							
制表人				成本管理部经理			

注：1. 成本偏差额=目标成本-预测动态总成本

偏差额为正值则成本费用节约，为负值则成本费用超支；

2. 记录编号格式：项目名称—类别—年—月—日—序号。

表格编号：CB-LC002-05

成本预警通知书

记录编号：

项目名称			
提出部门			
部门负责人			
经办人			
主题			
主要内容			
接收部门		日期	
经理		经办人	

注：1. 本表流向：成本管理部→相关责任部门；

2. 记录编号格式：项目名称—类别—年—月—日—序号。

表格编号：CB-LC002-06

目标成本调整申请表

记录编号：

项目名称				
提出部门			日期	
经理			经办人	
目标成本	调整前目标成本			
	调整值			
	调整后目标成本			
主题				
调整内容				
成本管理部				
副总经理				
总经理				

注：1. 本表流向：提出部门→成本管理部→副总经理→总经理；

2. 记录编号格式：项目名称—类别—年—月—日—序号。

表格编号：CB-LC002-07

工程总进度计划表

记录编号：

序号	分部分项工程		年度												
			年度合计	1月	2月	3月	4月	5月	6月	7月	8月	9月	10月	11月	12月
		形象进度													
		投资计划													
		资金计划													
		形象进度													
		投资计划													
		资金计划													
		形象进度													
		投资计划													
		资金计划													
	合计														

制表人：

注：1. 本表流向：工程管理部→成本管理部；

2. 记录编号格式：项目名称—类别—年—月—日—序号。

表格编号：CB-LC002-08

工程进度月报表

记录编号：

序号	合同号	工程名称	工程供应商	合同造价	形象进度	本月核定进度	总进度	合同控制线		累计付款	欠款	欠款累计	付款比例	本月付款	备注

制表人：

注：记录编号格式：项目名称—类别—年—月—日—序号。

表格编号：CB-LC002-09

工程进度与付款台账

记录编号：

序号	合同号	工程名称	工程供应商	合同造价	总进度	累计付款	年度进度												
							年度合计	1月	2月	3月	4月	5月	6月	7月	8月	9月	10月	11月	12月

制表人：

注：记录编号格式：项目名称—类别—年—月—日—序号。

表格编号：CB-LC002-10

甲购材料进度月报表

记录编号：

序号	合同号	工程名称	材料设备供应商	合同造价	本月核定进度	总进度	合同控制线		累计付款	欠款	欠款累计	付款比例	本月付款	备注

制表人：

注：记录编号格式：项目名称—类别—年—月—日—序号。

后记

商业地产不是负累

当年，富力选择商业地产时，不少地产商都持否定的态度，认为富力是给自己背上了负累。然而，当商业地产的魅力渐渐显现的时候，富力在较早的时候介入商业地产开发的举动，却颇有些“先知先觉”的味道了。

不可否认，在住宅开发迅猛并且可以快速获利的时候，大部分的地产商都没有将商业地产作为战略选择。然而，当住宅经历了快速发展阶段后，市场由粗放型竞争步入差异化竞争时，其高周转率的优势已经渐渐没有那么明显了。也就是说，住宅产品在房地产业步入成熟阶段后，同样也会面临周转率下降的问题，这种下降会使地产商的利润水平下降。在这个时候，商业地产的魅力反而就突显出来了——其投资回报期长、周转率低的特点显得并不那么重要了，相反，其细水长流式的租金回报却吸引了大量投资者的目光。

众所周知，商业地产物业已经在富力的产品构成中占到了重要地位。然而，商业物业的特点是投资回报期相当长，与住宅的高周转率形成的庞大现金流相比，其租金收入远远无法满足后期的高速扩张性开发。也正是因为这个原因，大量地开发并持有商业物业曾经一度使富力陷入资金紧张的困境中，资产负债率居高不下。

但是，富力以20%的比例开发商业物业并适当持有经营是有远见的。因为商业物业可以产生更为稳定的长期的租金回报，是住宅物业开发无法比拟的。富力的不少的商业项目都是处于新CBD区域（如广州珠江新城），在短时间内是没有理想的人流的，这也就无法形成足够理想的持续租金回报——符合企业长远战略，但是对企业短期现金流形成考验。

事实上，商业地产不但不是一种负累，反而是未来房地产业的一块大蛋糕，富力只是抓这块蛋糕的时候表现得比别人更激进、更积极罢了。商业地产这块蛋糕的诱惑力已经被多家地产巨头的举动所反映。一方面是最纯粹的住宅开发商万科也开始向商业地产进军了；另一方面，作为国内第一商业地产巨头的大连万达，已经用非常良好的经营业绩昭示了商业地产的未来。

由此观之，富力早早地大量介入商业地产，既是对自己的挑战，也是对未来负责，对股东的长期可持续的回报负责。富力不是自己为自己背上了负累，而是主动在为自己增加成长的筹码。